李润生 著

种类股法律制度研究

ON CLASS SHARE LEGAL SYSTEM

中国政法大学出版社

2020·北京

声　明　1. 版权所有，侵权必究。

　　　　2. 如有缺页、倒装问题，由出版社负责退换。

图书在版编目（CIP）数据

种类股法律制度研究/李润生著. —北京：中国政法大学出版社，2020.11
ISBN 978-7-5620-7368-0

Ⅰ.①种… Ⅱ.①李… Ⅲ.①证券法－研究－中国 ②公司法－研究－中国　Ⅳ.①D922.287.4 ②D922.291.914

中国版本图书馆CIP数据核字(2020)第102245号

出 版 者	中国政法大学出版社
地　　址	北京市海淀区西土城路 25 号
邮寄地址	北京 100088 信箱 8034 分箱　邮编 100088
网　　址	http://www.cuplpress.com（网络实名：中国政法大学出版社）
电　　话	010-58908289(编辑部) 58908334(邮购部)
承　　印	固安华明印业有限公司
开　　本	880mm×1230mm　1/32
印　　张	10.75
字　　数	245 千字
版　　次	2020 年 11 月第 1 版
印　　次	2020 年 11 月第 1 次印刷
定　　价	49.00 元

序
PREFACE

一晃眼,博士毕业已三年有余,我也已经进入北京中医药大学人文学院法律系工作,成为一名高校教师。但是,关于种类股法律制度等民商法话题的研究,我一直在坚持着:一则为工作需要,这是职称评审的客观压力;二则为研究兴趣,民商法、卫生法和网络法始终是我最大的研究趣旨所在。其间,相关的论文也陆续发表出来,如《论种类股事项之载体、性质和效力》(《甘肃社会科学》2018年第3期)、《有限责任公司适用种类股制度研究》(《学习与实践》2017年第11期)、《人工智能视野下医疗损害责任规则的适用和嬗变》[《深圳大学学报(人文社会科学版)》2019年第6期]等。这段时间内,公司证券法律制度也在不断发生着变化,尤其是上海证券交易所新设的科创板,是一个重大的制度创新,"双重股权结构"终于被我国证券交易所接纳;2019年12月28日完成的《证券法》修订对注册制、投资者保护等方面也有重大革新。这些新的变化也为本人的后续研究提供了充分的素材和额外的动力。

毕业后的这三年,我的人生也有了巨大的变化。和一直陪伴自己的女友步入了婚姻的殿堂，从同学关系、情侣关系再到夫妻关系，显然，这不只是法律关系的简单变化，更是社会心态、人生方向的重大变化；米勒小宝宝的诞生让家庭生活更加完整而多彩，为人父母，方知父母，回到家看到永远不知疲倦、叽叽喳喳的小宝宝，感觉什么烦心事都无需再计较；除了法学科研和教学工作外，我还一直在系统地学习中医、中药等知识，中医药学确实与众不同，既很实用，也让我对世界有了新的认识，尤其与中医学老师的接触，让我深刻地体会到人生其实可以不必那么忙碌，处处时时可有平和。三年，虽然时间不算长，但于我而言，确是一个充满变化、充满营养的人生阶段。

基于前述种种，我认为是时候进行一个阶段性总结了：一方面把自己的最新研究成果进行整理和提炼，另一方面也是对一直支持和陪伴自己的家人的交代。我必须认认真真地答完这道题。这也是我这一年整理书稿、推进后续研究的缘由。

虽然辛苦，但终归是完成了繁复的书稿整理和校对工作。当然，这其中仍有种种不足，希望大家批评指正。这也只是阶段性的工作，对于未来，我也有了大体的规划：其一，继续公司法、证券法等的研究工作，希望能在原有研究的基础上，继续有所发挥、有所深入，发表更多优质的研究论文；其二，在医药卫生法领域投入更大的精力，这是一个非常值得挖掘且尚未充分挖掘的研究领域，虽然是工作后才接触的法学细分学科，但我已经深深地爱上了它，相见恨晚，尤其是在卫生法和网络法相交叉的前沿视阈，如人工智能医疗、

序

医疗大数据等领域，我非常感兴趣，并已决心将其作为长期的研究重点，以期有所突破、有所成就，目前这项研究工作已经有一定的进展。

路漫漫其修远兮，吾将上下而求索。学术之路，永不停歇，这也是我的志趣所在。感谢一路陪伴我的家人、朋友和师长！我会继续前行！

李润生

2019 年 12 月

于北京家中

目 录 CONTENTS

序 / 001

第一章 种类股法律制度概述 / 001

第一节 问题的提出 / 001

第二节 种类股的概念研究 / 007

第三节 我国种类股制度的历史与现状 / 019

第四节 种类股制度引入的价值 / 025

第二章 比较法考察：各国制度和模式总结及我国的模式选择 / 033

第一节 美国种类股法律制度研究：制度和模式 / 033

第二节 日本种类股法律制度研究：制度和模式 / 049

第三节 英国种类股法律制度研究：制度和模式 / 080

第四节 德国种类股法律制度研究：制度和模式 / 098

第五节 我国的模式选择 / 117

第三章 种类股制度之静态调整研究：载体、适用范围和类型 / 128

第一节 种类股的载体研究 / 128

第二节 种类股的适用范围研究 / 143
第三节 种类股的类型研究 / 156

第四章 种类股制度之动态调整研究：外部互动和特别保护 / 206

第一节 种类股制度与公司资本制度和治理制度的外部互动研究 / 206

第二节 种类股东的特别保护研究 / 233

第五章 证券市场下种类股法律制度之特别调整研究 / 251

第一节 证券市场下种类股制度特别调整之必要性研究 / 251

第二节 证券市场下种类股制度特别调整之展开 / 258

第三节 我国之现状及未来发展 / 287

第六章 证券市场下种类股发行公司的特别监管及投资者保护研究 / 293

第一节 特别监管及保护的必要性研究 / 293

第二节 种类股发行公司的特别监管及投资者保护的具体措施研究 / 299

第三节 我国特别监管及防护体系之建构 / 313

参考文献 / 324

CHAPTER 1 第一章
种类股法律制度概述

第一节 问题的提出

法律科学是一门实践性很强的学科,法学研究必须坚持"问题导向主义"的立场,法律学者应当直面现实中不断涌现的问题,并通过法学特有的视角分析问题、解决问题。离开问题的法学研究,难免陷入空洞的说教。

一、互联网上市公司的"双重股权架构"谜题

2014年9月,阿里巴巴公司在美国纽约证券交易所的成功上市让国人欢欣鼓舞,250亿美元的融资规模创下全球IPO(Initial Public Offerings,简称IPO)之最,2300多亿美元的市值更使

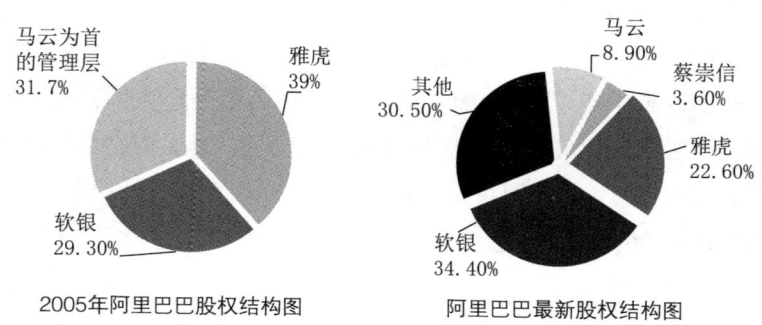

2005年阿里巴巴股权结构图　　阿里巴巴最新股权结构图

图 1 阿里巴巴的股权结构及合伙人制度

其成为仅次于 Google 的全球第二大市值互联网公司。[1] 不过，兴奋之余，难掩遗憾，如此优质的公司为何却远赴重洋、在异国他乡上市呢？最初，阿里巴巴希望在香港上市，但港交所认为阿里独特的"合伙人"架构（见图1）有违"一股一权"原则，无法保障公众股东的利益，其隐性的"双重股权结构"是港交所无法接受的。但是，为何同样的公司却可以为美国资本市场所认可呢？是我们的规则太陈旧、观念太保守，还是美国人过于激进和奔放呢？

无独有偶，百度、京东、新浪、人人网、陌陌等耳熟能详的中国科技公司纷纷在美上市，而且，颇具讽刺的是，它们都不约而同地采用了"双重股权结构"。以陌陌公司为例，根据其招股说明书，公司创始人唐岩在首次公开招股前实际持有股份133 110 911股，占公司总股本的39.9%，而在首次公开招股之后，由于持有 96 886 370 股 B 级普通股，尽管其持股比例下降至

---

[1] 参见［美］波特·埃里斯曼：《阿里传：这是阿里巴巴的世界》，张光磊、吕靖纬、崔玉开译，中信出版集团2015年版，第23页。

26.3%，但投票权却增至78.0%，从而保持了对公司的控制权。

同样，全球最负盛名的互联网科技公司Facebook和Google也同样采用了双重股权架构，Facebook创始人扎克伯格（Mark Elliot Zuckerberg）以28%的股权掌控着公司58.9%的投票权，Google的三位创始人拥有公司37.6%的投票权，管理层和董事会成员总共控制了公司61.4%的投票权。

需求永远走在规则的前面。面对汹涌的"双重股权"大潮，中国的资本市场应该何去何从？中国的公司证券法律法规应该如何变革完善？

二、创始人与外部投资者的公司控制权之争

上市公司一幕幕的宫斗剧不时占据各大报纸的头条，创始人与外部投资者公司控制权之争频繁发生。以雷士照明为例，作为创始人的吴长江为解决公司资金和技术问题，不断引入外部投资者，其中既包括德豪润达、施耐德电气等业内公司，也包括软银赛富等纯粹的财务投资机构。创始人和管理层的股权占比在此过程中急剧稀释。后来，创始人与投资者的矛盾激化，吴长江多次与其激烈争斗，并被罢免董事及CEO职务。然而，外部投资者尤其是其中的财务投资机构，往往无足够能力及威望经营运作公司，它们投资的目的通常只是借创始人的经营才能获取中长期的投资回报。公司离不开创始人，借用马云的话说，创始人是公司这个孩子的爸爸妈妈，只有创始人才最清楚应该把这个孩子带到哪去，投资人永远只能是舅舅，能让孩子健康茁壮成长的是创始人而不是投资人。[1]类似的事情在国美

---

[1] 参见陈玉新：《马云的局——阿里巴巴上市内幕》，中国法制出版社2014年版，第18页。

电器、娃哈哈等知名公司都曾上演过，在国外亦常听闻此类闹剧，苹果公司创始人乔布斯（Steve Jobs）也曾被投资人赶出公司——但后来证明苹果离不开乔布斯。

既然创始人和外部投资者怀揣不同的目的、扮演不同的角色，那么我们是否可以分别授予他们不同类型的股权从而既满足创始人对公司经营控制的需求，充分发挥其商业才能，同时又保证外部投资者获得稳定的收益呢？我们是否可以通过股权的多元化、个性化设计糅合不同的利益诉求，维系公司的稳定经营，各司其职，各得其所，从制度层面尽量避免此类纠纷呢？

三、风险金融中投资者的退出难题

近年来，创业风潮席卷中华大地。受到超高回报率的诱惑，一大批风险投资者包括私募股权投资基金[1]（Private Equity，简称PE）和风险投资基金[2]（Venture Capital，简称VC）等纷纷涌向初创型、成长型企业。在我国当下初创企业、中小企业银行融资渠道不畅、资本市场门槛过高的背景下，PE、VC等风险投资机构对扶持新兴经济的发展具有不可替代的作用，时下火

---

[1] 私募股权投资（PE），是指通过私募形式对私有企业即非上市企业进行的权益性投资，在交易实施过程中附带考虑了将来的退出机制，即通过上市、并购或管理层回购等方式出售持股而获利。在结构设计上，PE一般涉及两层实体：一层是作为管理人的基金管理公司，另一层则是基金本身。有限合伙制是国际最为常见的PE组织形式。一般情况下，基金投资者作为有限合伙人（Limited Partner，简称LP）不参与管理、承担有限责任；基金管理公司作为普通合伙人（General Partner，简称GP）投入少量资金，掌握管理和投资等各项决策权并承担无限责任。

[2] 风险投资（VC），在中国是一个约定俗成的具有特定内涵的概念，其实把它翻译成创业投资更为妥当。广义的风险投资泛指一切具有高风险、高潜在收益的投资；狭义的风险投资是指对以高新技术为基础、生产与经营技术密集型产业的投资。根据美国全美风险投资协会的定义，风险投资是由职业金融家投入到新兴的、迅速发展的、具有巨大竞争潜力的企业中的一种权益资本，这也是我国当下社会对VC的基本理解。

热的小米公司、互联网 P2P 公司都受益于风险金融的发展。但是，如何有效限制投资者的风险、保证退出兑现渠道的畅通，一直是困扰风险金融行业健康发展的难题。PE、VC 往往通过对赌协议等债权形式限制风险，但基于合同的相对性，这种保障方式局限较大，最高人民法院也在"海富投资案"中明确否定了投资者与公司间对赌协议的效力。

那么，为了保障风险投资者的兑现预期，打破行业发展的瓶颈，我们能否通过股权的多元化设计给予 PE、VC 一种更为直接、更加确定的保护呢？我们能否通过股权的个性化设计在初创企业的稳定经营与风险投资者的适当控制间达成一种平衡呢？

四、东方式家族企业的维系及传承难题

家族企业[1]是中国、日本、韩国等东方国家中非常普遍的企业组织形式，它与重家族家庭、血缘传承的东方伦理体系高度契合、相得益彰，并且它也被证明是一种高效的、较为适合中国的企业运作方式。普华永道发布的《2014 年家族企业调研报告》显示，"中国家族企业营业额增长远高于全球平均水平，并对未来增长前景颇具信心。"[2]但是，在家族企业不断发展、不断扩张的过程中，该如何保持家族成员对公司的控制权呢？是否可以通过适当限制股权转让的对象、流程或者在不同类型

---

[1] 家族企业就是指资本或股份主要控制在一个家族手中，家族成员出任企业的主要领导职务的企业。台湾大学教授孙治本先生将是否拥有企业的经营权视作家族企业的本质特征。他认为，家族企业以经营权为核心，当一个家族或数个具有紧密联系的家族直接或间接掌控一个企业的经营权时，这个企业就是家族企业。参见孙治本：《全球化与民族国家：挑战与回应》，巨流图书有限公司 2005 年版，第 290 页。

[2] 王晓涛：《中国家族企业营业额增长远高于全球平均水平》，载《中国经济导报》2014 年 11 月 6 日，第 B07 版。

股东之间分配不同比例的表决权等方式来维系家族企业的基本架构呢？在经过改革开放几十年的高速发展后，中国家族企业已经到了"接班"的井喷期，兄弟分家析产、企业倒闭破产的事例屡见不鲜。我们如何才能在财产公平分割的同时保证家族企业的顺利传承呢？是否可以通过股权的多元化设计，既实现企业财产的合理分配，又保证有才能的家族成员获得企业的实际经营控制权呢？

五、国有企业混合所有制改造难题

根据十八届三中全会《中共中央关于全面深化改革若干重大问题的决定》（以下简称《决定》）的精神，混合所有制将成为我国国企改革的主要实现形式。混合所有制，顾名思义，就是要吸收社会资本参股入股，充分发挥民营经济的活力和优势，逐步克服国有资本经营效率低下的弊病。但是，我国大多数国有企业体量巨大，股本规模庞大，若仅以出资额论，社会资本往往无法获得足够的话语权，进而抑制了其参与混改的积极性。以"两桶油"之一的中国石油化工集团公司（即中石化）为例，2014年2月启动混改，拟引入千亿规模社会资本重组其油品销售业务板块，但即使重组成功，社会资本在销售公司中的占比也仅为30%，缺乏足够的控制力。这也引发了社会各界的广泛讨论和质疑。[1]

国有资本基于产权主体不明、激励机制不充分、管理模式行政科层化等先天不足，很难适应快速变动的市场经济。国有资本的优势在于体量规模而非经营能力，国有资本的应然目的

---

[1] 参见左沈怡：《中石化混改样本》，载《上海国资》2014年第10期。

是保值增值、与民方便，而非与民争利。那么，在混合所有制改革的大背景下，我们是否可以通过引入适当的机制，既发挥社会资本的活力，又保障国有资产的安全呢？是否可以通过对国有资本和社会资本配以不同的股权类型、发挥各自的比较优势从而完美地实现"混合"的初衷呢？

如上种种都指向一个共同的命题：股权多元化和个性化。在市场经济迅猛发展的今天，股权多元化的需求绝不限于前面所列举的五种情形。无论上市公司还是非上市公司，无论公众公司还是封闭公司，无论股份有限公司还是有限责任公司，无论国有公司还是民营公司，均对股权多元化有着强烈的需求。种类股法律制度，则是股权多元化的基本实现形式，是解决上述种种问题的关键所在。

第二节 种类股的概念研究

"所谓概念，是指人对思维对象的本质或特有属性的反映。概念是思维形式的基本要素，是认识的起点，是人们进行判断和推理的前提。如果概念不清，判断就会不当，推理就有错误。"[1]因此，作为研究的起点，我们首先应当厘清种类股的概念。基于认知视角、法律传统及客体本身复杂性等因素的影响，国内外对于种类股的界定并不相同。

一、国外关于种类股的界定

美国学者汉密尔顿（Robert W. Hamilton）教授显然认为，

---

〔1〕 郝建设主编：《法律逻辑学》（修订版），中国民主法制出版社2013年版，第17页。

种类股是股权多元化的代名词,虽然普通股和优先股的传统划分仍有意义,但这种划分的重要性正在降低,普通股和优先股的界限日趋模糊和淡化,股权的构成要素均可拆分并重新组合成新的股份类别。[1]《特拉华州普通公司法》(以下简称《特拉华公司法》)仍坚持普通股和优先股的二元划分,普通股又可分为 A 类普通股、B 类普通股等不同类型,优先股亦可分为 A 类优先股、B 类优先股等类型,但这并不构成硬性限制,公司可以创设出既不属于普通股又不属于优先股,即处于模糊地带的新的股份类型。《美国标准商事公司法》则从根本上取消了普通股和优先股的传统划分,认为种类股就是在股权要素上具有不同特征之股份的总称,从而使其概念更加灵活、自由、富有弹性。

英国人对于种类股的认知逻辑和美国人大体相似,都从普通股和优先股二元划分的传统视角逐步转向更加自由宽广的视野。戴维斯(Paul L. Davies)教授认为,一般而言,当附于某些股份之上的权利与附于其他股份之上的权利不同时,这类股份就构成了类别股份。[2] 2006 年《英国公司法》回避了对种类股的直接定义,而通过循环定义的方式,即"类别股份是具有类别权利的股份,而类别权利则是依附于类别股份上之权利"[3],把事实上的界定权留给了法官,从而保障了公司利用种类股制度的充分自由。

日本学者前田庸教授认为,"公司通过章程规定可发行就法

---

[1] 参见[美]罗伯特·W. 汉密尔顿:《美国公司法》(第5版),齐东祥等译,法律出版社 2008 年版,第 125 页。

[2] 参见[英]保罗·戴维斯:《英国公司法精要》,樊云慧译,法律出版社 2007 年版,第 35 页。转引自蒋雪雁:《英国类别股份制度研究》(上),载《金融法苑》2006 年第 2 期。

[3] 参见 2006 年《英国公司法》第 629 条。

定事项作不同规定的两种以上的股份,这种发行两种以上股份的公司叫做种类股份发行公司。"[1]可见,只要是在内容上有不同规定的股票,它们便互为种类股份,种类股是相对而言的。落合诚一教授持同样观点:"按照法定允许的事项组成的内容不同的股票即为种类股。"[2]2005年《日本公司法》没有直接进行普通股和优先股的划分,而是将股权要素予以拆分而划归为九大类事项,公司可以在法定范围内对股权事项进行选择和组合,设计出适合自己的股权类型。日本法上的种类股概念在可控可管的基础上保障了最大自由。

韩国法上的种类股通常是相对于普通股而言的,学者一般将其界定为在内容上与普通股有不同之处的股份。例如,李哲松教授认为,种类股是相对于普通股而言的、在公司的股权结构中具有不同权利义务关系和利益效果的股份。[3]安修贤教授亦认同该观点。[4]根据2012年修订的《韩国商法典》第344条的规定,种类股作为一种具有特殊内容的股份类型,可以"在分红、剩余财产分配、表决权行使、股份偿还以及股份类型转换等方面进行不同规定"[5],亦默认种类股为相对于普通股之概念。不过,在具体解释时,种类股往往又包含了种类股,如修改后的《韩国商法典》在文义上只规定了种类股之间的相互转换,因此不允许从普通股转换成种类股或从种类股转换成普通股,但由于种类股的流动性较差,享有从种类股转换为流动

---

[1] [日] 前田庸:《公司法入门》,王作全译,北京大学出版社2012年版,第73页。
[2] [日] 落合诚一:《公司法概论》,吴婷等译,法律出版社2011年版,第156页。
[3] 参见 [韩] 李哲松:《商法讲义》,首尔博英社2012年版,第82页。
[4] 参见 [韩] 安修贤:《Hybrid Equity Finance法制的评价和客体》,载《经营法律》2012年第7期。
[5] 李海燕:《建立我国类别股制度的构思》,吉林大学2014年博士学位论文。

性较强的普通股之转换权对保护种类股股东意义重大,因此在涉及转换权时往往又将普通股解释为包含于种类股之中。[1]

德国学者一般从股东权利差异化的角度来理解种类股。"对于章程在法律允许的框架下规定条件不同的股份类别,是没有疑问的,在此基础上,股份上之权利包括一般性的成员权利、仅为个别股东享有的特别权利以及为某类股东享有的类别权利。"[2]但总的来说,德国法对种类股的限定比较严格,仍然固守普通股和优先股的传统划分,"企业可以发行有表决权的普通股,也可以发行无表决权的股份,但是只有当这种股份同时享有盈利分配优先权时,法律才予准许。"[3]因此,德国法上的种类股概念比较狭隘,这也是与其相对保守的公司法风格相契合的。

二、国内关于种类股的界定

我国《公司法》尚未构建起完整的种类股法律制度,仅在该法第131条授权国务院可以对公司发行《公司法》规定以外的其他种类的股份另行作出规定。此外,根据该法第126条第1款的规定,"股份的发行,实行公平、公正的原则,同种类的每一股份应当具有同等权利",这实质上从股权内容多元化的角度对种类股进行了界定。学界对种类股的概念已有部分探讨,根据笔者的检索,依据侧重点之不同大概有以下五类观点:

第一类观点强调从种类股与普通股的相对关系入手进行界

---

[1] 参见[韩]安修贤:《韩国公司法上股份法制的几个热点问题——以种类股份为中心》,金艳译,载《中韩商法高峰论坛:公司金融法制的现代化与韩国的经验》2014年5月。

[2] [德]格茨·怀克、克里斯蒂娜·温德比西勒:《德国公司法》(第21版),殷盛译,法律出版社2010年版,第568~569页。

[3] [德]托马斯·莱塞尔、吕迪格·法伊尔:《德国资合公司法》(第3版),高旭军等译,法律出版社2005年版,第285页。

定。如李海燕教授认为，"种类股是相对普通股而言的，普通股是指公司章程对股份的内容没有附加特别条件的股份，相反，章程对股份的内容（如利润分配、剩余财产分配等）附加特别条件，即与普通股相比扩大或减少权利内容的股份就是种类股。"[1] 朱慈蕴教授也持类似观点，认为种类股是与普通股相对的、在股东权利的某些方面有所扩张或限制的股份类型。[2] 此种界定方式实质上将普通股排除于种类股的范畴之外。

第二类观点强调从股权多元化的角度进行界定。如任尔昕教授认为，"种类股也称为类别股，是指在公司的股权结构中，设置了两种以上不同种类、不同性质、不同权利义务关系、不同利益效果的股份。种类股包含普通股种类和特别股种类，相对于普通股而言，特别股是具有特别权利或特别限制的股份。"[3] 再如，施天涛教授认为，种类股是股权多元化的实现形式，不但普通股可以设计为不同的种类或系列，优先股也可以区分为不同的种类或系列，处于普通股和优先股之间模糊地带的异质股票亦为种类股票。[4] 尹红强博士认为，"类别股份是指在财产权和控制权内容方面有着明显差异的股份，其可以在盈余分配、剩余财产分配、新股认购、股份转换的选择等方面具有不同的权益。"[5] 此种界定方式下，普通股与特别股相对应，二者共同成为种类股的下位概念。

第三类观点强调股份权利对于股份的依附性，并在此基础

---

[1] 李海燕：《建立我国类别股制度的构思》，吉林大学2014年博士学位论文。
[2] 参见朱慈蕴、沈朝晖：《类别股与中国公司法的演进》，载《中国社会科学》2013年第9期。
[3] 任尔昕：《关于我国设置公司种类股的思考》，载《中国法学》2010年第6期。
[4] 参见施天涛：《公司法论》（第2版），法律出版社2006年版，第187页。
[5] 尹红强：《我国类别股份制度现代化研究》，载《证券法苑》2011年第2期。

上区分股份之类型。例如王光东研究员认为,"以实质分类方法相互区分的股份构成不同的股份类别,即所谓的类别股、种类股或者数种股份——实质分类方法以股份本身所依附之事项为区分标准。"[1] 沈朝晖博士亦认为,当某些股份承载的权利与其他股份承载的权利不同时,这些股份就构成了类别股份,并强调"附于股份之上、依凭股份而生"是类别股份的要件之一。[2]

第四类观点强调从少数股东权利或利益保护的视角认识种类股。例如,何美欢教授认为,种类股不仅应依照股份权利内容的不同进行划分,而且应在此基础上进一步区分不同的利益,只有权利相同且利益一致的股份才构成一类。比如,股份虽然都是标准普通股,属于同一类,但是,部分股份已全额支付而部分仅支付一定比例或者完全未支付,或者一些对构成会议出席法定股数是至关重要的,而另一些则无关紧要,此时,虽为"同类"但具有不同利益之股东群体诉求明显不同,以利益为导向进行再分类也许更为合适。[3] 不过,笔者以为,如此界定将使问题极端复杂化,在个案裁判中可能具有指导意义,但立法层面的规制显然不太现实,而且给予法官如此的自由裁量权,可能会得不偿失,至少在大陆法系是这样的。

第五类观点则对种类股的概念采取了回避的态度。例如,有学者认为,种类股并不是严格的法学概念,法律法规很难对种类股进行明确的定义,与其进行形式逻辑层面的严格界定,

---

[1] 王东光:《类别股份法理研究》,载《科学经济社会》2013年第3期。

[2] 参见沈朝晖:《公司类别股的立法规制及修法建议——以类别股股东权的法律保护机制为中心》,载《证券法苑》2011年第2期。

[3] 参见何美欢:《公众公司及其股权证券》(中册),北京大学出版社1999年版,第673~674页。转引自蒋雪雁:《英国类别股份制度研究》(上),载《金融法苑》2006年第2期。

倒不如从功能发挥的角度灵活开放地认识种类股。[1] 这似乎采取了与英国法同样的态度。

三、种类股界定所应坚持的基本点

上述种种观点更多的只是视角和侧重点的不同，外延大体重合，略有偏差。笔者认为，厘清种类股的概念应坚持以下基本点：

首先，种类股是公司股权多元化的实现形式。无论从什么角度进行界定，股权多元化都是种类股的本质所在，是其存在的价值和意义：其一，无论股份有限公司的股份，抑或有限责任公司的份额或者出资，都有股权多元化的需求，都可以采用种类股的形式。通说认为，有限责任公司和股份有限公司并无本质区别，"是否划分为等额股份"只是一种形式上的区分，有限责任公司可以规模很大，人数很多，股份有限公司也可以规模很小，人数很少；有限责任公司可以通过公司章程淡化其人合性，小型的股份有限公司也可以经由章程强化其人合性，等等。虽然一般认为，种类股起源于大型的股份有限公司，但有限责任公司作为人合性较强的企业组织形式，章程自治的空间更大，利用种类股制度具有先天的优势；其二，股权多元化是指股权内容的多元化，而非形式的多元化。股权之内容是指股权中所蕴含的具体权利义务关系，股权作为一种独立的新兴的权利类型已经成为学界之共识，其内容一般包括经济上之权利如盈余分配权、剩余财产分配权、转让权等，管理上之权利如投票权、参会权、对特定事项的否决权等，以及辅助和保障上述两类权利顺利实现的附属性权利如账簿查阅权，等等。总之，

---

[1] 参见蒋雪雁：《英国类别股份制度研究》（下），载《金融法苑》2006年第3期。

只要在股权的具体内容上[1]存在差异,就可以成立种类股。相反,如果仅仅是股权形式上的区别,则不构成种类股,如有面额股和无面额股、记名股和不记名股等互不成为种类股。

学界一般均认可种类股为股权多元化的实现形式,争议主要在于种类股的范围,即是否将普通股包含在内。笔者认为,从不同的视角出发将得出不同的结论,对该问题应具体情形具体分析,而不应一刀切、僵化处理。从种类股的起源、地位、与普通股的相对关系及特别保护方面来看,应将普通股排除于种类股范畴之外,原因如下:就起源而言,种类股产生之初便是为了满足个别股东或者公司的特别需求而创设出的个性化股份类型,以弥补单一普通股类型之不足,但仅仅是部分弥补而非全部替代;就地位而言,无论大陆法国家还是海洋法国家,普通股在公司的股权结构中仍居主导地位,种类股仅处于补充的次要位置;就种类股与普通股的相对关系而言,如果公司章程未对股权内容作特殊安排,则默认其为普通股;就种类股的特别保护而言,将种类股作为相对于普通股而言的少数派,则更有理由通过各种制度安排对种类股东予以特别保护。但是,从另外的视角观察,则似乎又应将普通股囊括在内:其一,从语义上来说,种类股理应作为普通股的上位而非平行概念,与普通股对应的应当是特别股而非种类股。其二,从地位的特殊性角度来说,在一个特定公司中,普通股股东也可能成为少数派和弱势群体,进而无需再对种类股股东予以特别保护。其三,从功能的角度来说,普通股本身也具有差异化的内在需求,如对于采行"双重股权结构"的上市公司,往往发行具有不同投

---

[1] 一般不包括附属性权利,种类股通常只是在经济性权利或管理性权利上有不同规定的股份类型。

票权的 A 类普通股和 B 类普通股；再如，《韩国商法典》虽将普通股排除于种类股之外，但在解释转换权条款时又将其包含在内。其四，从法律发展的角度来说，淡化普通股的标准化作用，进而实现股权设计的最大自由已然成为一种趋势。例如，美国在《美国标准商事公司法》中就将普通股的两个根本特征即投票权和剩余财产分配权进行了拆分，"允许这两个根本特征分散在不同的股票当中，所以可能没有一种股票同时拥有这两个特征，因此也就没有一种股票可以被明确地称为普通股。"[1] 日本也将股权的内容细分为九大方面，淡化了普通股的示范作用。因此，笔者认为，对于该争议，总体指导思想应当是"坚持开放的态度，具体问题具体分析"；[2] 具体操作层面，宜于立法上尽量拓宽种类股概念之外延，[3] 避免立法失当导致公司自治空间的过分压缩，具体解释权可适当交由法院在个案中把握。此外，就学术研究而言，可以保持更加包容和开放的心态，可以将普通股置于种类股的范畴之内——至少在特殊语境下如此，进行更全面更前沿的探讨。[4]

其次，通常来说，种类股是公司中的少数派，种类股股东是需要予以专门保护的、内部利益具有一致性的特殊利益团体，

---

[1] [美] 罗伯特·W. 汉密尔顿：《美国公司法》（第5版），齐东祥等译，法律出版社 2008 年版，第 125 页。

[2] 也就是说，不要过分在文义上钻牛角尖，不要过于纠结种类股是否应当包括普通股，不要作过分僵硬的处理，而应更多地从"实用主义"的视角来理解和操作。

[3] 当然，是否应将普通股囊括在内，仍有进一步探讨之空间和必要，应结合当时的具体国情、具体语境作针对性、灵活性处理，避免僵化所可能导致的法律适用问题，正如在韩国所发生的那样。

[4] 不过，总的来说，本书中所指的种类股一般是从和普通股相对的视角来阐述的，即和特别股之概念类同，这样更加便于论证之展开，便于揭示和凸显种类股这一"新兴概念"较之传统普通股之特性。这也是较为保守的做法。当然，这并不排除在特殊语境下将普通股囊括在内。总的指导方针仍然是"灵活处理、具体问题具体分析"。

但亦存在例外情形。公司法通常将作为弱势群体的种类股股东作为单独投票团体，对涉及该团体利益的事项进行单独表决，但在特定情形下，种类股亦可能成为公司中的多数派，主导公司运作，无需特别保护，例如在日本法上，仅有少数转让非受限股份的公开公司，转让受限种类股成为公司的主导者，具有完全流通性的股份反而需要专门保护，同时，正如何美欢教授所言，在具有相同权利内容的种类股团体内部，亦可能具有利益上的分歧，如有必要，仍可将其进一步划归不同的团体，分别决议。[1]

最后，类别权利以附属于股份并随股份之转移而转移为原则，而以附属于特定人、权利移转受适当限制为例外。根据"股东平等原则"的现代解释，依股东持有股份类型之不同而予区别对待为其当然之内涵，种类股制度与"股东平等原则"并无矛盾，移转附属于股份上之类别权利乃种类股东的基本权利。但是，作为"股东平等原则"之例外，现代法律亦承认若干属人性的类别权利，只是这种权利的转移受到较大限制，且通常只允许存在于人合性较强的公司中。例如，日本法上即承认属人性种类股，根据《日本公司法》第109条之规定，非公开公司可在章程中设定属人性种类股，对不同股东依其身份给予不同对待，且参照适用种类股的相关规定，但在进行股份转移时，上述特殊权利要么消失，要么经股东会同意在变更后的章程中授予受让人同样之权利。

---

〔1〕 参见何美欢：《公众公司及其股权证券》（中册），北京大学出版社1999年版，第673~674页。转引自蒋雪雁：《英国类别股份制度研究》（上），载《金融法苑》2006年第2期。

四、种类股的概念总结

根据法律逻辑学的原理,厘清概念就要明确概念之内涵与外延。"概念的确定性是通过明确概念的内涵和外延来实现的。"[1]种类股概念的界定亦应遵循上述原理。

(一) 种类股的内涵

定义是明确概念内涵的逻辑方法,定义的基本形式是真实定义法,即通过种差和邻近属的组合来界定内涵。邻近属是指被定义概念所从属的上一级概念;种差是指那些可以把被定义项所反映的那类事物与该属的其他类事物区别开来的特有属性。[2]但是,种类股的概念具有模糊性和复杂性,若完全依照真实定义法界定,一来难度较大,二来容易导致概念的僵化和狭隘。因此,笔者希望在真实定义法的基础上,适当加入语词定义或者描述性定义的因素,以求能够灵活、开放地界定种类股。

综上,笔者认为,种类股是指权利的具体内容存有差异且原则上附于股份之上的、作为股权多元化和个性化实现形式的、通常作为公司中的少数派而存在的股份或者份额。

(二) 种类股的外延

根据上述定义,只要在具体内容上具有某些差异,无论是传统意义上的普通股或优先股,还是在普通股或优先股的基础

---

[1] 郝建设主编:《法律逻辑学》(修订版),中国民主法制出版社2013年版,第19~20页。

[2] 参见郝建设主编:《法律逻辑学》(修订版),中国民主法制出版社2013年版,第30页。

上进行异化处理之股份如美国法上的 B 类普通股、附表决权的优先股等，抑或不以任何传统股份为模板、具有全新形态的股份类型，都属于种类股的范畴。总之，种类股应当是一个开放、发展、包容的体系，属物性种类股与属人性种类股、股份有限公司的种类股与有限责任公司的种类股等，都是种类股大家庭的成员。

另外，记名股和无记名股、面额股和无面额股及 A 股、B 股和 H 股等只是从形式上对股权的分类，显然不属于种类股讨论的范畴，但对于我国曾经特有的非流通股现象则需予以具体分析。非流通股是在我国国有企业股份制改造过程中出现的特殊现象，为了在筹集资金的过程中不至于失去对国有企业的控制力，同时保障外部投资者的合理预期，国家股、国有法人股等股份被设置为不可流通股。应当说，非流通股和流通股在股份的转让权上是存在明显差异的，符合上述关于种类股的界定，而且应当指出，我国在随后的股权分置改革中也确实吸纳了种类股机制的法理及做法，将流通股和非流通股作为两个独立的股权类型，通过两个团体间协议的方式解决分置问题，股份分置改革方案不但需经公司全体股东的绝对多数通过，亦须经由作为弱势群体的流通股团体的单独表决通过。股权分置改革虽然已经基本完成，但是其实施中所运用的种类股思维仍然值得我们研究和传承。此外，某些具有特定限售期的股份，比如上市公司中的发起人股、董事及高管持股等，虽然也具有流通权上的限制，但笔者认为，不应将它们作为种类股，原因有三：其一，它们是附属于特定之人且与特定主体的身份相关联的；其二，它们的转让限制将在法定的或者承诺的期限经过之后被解除，从而恢复自由身；其三，证券法或者公司法对其流通权予以限制的主要目的是保护在信息、资金等方面处于劣势地位的公众股东的利益，而非对本身作为特殊存在的非流通股股东予以特别保护。不过，在极端特殊情形下如其他股东试图通过决议延长禁售期，不排除通过种类股制度机理对非流通股股东予以一定保护。

第三节 我国种类股制度的历史与现状

一、我国种类股制度的历史

早在20世纪90年代初，我国部分法律文件中便出现了种类股制度的身影。1992年国家体改委颁布的《股份有限公司规范意见》[1]中已经设置了优先股，不过，该文件规定的只是一种最常见的优先股，即优先分红、优先分配剩余财产、无表决权、累积非参与型的优先股，文件中还包含有优先股之表决权恢复制度。[2] 1993年《深圳经济特区股份有限公司条例》亦有类似之规定。"1994年国家证券委和体改委联合发布的《到境外上市公司章程必备条款》第11条规定：公司在任何时候均设置普通股；公司根据需要，经国务院授权的公司审批部门批准，可

---

〔1〕《股份有限公司规范意见》第23条规定："公司设置普通股，并可设置优先股。普通股的股利在支付优先股股利之后分配。普通股的股利不固定，由公司按照本规范确定的程序决定。公司对优先股的股利须按约定的股利率支付。优先股不享有公司公积金权益。当年可供分配股利的利润不足以按约定的股利率支付优先股股利的，由以后年度的可供分配股利的利润补足。公司章程中可对优先股的其他权益作出具体规定。公司终止清算时，优先股股东先于普通股股东取得公司剩余财产。"优先股股东一般无表决权，但公司连续两年不支付优先股股利的，优先股股东的表决权恢复。参见任尔昕：《关于我国设置公司种类股的思考》，载《中国法学》2010年第6期。

〔2〕参见任尔昕：《关于我国设置公司种类股的思考》，载《中国法学》2010年第6期。

以设置其他种类的股份。"[1]尤其值得注意的是,该文件详细设计了种类股股东表决的具体程序,从而完善了对种类股股东的特别保护。

就法律层面而言,1993年《公司法》第135条规定:"国务院可以对公司发行本法规定的股票以外的其他种类的股票,另行作出规定。"2005年《公司法》第132条只是在个别用语上进行了微调:"国务院可以对公司发行本法规定以外的其他种类的股份,另行作出规定。"不过,在相当长的一段时间内,国务院并未对普通股之外的股份类型作出系统而明确的规定。应当指出,种类股的实际需求在实践中早已存在,沈阳金杯股份有限公司和杭州天目药业股份有限公司在20世纪90年代末都曾发行过优先股,其中后者将1890万国有股改造为优先股,不过这只是极个别的情况,而且后来由于种种原因,两公司所发行的优先股又都改回了普通股。

总的来说,我国在改革开放之后零星地出现过种类股条款,但局限较大,主要表现在以下几方面:其一,各种法律文件只是模糊且简单地提及了种类股制度,不成体系、不够细化,缺乏可操作性;其二,相关法律文件只涉及种类股之一种优先股,范围非常狭窄;其三,对种类股股东的保护虽有零星涉及,但不够全面和完善,且仅从后端入手;其四,虽已产生利用种类股的现实需求,但无奈实践经验相当有限,示范效果不佳,"只闻雷声,罕见雨滴"。

二、我国种类股制度的现状

2013年、2018年修改后的《公司法》(即现行《公司法》)

---

[1] 任尔昕:《关于我国设置公司种类股的思考》,载《中国法学》2010年第6期。

延续了 2005 年《公司法》关于种类股的规定，该法在"第五章 股份有限公司的股份发行和转让"第 131 条规定："国务院可以对公司发行本法规定以外的其他种类的股份，另行作出规定。"另外，该法在第 126 条也暗示了本法对种类股制度的认可："股份的发行，实行公平、公正的原则，同种类的每一股份应当具有同等权利。同次发行的同种类股票，每股的发行条件和价格应当相同；任何单位或者个人所认购的股份，每股应当支付相同价额。"[1] 不过，以上两条严格来说只是为种类股制度的发展预留了空间，并无明确系统的规定。而且，结合其他条款分析，现行《公司法》对种类股的态度十分矛盾和暧昧，例如，根据该法第 166 条第 4 款之规定，"股份有限公司按照股东持有的股份比例分配，但股份有限公司章程规定不按持股比例分配的除外"，这就为在盈余分配事项上设置不同类型的股份留存了空间，[2] 但该法第 103 条第 1 款及第 186 条第 2 款又规定，股份公司的股东所持每一股份享有一表决权，并且在进行剩余财产分配时仅允许按照股东持有之股份比例分配，这又在事实上排除了在表决权及剩余财产分配事项上设置种类股的可能性。

此外，实践中股份公司采行种类股亦有很大障碍。正如学者所言，"设置并发行种类股的实践操作是艰难的，因为一方面，迄今为止国务院没有作出另行之规定；另一方面，企业工商登记机关尚不允许特殊类型股份的登记，证监会亦不允许拟

---

〔1〕 参见任尔昕：《关于我国设置公司种类股的思考》，载《中国法学》2010 年第 6 期。

〔2〕 不过，"可以不按持股比例分配"是否就意味着"可以对某类股东优先或者劣后分配利润"，这是存在疑问的。而且，根据我国对"股东平等原则"的狭隘理解，章程中的优先或者劣后条款被认定为无效的可能性是很大的。

上市公司存在普通股以外的特殊安排。"[1]

就有限责任公司而言，其具有更大的章程自治空间，依常理当更有条件适用种类股制度。不过，在现行《公司法》框架下，有限责任公司设置多元股份类型仍然存在种种疑虑：首先，在分红事项上，根据该法第34条之规定，股东按照实缴的出资比例分取红利，但全体股东约定不按出资比例分取红利的除外。这虽然给予了股东自治的空间，但有两点疑问：其一，"可以不按出资比例分配"是否就意味着"可以对某类股东优先或者劣后分配利润"？其二，既然需要"全体股东"共同约定，这是否意味着在公司章程中规定此类条款会被认定为无效？毕竟章程修改采取"多数决"而非"全体决"。其次，在剩余财产分配事项上，该法第186条第2款明确规定，有限责任公司按照股东的出资比例分配，这便排除了变通的余地。再次，在表决权事项上，依据该法第42条之规定，股东会会议由股东按照出资比例行使表决权，但公司章程另有规定的除外，公司章程可以对表决权进行较大程度的干预，包括规定一股享有复数表决权、对持股超过一定比例的股东的表决权设定上限、表决权的增加随股份的增加而逐步递减、不按出资比例行使表决权等，但能否完全剥夺某类股东的表决权或者剥夺其对特定事项的表决权则是有疑问的，因为按照现行《公司法》第4条的原则性规定，享有资产收益、参与重大决策和选择管理者似乎是股东的固有权利。最后，除此之外的事项现行法并未涉及，例如转换权事项、附否决权事项及董事、监事派遣权事项等。

《证券法》等相关法律也未对种类股予以明确规定，根据最

---

[1] 朱慈蕴、沈朝晖：《类别股与中国公司法的演进》，载《中国社会科学》2013年第9期。

新修订的《证券法》第 2 条第 1 款之规定："在中华人民共和国境内，股票、公司债券、存托凭证和国务院依法认定的其他证券的发行和交易，适用本法；本法未规定的，适用《中华人民共和国公司法》和其他法律、行政法规的规定。"不过，这在某种意义上为国务院及证券监督管理机构通过试点逐步推行种类股制度预留了空间。

2013 年 11 月底，酝酿多年的优先股试点工作终于破冰，国务院发布了《关于开展优先股试点的指导意见》（以下简称《指导意见》），共 16 条，从宏观上对优先股的基本问题进行了界定。随后，2014 年 3 月，证监会颁布了《优先股试点管理办法》（以下简称《管理办法》），共 9 章 70 条，对《指导意见》进行了细化。[1] 2014 年 4 月，针对银行发行优先股的特殊问题，银监会和证监会联合发布了《关于商业银行发行优先股补充一级资本的指导意见》，2019 年 6 月，银保监会和证监会对前述文件进行了修订，发布了《关于商业银行发行优先股补充一级资本的指导意见（修订）》（以下简称《银行优先股意见》），将前述文件废止。客观地说，上述三份文件基本厘清了优先股制度的方方面面，尤其《管理办法》对优先股的整个运行流程及具体环节进行了细致的规范，包括优先股的含义、优先股股东的权利及特殊保护、优先股的发行（公开发行和非公开发行）和上市、优先股的交易转让、登记结算及信息披露等；《银行优先股意见》则对商业银行利用优先股补足一级资本充足率的特别问题予以了规范。在上述文件颁布之后，多家上市公司申请了优先股发行，其中相当一部分是商业银行如上海浦东发展银

---

〔1〕 参见陈雪芹：《优先股试点 好政策杜绝利益输送》，载《中国改革报》2014 年 3 月 22 日，第 001 版。

行、中国农业银行等。不过总的来说，此次试点仍然具有明显的局限性：其一，适用的公司范围相当有限。根据《管理办法》第3条和第26条的规定，能够发行优先股的限于公众股份公司，包括上市公众公司和非上市公众公司，且能够公开发行优先股的仅限于其普通股为上证50指数成份股公司。其二，带有迎合商业银行补足资本充足率要求的鲜明印记。本次优先股试点源于商业银行的强烈呼吁，试点展开之后也是商业银行热烈响应，而其他行业公司对优先股的态度则不温不火，毕竟高昂的股息率及连续的分红压力削减了优先股的吸引力。其三，所发行优先股本身受限较多。根据《管理办法》第6条、第32条和第33条的规定，优先股每股面额确定（人民币100元），不可转换为普通股，且不允许公司发行在股息分配和剩余财产分配上具有不同优先顺序的优先股。

综观我国种类股制度的现状，大致具有以下特征：其一，《公司法》《证券法》等法律层面的规范较少，缺乏系统的顶层设计——对种类股制度进行规定的多是各种法规规章；其二，法律法规对待种类股之态度不够明确，似是而非，前后矛盾；其三，固守普通股和优先股的传统二元划分，试点文件更是直接针对优先股，尚未涉及普通股、优先股之外的其他种类股类型；其四，无论是法律层面的《公司法》《证券法》，还是法规规章层面的试点文件，主要针对的是股份有限公司，尤其是公众性的股份有限公司，对有限责任公司则关注较少；其五，缺乏《公司法》和《证券法》的有效联动，立法顺序失当，缺乏全局性。种类股制度横贯《公司法》和《证券法》，相关立法应具备统筹和联动的视角，而且《公司法》作为一般法、《证券法》作为特殊法，理应先有《公司法》之一般规定，后有《证券法》之特殊规定，然而，试点文件主要由证监会针对资本市场上的特殊问题予以规范，头痛医头，脚痛医脚，易造成《公司法》和《证券法》的脱节。

第四节　种类股制度引入的价值

一、总论

从哲学上来说，"价值是指作为客体的事物之属性对于主体需要的满足。"[1] 同样，种类股制度的价值是指其特有之功能及属性对于我国现实需求之满足。

公司法制现代化是 21 世纪各国面临的共同课题。公司法作为推动本国经济增长、提升企业市场竞争力的重要手段，必须不断进行自我革新，回应国际竞争的需要。公司法制现代化的重要内容之一便是提供多元化的股权结构，满足不同投资者、不同企业的差异化需求，种类股制度即是回应股权多元化需求的重要制度支撑。英国、日本等国在 21 世纪初都大幅修改了自己的公司法，均对种类股制度放松了规制、拓宽了范围。在我国现行《公司法》下，公司类型本就很少——仅有限责任公司和股份有限公司两种，系统构建种类股制度以满足公司及股东的个性化需求更成为我国当务之急。

构建完善的种类股制度对企业、投资者及资本市场来说是一件"三赢"的事情。企业尤其是广大中小企业需要多元化的融资工具，传统普通股、债券等直接融资工具及银行借贷等间接融资工具都有其局限性，差异化、个性化的种类股则可以弥

---

[1] 李德顺：《价值论——一种主体性的研究》（第 3 版），中国人民大学出版社 2013 年版，第 12 页。

补其不足,有时,某种特定的股权类型结构甚至成为公司追求的目的之一;投资者基于不同的风险偏好、不同的投资目的需要不同的投资工具,多元化的投资工具也是其分散风险、构建科学合理的投资模型所必需;我国资本市场正处于快速变动和发展的阶段,随着股指期货、股票期权等的逐步放开,下一步的重点将是股票本体的多元化,种类股尤其是其中的优先股制度将成为我国多层次、多元化资本市场构建中的重要一环。

契约形式无法充分保障投资者、企业等主体间特殊利益安排的效力。在种类股制度缺位之背景下,为了实现某种特殊安排,外部投资者、企业、现有股东等往往试图通过合同来约束公司及相关人,如我们经常听闻的对赌协议。虽然,通过约定高昂的违约金可在某种程度上提高威慑力、保障合同执行,但契约形式仍有其无法克服的局限性:其一,合同具有相对性,只能约束合同当事人,一般不能约束第三人;其二,当公司作为此类合同的当事人或者第三人时,合同可能因损害第三人利益或者违反公序良俗等而被判定无效,也可能因违反《公司法》的强制性规定而被判定无效,如根据最高人民法院的解释,投资者和公司之间的对赌协议无效;其三,合同当事人仅享有债权请求权,其权利之实现需要对方之协助,合同当事人无法像股东那样通过行使投票权、选派董监事等方式直接干预公司以充分保护自己。契约形式的上述局限均可通过引入种类股制度而有效弥补。

二、分论

(一)构建种类股制度可以有效支持方兴未艾的风险金融

新一届政府上任之后,大力鼓励投资创业,"双创"风潮席卷全国，而风险金融如 PE、VC 等在其中发挥着不可替代的作用。[1] 应当说，在我国现阶段资本市场门槛较高、风险资本退出渠道不畅、监管不透明不充分之背景下，风险投资者会有种种顾虑，而构建完善的种类股制度则可为其提供有效的避险工具，消除其顾虑。例如，风险投资者往往具有优先回收成本的需求，因而优先分红、优先分配剩余财产的种类股对其更有吸引力；在公司不断壮大、前景被看好时，风险投资者往往希望追加投资，此时，附优先认购权的种类股是个不错的选择；为了有效监督公司运行、防范道德风险，风险投资者必要时需向公司派驻自己的代表或对特定决议行使否决权，此时，附选派董监事的种类股及附否决权的种类股成为理想的选择；为实现利益最大化，风险投资者往往选择持有附回购请求权种类股或附转换权种类股，以在合适时退出公司获利了结或行使转换权以获取更大溢价。应当说，风险投资者的上述需求对于创业者及创业企业来说通常是可承受的，只要保证创业者对公司的控制权——可通过赋予其复数表决权来实现。总的来说，双方各有所需，通过种类股制度的适当运用则可保证其各取所需。

（二）构建种类股制度有助于科技型企业的长远健康发展

推动产业结构转型、发展高科技产业已然成为我国重要的战略方针。但是，高科技产业既可能催生出几何量级的生产力，又可能因其快速变动性而被新的技术新的细分产业所快速替代。因此，科技型企业对于其创始人及管理者依赖很大，科技型企业要想永葆竞争力必须依靠嗅觉灵敏、高瞻远瞩的管理团队的

---

[1] 参见顾雷鸣策划、吴红梅采写：《众创空间，培植大众创新创业繁花似锦》，载《新华日报》2015 年 6 月 18 日，第 004 版。

带领。基于此，很多高科技企业尤其是互联网企业都采取了所谓的"双重股权结构"，即给予创始人和管理者更高倍数的表决权，国外如 Facebook、Google，国内如百度、京东、陌陌等知名公司莫不如此。建立和完善种类股制度是我国谋求产业转型升级、科技兴国的必然选择。

（三）构建种类股制度保障家族企业顺利传承和维持竞争力

家族企业已被证明是一种适合我国国情且被普遍采用的组织形式，但家族企业的传承历来是个问题，有道是"富不过三代"。起步于20世纪八九十年代的家族企业大多已面临或即将面临传承问题，而种类股制度则是解决该问题的优选制度。家族企业的传承需实现以下目标：其一，避免因继承引起股权分散甚至引发控制权之争；其二，让有经营才能的继承人获得公司经营控制权；其三，尽量保证股权转让的家族内部性。对此，家族企业可考虑将其股权划分为具有不同投票权之多种类型，比如 A 类股权具有单数表决权，B 类股权具有复数表决权，C 类股权不具有表决权。在企业传承时，由被继承人指定的经营者继承 B 类股权，获得公司控制权，而其他继承者则相应地获得 C 类或者 A 类股权。作为弥补，可以给予 C 类、A 类股权持有人优先分红等权利。如此，既可以保证投票权的相对集中，避免控制权之争，又可以让表决权受限的家族股东获得经济方面的补偿，可谓各取所需，从而达成目标一和目标二。对于目标三，家族企业可以效仿日本的做法，将所有股权设定为转让受限种类股：一方面，股权转让须经股东会之同意；另一方面，家族股东在同等条件下具有优先受让权。当然，我国现行的有限责任公司机制可以在一定程度上实现目标三，不过，对于采取股份有限公司形式的家族企业仍有其适用价值。

(四) 构建种类股制度有助于化解商业银行一级资本充足率难题

2010年，巴塞尔委员会在2008年国际金融风暴后顺势推出了风险监管更加严厉的《巴塞尔协议Ⅲ》（以下简称《协议Ⅲ》）。《协议Ⅲ》取消了之前商业银行三级资本的架构，[1]改为两层架构，即一级资本和二级资本，其中一级资本包括核心一级资本和其他一级资本。核心一级资本主要包括普通股、资本公积和盈余公积等，而其他一级资本则包括符合特定条件的包括优先股在内的种类股。而且，协议将一级资本充足率的要求由4%上调至6%，其中核心一级资本充足率由2%上调至4.5%，这也就意味着1.5%的一级资本可通过包括优先股在内的其他一级资本予以补足。[2]我国在《协议Ⅲ》的基础上制定了更加严格的《商业银行资本管理办法（试行）》（2012年颁布，2013年施行），根据该办法，我国商业银行一级资本充足率应达到8.5%，而其中的1%可通过其他一级资本来补足。[3]据统计，2018年上半年，我国商业银行各项充足率指标皆出现下滑，核心一级资本充足率下滑0.1个百分点至10.65%，一级资本充足率下滑0.15个百分点至11.2%，资本充足率下滑0.08个百分点至13.57%，其中，部分上市银行的数据逼近监管指标，

---

〔1〕《协议Ⅲ》在商业银行原先的三级资本中，取消了专门用于抵御市场风险的第三级资本，与市场风险挂钩而需偿还的银行自有资金不再作为银行资本，而应与信用风险同等对待。

〔2〕参见王胜邦等：《商业银行优先股破题》，载《中国金融》2014年第10期。转引自李润生、史飚：《论国有商业银行资本制度的创新——以优先股的引入为视角》，载《学术论坛》2016年第2期。

〔3〕参见王胜邦等：《商业银行优先股破题》，载《中国金融》2014年第10期。转引自李润生、史飚：《论国有商业银行资本制度的创新——以优先股的引入为视角》，载《学术论坛》2016年第2期。

与其相差不到1个百分点，中小银行下降幅度更加明显，一些中小银行的资本充足率大幅低于监管要求，未来我国银行将面临更大的资本监管压力。[1]于此背景下，我国商业银行具有强烈的发行优先股以填补资本缺口的冲动——当然这在国际银行界是通行且受欢迎的做法，这也是银监会和证监会急切发布《银行优先股意见》的原因所在。

（五）构建种类股制度有助于国有企业混合所有制改造的实施

十八届三中全会确立了国有企业进行混合所有制改革的方向，除极少数涉及国家安全等战略利益的国有独资企业外，其他国企均应吸收社会资本，进行混合所有制改造。由于国有资本和社会资本在功能、目标、规模、自我保护能力等方面的差异，对公私资本赋予不同的股权类型是可行的选择，种类股制度则是重要的制度支撑。按照分类改革的要求，我国将国企分为三类：公共服务类、特殊功能类和市场竞争类，对于不同类型的国有企业，混合所有制改造的具体方案应当有所区别。具体来说，对于市场竞争类的国有企业，如汽车行业的国企，应当坚定地推行混合所有制，发挥社会资本的经营活力和灵活机制，由此可以考虑将国有资本逐步改造为表决权受限的种类股如优先股，而赋予社会资本实际的经营管理权，同时，为保障国有资产的安全，可考虑赋予国有股对特定事项的否决权；当然，这种方案可能过于激进，也可考虑相对温和的做法，即赋予国有股和社会股分别派遣特定数量的董监事的权利——可适

---

[1] 参见段思宇：《银行资本充足率下滑，多渠道填补资本金缺口》，载《第一财经》2018年10月23日，第A05版。

当向社会资本倾斜,从而保障社会资本足够的话语权等。对于公共服务类的国有企业,如铁路领域内的国企,在进行混改时应保持国有资本对企业的控制权,此时,可考虑将国有资本设置为普通股,甚至将其设置为复数表决权股,同时,为保证社会资本参与的积极性,可赋予社会资本选派特定数量董监事的权利。对于特殊功能类的国有企业如保障性住房建设投资中心等,作为以完成重大专项任务为目标的国企,首先应保持国有资本的控制力,以完成特定任务,同时,在特定任务完成后应允许其逐步退出,转变为普通竞争性企业,对此可以考虑将国有股设置为附回购请求权之普通股,而将社会资本设定为一般普通股或者附转换条款的优先股——在条件成就时可转换为普通股。总之,种类股制度是国企混合所有制改革的重要实现工具。

(六) 构建种类股制度有助于公司防范敌意收购

在现代商业社会,兼并收购是公司经常运用的扩张策略,也是一种高效的资本运作方式,不过,不时出现的敌意收购却有可能妨碍公司的正常经营。[1]因此,各种反收购手段随之而生,而在其中最重要的则是利用种类股防止敌意收购。譬如,在所谓的"毒丸计划"中,公司将其一部分股票设置为附回购请求权股,规定在公司遇到敌意收购时,持有该类股票的股东可以请求公司以很高的溢价进行回购,由此挫伤敌意收购方的收购意愿;或者公司可将其发行的优先股设定为附转换权股,规定在受到敌意收购时,优先股自动转换为普通股,恢复投票

---

[1] 参见曾祥生、方昀:《论上市公司反敌意收购行为的法律规制》,载《武汉大学学报(哲学社会科学版)》2014年第3期。

权,从而稀释收购方的投票权占比;或者公司可以直接将部分股票设置为附否决权股,无论收购方持有多大比例的股权,在重要事项上必须与特定股东达成一致。不过,利用种类股制度设置反收购条款极易引发滥用,很多国家已对其予以限制甚至直接禁止,"毒丸计划"的效力常有争议。但在严格控制的前提下,为保障股东利益而进行合理的利用,对上市公司及公众股东来说仍是必要的。

CHAPTER 2 第二章
比较法考察:各国制度和模式总结及我国的模式选择

第一节 美国种类股法律制度研究:制度和模式

美国是公司法律制度最为完善发达的国家,其以先进的理念、精细的制度和源源不断的创新引领着世界公司法的发展潮流。在美国,公司法的立法权归属于各州,每个州都有自己的公司立法,正是这种分散的立法模式促进了各州的竞争,推动公司法不断走向创新,著名的"底线竞争"(Race for the Bottom)[1]即是明证。联邦层面虽无统一公司立法权,但一些民间机构组织专业人士进行示范立法,如由全美律师协会公司法委员会组织起草的《美国标准商事公司法》,对美国各州的公司立法、司法及理论研究产生了重大影响。

一、美国种类股法律制度概况

作为公司法的重要组成部分,美国的种类股法律制度具有

---

[1] "底线竞争"的命题最早由布兰迪斯大法官于 1933 年提出,是指美国各州出于吸引投资、增加税收的目的,不断放松对公司规制的条件,从而推动公司法不断走向自由化。20 世纪初,"底线竞争"的胜出者是新泽西州,但最后的胜出者则是特拉华州。参见史际春:《企业和公司法》(第 2 版),中国人民大学出版社 2008 年版,第 79 页。

鲜明特色。美国各州公司法一般同时规定了种类股和系列股，系列股是种类股的下位概念，股份的每个类别都可以发行一个或多个系列。[1]应当指出，系列股源于公司章程对董事会的授权。各州公司法一般规定，公司章程可以授权董事会在不经股东会同意的情况下，发行由董事会创制的系列股，公司章程实际上创制了一种没有任何实质性条款的股票，并授权董事会在此类股票的范围内创设"系列"，因此，系列股票往往又被称为"空白股票"。[2]董事会根据不断变化的经济状况，可以及时地确定或改变系列股的实质性条件，以适应复杂的市场状况，因而是非常有优势的。[3]但事实上，种类股和系列股之间并不存在什么本质的区别，同种类的不同系列的股份之间因具有不同的权利内容也可以被看作不同的股份种类，唯一的区别在于创设方法：种类股由公司章程创设，而系列股由董事会的决议创设。[4]一般情况下，同类同系的股份，其权利、限制或条件必须相同——这是"同股同权"原则的体现，而且不同种类、系列的股份应当能够区分，如可通过字母符号予以标记。[5]

在美国，种类股的传统分类是普通股（common shares）和

---

[1] 参见施天涛：《公司法论》（第2版），法律出版社2006年版，第187页。

[2] 参见[美]罗伯特·W.汉密尔顿：《美国公司法》（第5版），齐东祥等译，法律出版社2008年版，第158页。

[3] 参见[美]罗伯特·W.汉密尔顿：《美国公司法》（第5版），齐东祥等译，法律出版社2008年版，第158页。

[4] 参见施天涛：《公司法论》（第2版），法律出版社2006年版，第188页。

[5] 如"A种普通股"（A class common share）、"B种普通股"（B class common share）、"A种优先股"（A class preferred share）、"B种优先股"（B class preferred share）；"A系普通股"（A series common share）、"B系普通股"（B series common share）、"A系优先股"（A series preferred share）、"B系优先股"（B series preferred share）。参见施天涛：《公司法论》（第2版），法律出版社2006年版，第188页。

第二章　比较法考察：各国制度和模式总结及我国的模式选择

优先股（preferred shares）。[1]普通股是股票的标准形态，享有两类基本权利：投票权和经济权利，后者又包括两部分，即在公司清算的时候按份取得剩余财产的权利，以及在公司正常运行情况下对盈利的分配请求权，普通股通常被认为完整地拥有上述权利。[2]"优先股是指或者在盈余分配时或者在清算分配时或者在二者同时进行的情况下，优先于普通股进行分配的股份。优先股往往是无表决权股。"[3]但时至今日，普通股和优先股的传统分类已经淡化，界限不再清晰，其已不构成对种类股设计的绝对限制，很多介于二者之间的股票类别不断出现，如"参与性优先股"（participating preferred shares），其股东除了获得优先股股息外，还可以在普通股获得特定的分配之后与普通股东一起参与其他盈余的分配，"参与性优先股具有开放性，已经具有了普通股的某些特征，因此有时也被称为'A 类普通股'或者相似的反映它们参与分红的权利是开放式的名称"；[4]再如非表决权普通股（nonvoting shares），它和大多数优先股一样，没有表决权。《美国标准商事公司法》颇为激进，进行了大胆的尝

---

[1] 除了普通股和优先股的概念之外，有时还会出现"劣后股"，但根据某些学者的观点，"劣后股"的表述是违反公司融资原理的。有什么比普通股份的分配更靠后呢？更进一步说，如果分配上更靠后，那么管理上应当更靠前，很难想象比普通股股东更大的投票权。现实中的情况无非是：其一，受到限制的普通股，如有些对价不足的股票限制分红；其二，特殊的股票，如英国在私有化之后政府所保留的"黄金股"，并不参与分红和分配，但是对重大的决策政府拥有发言权。事实上，这些变异并不是股票本身产生的，而是由于规制产生的。因此"劣后股"的概念，无非是一种理论上的"伪造"而已。参见邓峰：《普通公司法》，中国人民大学出版社 2009 年版，第 275 页。
[2] 参见［美］罗伯特·W. 汉密尔顿：《美国公司法》（第 5 版），齐东祥等译，法律出版社 2008 年版，第 124 页。
[3] ［美］罗伯特·W. 汉密尔顿：《美国公司法》（第 5 版），齐东祥等译，法律出版社 2008 年版，第 155 页。
[4] ［美］罗伯特·W. 汉密尔顿：《美国公司法》（第 5 版），齐东祥等译，法律出版社 2008 年版，第 156 页。

试,"直接取消了普通股和优先股之间的传统分类,取消了对各个类别股票之权利的人为限制",[1]它"允许将普通股的两种基本权利即受益权和投票权分散在不同的股票当中,所以可能没有一种股票同时拥有这两个特征,因此也就没有一种股票可以被明确地称为普通股",[2]股份的各个要素都可以重新组合,从而在最大程度上保证股票设计的自由。《特拉华公司法》虽仍在第151条第3、4款[3]对优先股进行了描述性定义,但在该条其他款项使用的主语都是"任何类别或者系列的股份",也就是说,优先股可以结合表决权事项、回购赎回事项、转换权事项等进行自由的设计。正如汉密尔顿教授所言,"州的公司法给予了公司在确定优先股条款方面几乎完全的自由权。优先股可以被设置为与债务或者普通股非常相似。同样,通过优先股这个工具,公司可以创制具有新颖条款的证券,它们既不与债务相似,也不与股票相似。"[4]

总而言之,美国公司法对种类股、系列股的设计持相当开放的态度,公司可根据自身需要设计出在表决权、回购赎回、利益分配、股票面值等几乎所有方面具有不同特征的股份类别。

---

[1] 沈四宝编译:《最新美国标准公司法》,法律出版社2006年版,第283页。
[2] [美]罗伯特·W.汉密尔顿:《美国公司法》(第5版),齐东祥等译,法律出版社2008年版,第125页。
[3] 《特拉华公司法》第151条第3款规定:"任何类别或者系列的优先股或者特别股持有人,有权按照章程大纲或者上文规定的董事会股份发行决议记载的比例、条件和时间取得股息,并且股息的支付优先于其他一个或者多个类别或者其他系列,或者与其他一个或者多个类别或者其他系列具有明确规定的某种关系,可以累积,也可以不累积。优先股和特别股在优先的范围内支付后,或者宣布并拨出以备支付后,本章其他部分规定的可供分配的公司资产,可以用来支付其他类别或者系列股份的股息。"第4款规定:"任何类别或者系列的优先股或者特别股的持有人,在公司解散时或者资产分配时,享有章程大纲或者上文所述的董事会股份发行决议中记载的权利。"
[4] [美]罗伯特·W.汉密尔顿:《美国公司法》(第5版),齐东祥等译,法律出版社2008年版,第155页。

二、《美国标准商事公司法》[1]下的种类股法律制度

(一) 种类股的本体制度

《美国标准商事公司法》对种类股法律制度的规定集中在"第六章 股票与分配"的"第 A 分章 股票"下的"第 6.01 节 授权的股票"和"第 6.02 节 董事会决定的各个类别或者系列股票的条件"。

第 6.01 节主要介绍公司章程规定下的种类股和系列股。

第 6.01 节第（a）小节首先授予了公司发行种类股票和系列股票的权利，但是不同类别和不同系列的股票的条件、名称和数量必须在公司章程中予以记载并公示，而且通常情况下，属于同种类和同系列的所有股票应当具有相同的规定。[2]

第 6.01 节第（b）小节对公司种类股的设计进行了限制，即无论如何，公司章程授权发行的股票中，"①必须有表决权不受限制的类别或者系列；以及②必须有在公司解散时享有剩余财产请求权的类别或者系列。"[3]也就是说，这两个特征必须在公司授权发行的至少一类或者一个系列的股票中出现，当然，上述两个特征也可以在一类股票中同时出现，如典型的普通股。这应当属于公司经营的底线性问题：如果没有表决权股，公司的股东决策将无从实现；如果没有剩余财产分配请求权股，公司终止后的财产处置便成问题。笔者认为，《美国标准商事公司法》意图通过这种底线性规定赋予公司最大程度的自治权。

---

[1] 参见沈四宝编译：《最新美国标准公司法》，法律出版社 2006 年版，第 44～159 页。

[2] 参见沈四宝编译：《最新美国标准公司法》，法律出版社 2006 年版，第 44 页。

[3] 沈四宝编译：《最新美国标准公司法》，法律出版社 2006 年版，第 44 页。

第6.01节第（c）小节列举了公司可以进行类别设计的具体事项，包括"①表决权事项，可以是特殊的、有条件的或者有限制的表决权，也可以是无表决权，因而，普通表决权股、复数表决权股、部分表决权股、无表决权股等形式均为可选；②回购或转换事项，回购或者转换可以根据公司、股东或者其他人的选择或者由于某一特定事件的发生而被启动；③利益分配的计算方法，包括累积的、非累积的或者部分累积的；④利益分配的优先顺位，这是通常意义的优先股的特征。"[1]同时，该节的第（f）小节规定，"第（c）小节并未穷尽各类别或者系列股票的优先权、权利和限制。"[2]可见，公司还可以针对其他事项进行更加复杂的设计。此外，根据第（e）小节的规定，"同一类别或者同一系列的股票持有者中，股票的任何条件均可以有所不同，前提是这种不同已在公司章程中载明。"[3]此种开放式的规定给予了公司最大的自治空间——甚至都有些"放任"的意味了。

第6.01节第（c）、（e）、（f）小节的规定打破了普通股和优先股的传统划分，构成股份的各要素包括表决权、股利分配、剩余财产分配等事项均可进行个性化设计及重新排列组合，由此可产生大量的不同于传统普通股和优先股的特色股份。

第6.02节主要规定了董事会在种类股和系列股创设和调整中的权利。

第6.02节第（a）小节首先肯定了董事会于公司章程授权下有关尚未发行股份之归类的广泛权利。在授权资本制下，董

---

[1] 沈四宝编译：《最新美国标准公司法》，法律出版社2006年版，第44页。
[2] 沈四宝编译：《最新美国标准公司法》，法律出版社2006年版，第45页。
[3] 沈四宝编译：《最新美国标准公司法》，法律出版社2006年版，第45页。

第二章 比较法考察：各国制度和模式总结及我国的模式选择

事会于授权资本额度内有权："①将任何尚未发行的股票归为一个或几个类别或者同一类别中的一个或几个系列；②将任何类别的尚未发行的股票重新归为一个或几个类别、一个类别或几个类别中的一个或几个系列；③将任何类别中尚未发行的任何系列股票重新归类为一个或几个类别、一个类别中的一个或者几个系列。"[1]也就是说，对于尚未发行的股票，无论其是否已经被确定为某一或某几个类别、某一或某几个系列，只要有章程授权，董事会便可以根据经营需要重新划归其类别或系列。

当然，根据第6.02节第（b）小节的规定，"如果董事会依据第（a）小节的授权而行为，它必须在该类别或该系列的任何股票发行之前于第6.01节允许的范围内确定该类别股或者该系列股的具体条件。"[2]依反面解释，如果该类别或者该系列已经有发行在外的股票了，那么董事会只需遵从先前已确定的条件便可。

由上可见，第6.02节授予了董事会在种类股和系列股设计、调整和发行中相当大的自由，董事会可以在已授权尚未发行的资本额度内灵活决定股份的类别或系列以及相应条件，这有助于增强公司的市场适应性。

（二）种类股的保护

《美国标准商事公司法》在"第十章 公司章程与内部细则的修改"的"第A分章 公司章程的修改"下的"第10.04节 投票团体对修改的投票"涉及对种类股股东和系列股股东的特别保护。

---

[1] 沈四宝编译：《最新美国标准公司法》，法律出版社2006年版，第46页。
[2] 沈四宝编译：《最新美国标准公司法》，法律出版社2006年版，第46页。

第10.04节第（a）小节对种类股股东单独投票团体形成的具体情形予以详尽列举，虽然在列举了八种情形之后并未出现一个兜底条款，但不用担心会有遗漏，因为所列举的情形均是从效果而非行为方式的角度来规范的，也就是说，只要章程之修改影响到了种类股股东的既存权利，无论通过何种具体方式，种类股股东都有单独投票的权利。总的来说，这些情形可以归纳为以下三类：①该类股票与其他类股票的相互交换和相互归类；②对该类股票本身的权利、比例、数量等的限制或调整；③对其他类股票的创设、调整进而影响到既存股票的权利。[1] 第10.04节第（b）小节规定系列股票同样适用上述规则。同时，根据第（d）小节的规定，即使公司章程规定某一类别或者系列的股票无投票权，当涉及类别股股东团体表决时，该类别股或者系列股股东当然享有投票权，从而制止了任何企图通过公司章程进行的不当限制。

第10.04节第（c）小节则从效率的角度规定了多个种类或者系列股份投票团体的合并，即"如果公司章程的修改将以同样或者极其相似的方式对多个类别或者系列的股票产生影响，那么这些股票的持有者应当作为一个投票团体进行表决"。[2] 但是，不同种类或者系列股票毕竟存在数量、规模和比例上的差异，如果僵化规定可能吞噬较小团体的意志，因而，在本小节最后的但书部分允许公司章程或者董事会予以变通。

综上所述，《美国标准商事公司法》分别从种类股的章程授权、董事会灵活而广泛的权利以及种类股的特殊保护三个维度

---

[1] 参见沈四宝编译：《最新美国标准公司法》，法律出版社2006年版，第158~159页。

[2] 沈四宝编译：《最新美国标准公司法》，法律出版社2006年版，第159页。

构建了完善的种类股制度。不难发现,其中最大也是一以贯之的特色便是"自由",其自由之程度令人惊叹。同时,对于种类股份细致而全面的保护,亦激励着公司充分利用、投资者放心投资种类股产品。

三、《特拉华公司法》[1]下的种类股法律制度

（一）种类股的本体制度

《特拉华公司法》关于种类股制度的规定集中在该法"第五节 股份与股息"下的"第151条 股份的类别与系列；回购；权利"部分。

根据第151条第1款之规定,公司可以发行种类股和系列股,但种类股和系列股的具体条件必须在公司章程中予以记载,或由经授权的董事会决议确定。[2] "所有类别或者系列的股票,可以有面值,也可以无面值,可以为完全表决权、受限制的表决权,也可以无表决权等。"[3] 同时,种类股或者系列股的具体条件还可以依据公司章程和董事会决议之外的可以确定的事实包括任何人或机构的决议或行为来决定,但是具体发生效力的方式应当在公司章程或者董事会决议中明示。[4] 这为股票条件的确定提供了多元化渠道,避免了因章程或者董事会决议记载不清而引发的争议。

---

〔1〕 参见《特拉华州普通公司法》（最新全译本），徐文彬等译，中国法制出版社2010年版，第50~111页。

〔2〕 参见《特拉华州普通公司法》（最新全译本），徐文彬等译，中国法制出版社2010年版，第50页。

〔3〕 《特拉华州普通公司法》（最新全译本），徐文彬等译，中国法制出版社2010年版，第50页。

〔4〕 《特拉华州普通公司法》（最新全译本），徐文彬等译，中国法制出版社2010年版，第50页。

第151条第2款规定了种类股或者系列股的回购约束，回购可以"由公司或者持股人决定启动，也可以在指定的事件发生时启动",[1]唯一的限制是回购之后，公司必须至少有一个单位的流通在外且有完全表决权的种类股或系列股。这种限制同样反映在《美国标准商事公司法》第六章第6.03节的第（c）小节,[2]只是后者的规定更为宽泛。另，根据本款的规定，回购的对价相当宽泛，"包括现金、财产及权利（包括本公司及其他公司的证券在内）"[3]等，回购的时间、价格、比例及相应调整都可灵活处理，只要在公司章程或者董事会决议中予以明确。

第151条第3、4款对优先股进行了描述性界定，优先股持有人可以依据公司章程或者董事会决议确定的比例、条件和时间优先于其他类别或者系列的股东取得股息及公司清算时的剩余财产，可以是累积性的，也可以是非累积性的。[4]除优先股外，公司还可以设计特别股，即在股息支付或者剩余财产分配方面与其他一个或多个类别、系列具有某种关系的股票，特别股相比优先股具有更大的外延，优先股只是最常见的一种特别股。可见，《特拉华公司法》仍然秉持着优先股和普通股的传统划分，只是该法中的优先股非常灵活，在实际上模糊了优先股和普通股的边界，优先股的界定仅有宣示性意义。

第151条第5款规定了种类股或者系列股的转换事项，公司

---

[1] 《特拉华州普通公司法》（最新全译本），徐文彬等译，中国法制出版社2010年版，第50页。

[2] 《美国标准商事公司法》第6.03节第（c）小节："在公司股票发行在外的任何时候，一股或者多股共同享有不受限制的投票权的股票以及一股或多股有权在公司解散时共同获得公司净资产的股票都必须是发行在外的股票。"

[3] 《特拉华州普通公司法》（最新全译本），徐文彬等译，中国法制出版社2010年版，第51页。

[4] 参见《特拉华州普通公司法》（最新全译本），徐文彬等译，中国法制出版社2010年版，第51页。

第二章 比较法考察:各国制度和模式总结及我国的模式选择

可以设置转换条款,由持有人或公司行使选择权,或者在规定的特定事件发生时启动转换条款,将任何类别或者系列的股份转换为其他类别或者系列的股份,具体的转换价格、比率及有关调整由公司章程或者经授权的董事会决议确定。[1]美国一些州的公司法是禁止"上游转换"(upstream conversion)的,即禁止普通股股东将其普通股转换为优先股或者债券,并且低级的优先股是不能转换为更高级的优先股的,因为这被认为会损害现存的较高级别的种类股股东及债权人的利益。[2]《特拉华公司法》并未规定这种禁止,而是允许"上游转换",如果转换影响到了其他种类股股东或者系列股股东的利益,则通过单独投票团体的投票解决,其理由是:这种"上游转换"与现金股份回赎相比,"其给债权人和其他优先证券持有人所造成的潜在损失要小得多。"[3]

根据第151条第6款之规定,公司发行的种类股或者系列股可以是有证书股,也可以是无证书股,但同一类别或者系列的两种形式股份的持有人之权利义务相同。[4]为了从实质上保证这种相同,对于证书股,公司应将该类股份的具体条件记载于证书上,或者在证书上作出标注,说明公司将应股东的要求无偿告知每一类别或者系列股票的具体条件;对于无证书股,公司应当在合理的时间内向登记的持股人发出书面通知,告知种类股份的具体条件,或者向登记的持股人发出说明书,说明将

---

[1] 参见《特拉华州普通公司法》(最新全译本),徐文彬等译,中国法制出版社2010年版,第52页。

[2] 参见[美]罗伯特·W. 汉密尔顿:《美国公司法》(第5版),齐东祥等译,法律出版社2008年版,第157页。

[3] 施天涛:《公司法论》(第2版),法律出版社2006年版,第187页。

[4] 参见《特拉华州普通公司法》(最新全译本),徐文彬等译,中国法制出版社2010年版,第52页。

应股东的要求进行告知。[1]

第 151 条第 7 款规定了经授权的董事会通过决议创设、调整种类股份或者系列股份具体条件的程式问题。董事会作出上述决议,应当制作证明书,并按照原始章程大纲的登记流程进行签署、确认并提交州务卿备案、生效。[2] 证明书生效时产生修订章程大纲的法律效力。由此可见,《特拉华公司法》一方面授予了董事会在种类股事务上的广泛自主权;另一方面通过法定程式确保董事会依法审慎作出决议,并通过备案登记制度确保决议公开透明。

(二) 种类股的保护

《特拉华公司法》"第八节 章程大纲的修订;资本与资本股的变更"下的"第 242 条 收到股款后修订章程大纲;非股份公司"对种类股或者系列股作为单独投票团体并给予特别保护进行了规范。

根据第 242 条第 1、2 款之规定,无论公司修订案的具体内容为何,只要将对种类股造成不利影响,种类股股东都有权作为单独团体进行表决,具体情形一般包括:①改变公司的名称、业务性质、公司的权力和目的、公司的存续期等一般事项;②改变该类别股份的权利,包括数量、面值、名称、优先权、参加权、选择权及其他特别权利等;③创设或者改变其他类别的股份间接影响既有种类股份权利的情形等。[3] 对于某一类别

---

[1] 参见《特拉华州普通公司法》(最新全译本),徐文彬等译,中国法制出版社 2010 年版,第 52 页。

[2] 参见《特拉华州普通公司法》(最新全译本),徐文彬等译,中国法制出版社 2010 年版,第 53 页。

[3] 参见《特拉华州普通公司法》(最新全译本),徐文彬等译,中国法制出版社 2010 年版,第 108 页。

第二章　比较法考察：各国制度和模式总结及我国的模式选择

的多个系列股票，如果修订案仅对部分系列产生影响，则只有受到影响的系列股票才被视为单独的类别。由此，涉及上述事项的修订案，除应经发行在外的有表决权的股份过半数赞成外，还应经受影响的类别或者系列的股份的过半数赞成方能通过。而且，根据第242条第2款第4项之规定，如果章程大纲规定了更高的决议通过比例，则应当遵从这一规定。[1]

总的来说，《特拉华公司法》相对《美国标准商事公司法》的规定更为保守，保留了优先股的传统概念，但这无碍种类股的自由设计，因为优先股不再成为一个硬性限制而可以结合其他条款如表决权条款、回购赎回条款、利益分配的范围和顺位条款等，创设出丰富多样的股份类别。总之，《特拉华公司法》下的种类股制度已经相当自由，兼顾了传统之惯性和现代之实用主义。

四、模式总结及评价

总的来说，美国式的种类股法律制度有以下基本点：

（一）种类股和系列股的双层概念构建出层次性——系列股为种类股之下位概念

诚如学者所言，"无论从经济还是从法律的角度来说，在'种类'（class）和'系列'（series）之间并不存在什么实质性区别，唯一的区别在于创设方法。"[2]但是，这种细致的划分，一方面从制度上认可了董事会在类别股份制度中广泛的权力，

---

〔1〕参见《特拉华州普通公司法》（最新全译本），徐文彬等译，中国法制出版社2010年版，第111页。

〔2〕施天涛：《公司法论》（第2版），法律出版社2006年版，第187页。

满足了灵活经营的需要；另一方面，在某些具体层面仍有其价值，如按照《特拉华公司法》第242条第2款第2项之规定，如果公司章程修订案将对某一种类股产生不利影响，受影响的种类股股东有权作为一个单独团体进行决议；但是，如果该种类股下包含两个以上系列的股票，则此时应予进一步细分，只有受到影响的特定系列股票才被视为单独的类别。不过，在笔者看来，种类股和系列股划分的上述两点说明理由并不充分，倒不如直接取消系列股的概念，而将种类股下的进一步分类视作新的种类股，亦即仅在最细分层面来规范种类股，如此，一来可以授予董事会更广泛之权力，二来则其规范效果并无二致甚至更加简洁。

（二）"自由"是贯穿始终的核心理念

美国公司法的现代性无需赘言，其中最突出的体现便是自由和灵活的特质——为公司自治提供最大空间。[1]《美国标准商事公司法》直接取消了普通股和优先股的传统划分，而将股份之构成元素包括表决权、利益分配权、回购回赎、转换权等予以拆解，供公司自由组合设计，"底线规制"之方式为公司创造无限遐想空间；《特拉华公司法》虽然保留了优先股概念，但公司在进行优先股的具体设计时却几乎享有完全的自由权。笔者认为，这种自由是与美国的公司法理念密切相关的。美国公司法强调放松事前管制，收紧事后规制，淡化静态调整，强化动态调整，严格区分个人行为和社团行为。当然，这种理念的形成是与美国高度发达的市场经济、完善的社会管理体系及强大

---

[1] 参见［美］弗兰克·伊斯特布鲁克、丹尼尔·费希尔：《公司法的经济结构》（中译本第2版），罗培新、张建伟译，北京大学出版社2014年版，第58页。

的司法体制密不可分的，由此，种类股制度这种近乎放任的自由在美国的土壤上并不会出现无序和混乱。

同时应当指出，美国种类股制度上的"自由"并不代表没有限制，只是其限制以程式限制为主。也就是说，公司或董事会只要履行了法律规定的程序，便可以"自由"地创设、发行或调整种类股。例如，根据《美国标准商事公司法》第151条第6款之规定，公司可以发行任何类别的种类股，但是必须将种类股份的具体条件记载于股票证书上，或者在无股票证书时发出通知书或者说明书；根据该条第7款之规定，公司董事会拥有广泛的权力，但其作出的创设或者调整种类股的决议必须制作证明书，并按照原始章程大纲的递交程序进行签署、确认、提交州务卿备案、生效。鲜有的实体干预也许就是该条第2款所要求的公司至少应当发行一股以上的享有完全表决权的流通股了。程式限制的方式，一方面保证了公司的自主权，另一方面也树立了种类股制度的严肃性。

（三）细致而全面的保护是美国种类股法律制度的重要特色

美国法对作为少数群体的种类股股东的保护细致近乎繁琐。例如，《美国标准商事公司法》对种类股股东作为单独投票团体的情形的列举中，包括了"影响到所有或者部分该类股票与另一类股票进行的交换或者重新被归类成另一类股票"和"影响到所有或者部分另一类股票与该类股票进行的交换或者创设交换的权利或被重新归类成该类股票"。直观地看，这两个条文只是主语和宾语的顺序进行了调换，但仔细推敲，无论是将特定类别的股票与其他股票进行交换，还是将其他股票交换成既有类别，都将产生同样的影响，因而，这种看似繁琐的规定实质上保证了体系的严密性。这种例子，比比皆是。而且，美国法对于种类股股东作为单独投票团体的情形是从效果的角度（即是否将对种类股股东产生不利影响）来进行规范的，因而这种保护不仅细致而且全面。

（四）董事会在创设或者调整种类股上享有广泛而灵活的权力

《美国标准商事公司法》第 6.02 节的标题即为"董事会决定的各个类别或者系列股票的条件"，其明确规定，公司章程可以对董事会进行广泛的授权，以适应经营的需要。董事会可获得的权力不仅包括对已经确定具体条件的种类股的条件的调整，而且包括对尚未确定条件的种类股的条件的确定和创设，即所谓的对"空白股票"的填充权。这种章程权力和章程规定下的董事会权力的双层结构，不但保证了权力来源的正当性和公示性，而且赋予了董事会灵活经营的手段，适应了市场竞争的需要。笔者认为，美国法上的这种设计是与其公司法上的另外两项基本制度相适应的：一是公司治理制度，"董事会中心主义"的治理结构客观上要求赋予董事会在种类股操作上更多的空间，虽然"经理层中心主义"的命题已经被提出，"尤其在大型公众公司中，董事会往往蜕变为一种复杂的官僚体系，实际上对企业的日常经营管理权是掌握在经理人手中的"[1]，但是，经理的权力通常也是来源于董事会的授权，经理人是董事会授权和监督控制下的执行机构；二是彻底的授权资本制，授权资本制本身即赋予了董事会在授权额度内股票发行的自主权，这种自主权只有与种类股制度结合才能发挥最大的功效。

---

[1] 邓辉：《公司法的政治功能——基于公司法律特征的政治分析》，载《政法论丛》2015 年第 5 期。

第二节 日本种类股法律制度研究：制度和模式

2005年，日本国会通过了单独的《日本公司法》，将原《日本商法典》第2编、《有限责任公司法》和《关于股份公司监察的商法的特例法》整合成一部全面且独立的公司法典，这是日本公司法制现代化的重要举措。经此修改，《日本公司法》不仅将原先晦涩难懂的片假名表达方式转变为口语化的平假名，实现了形式的现代化，更重要的是实现了公司法制实质内容的与时俱进，如取消了有限责任公司形式，并将其原有机制融入股份公司之中等，力图借此扭转长期以来的经济颓势，助力日本企业国际竞争力的提升。

《日本公司法》共8编979条，全面细致地构建了现代化的公司法律制度，其中，种类股制度作为《日本公司法》的重要组成部分，完善且独具特色，不但吸收了世界先进国家的成功经验，为企业并购重组等创造了便利条件；而且契合了日本的企业文化，为日本式的经营者稳定控制及家族企业的顺利传承提供了保障。同为东亚文化圈的我国，与日本具有很多相似之处，其成功经验尤值得我们关注和研究。

一、日本种类股法律制度概况

日本种类股法律制度秉承"实用主义"的态度，注意迎合日本实务界的现实需求。《日本公司法》第108条详细列举了9项公司可进行种类股设计的具体事项，并分别予以细致规范；同时，注意为企业提供充足的种类股类型，保证选择自由，并随实践的发展不断丰富种类股的类型。总的来说，日本种类股制度属于"法定主义"模式——企业只能运用法律明定的种类股类型，但介于德国式的"强规制"模式和美国式的"强自由"模式之间，兼收二者的优势，独具特色。

（一）日本种类股制度的演变历史

日本的种类股制度经历了一个逐步发展和完善的过程。1899年《日本商法典》颁布时，仅在普通股之外规定了优先股，且必须附带表决权，这种不对称的利益分配一定程度上违背了"股东平等原则",[1]因而只能作为例外情形有限的运用。1938年，为了解决大规模融资难题，日本从美国引入了无表决权的优先股制度，并迅速成为种类股的主流形态，此外还扩充了可转换股、劣后股等类型。[2] 1950年，又引入了偿还股制度，从而可以使企业在业绩转好时，将优先股赎回，减轻分红的压力，为企业预留充足的内部资金以提升竞争力。1990年的《日本商法典》修改，更是允许公司章程设定优先股的分配上限，并将优先股的发行额度从股份发行总额的1/4提高至1/3。[3]

进入20世90年代，随着经济泡沫的刺破，日本经济进入了长期的萧条，银行开始收紧对企业的贷款。另外，"随着日本社会的出生率降低及人口的逐步老龄化，越来越多的中小企业停止营业，相反，风险企业、创业企业等在经济发展中的作用越

---

[1] 此时，对于"股东平等原则"的界定还较为严格和狭隘，更多强调的是建立在股份数量及比例上的平等，仅对普通股份按股东平等原则对待，而将种类股份作为原则之例外。参见〔日〕前田庸：《公司法入门》，王作全译，北京大学出版社2012年版，第68页。

[2] 参见刘小勇：《论股份有限公司与有限责任公司的统合——日本及其他外国法关于公司类型的变革及启示》，载《当代法学》2012年第2期。

[3] 参见李海燕：《种类股在日本公司实践中的运行》，载《现代日本经济》2014年第2期。

第二章 比较法考察：各国制度和模式总结及我国的模式选择

来越重要。"[1] 为了满足创业企业的融资需求，扩大直接融资的比例，日本决心全面采用种类股制度。2001年6月，日本创立了单元股制度[2]，单元股和种类股制度的结合使英美式的复数表决权股的设立成为可能，增加了企业运用种类股的灵活性。2001年11月，日本引入了限制表决权股，而且是否附带分红和剩余财产分配方面的优先权由企业自主决定，"打破了受限的表决权和优先分配权之间的固定搭配关系"[3]。此外，还将限制表决权股的发行上限提升至股票发行总额的1/2。更为重要的是，引入了种类股股东大会制度，涉及种类股股东利益的事项须经种类股股东组成的单独投票团体决议，强化了对种类股股东的保护。2002年，日本从美国引入了附董事选任权的种类股份。[4] 2005年，单独统一的《日本公司法》颁行，进一步扩充了种类股的类别，细化了各式种类股的运用规则，放松了规制，形成了九大类并可衍生出众多交叉型、混合型种类股份的完整体系——"这是一套可与美国法相媲美的完整自由且操作简便的种类股制度体系"[5]。此外，在理念上，《日本公司法》对"股东平等原则"的解读也更加精确和开放，股东之"平等"乃建立于股东所持股份的"内容及数量上之平等"，也就是说，

---

[1] 李海燕：《种类股在日本公司实践中的运行》，载《现代日本经济》2014年第2期。

[2] 《日本公司法》第2条第20项规定："单元股份数是指股份公司对其所发行股份，在章程中规定股东可以一定数的股份在股东大会或类别股东大会上行使一个表决权的一个单元的股份的一定数。"

[3] 李海燕：《种类股在日本公司实践中的运行》，载《现代日本经济》2014年第2期。

[4] 参见刘小勇：《论股份有限公司与有限责任公司的统合——日本及其他外国法关于公司类型的变革及启示》，载《当代法学》2012年第2期。

[5] 李海燕：《种类股在日本公司实践中的运行》，载《现代日本经济》2014年第2期。

"公司发行数种股份的情况,不是股东平等原则的例外,而是其题中应有之义"[1]。这便从基本原则的层面消除了企业全面运用种类股制度的障碍,并为种类股制度的进一步自由化创造了条件。

日本种类股制度演进的历史明显地反映出以下三个趋势和特点:其一,种类股的类型是随着实践的发展而不断扩充的,经历了一个由少到多、由简到繁的过程;其二,日本种类股制度的每一次演进都是与当时特定的经济背景高度契合的,迎合了当时实务界的需求;其三,日本的种类股制度不断放松规制,扩大企业的自主权,同时强化对种类股股东的保护。

(二) 种类股的载体和适用公司类型

根据《日本公司法》第108条的规定,公司发行普通股之外的种类股份必须在章程中明定其特殊事项及可发行的类别股份总数。公司章程是设定、变更种类股份的唯一有效载体,股东间协议等形式效力范围有限,仅能约束合同当事人,对公司及其代理人缺乏法律强制力。应当指出,当公司发行两种以上不同类别的股份时,学术界通常将标准股份称为"普通股"。但是,"普通股"这一术语在公司法条文中并未出现过。一般来说,"普通股"是指具有投票权,"一股一票",且具有普通的盈余和剩余财产分配权以及由此而衍生的相关权利的股份类别。[2]当公司章程对股份之内容未作规定时,所有股份被默认为普通股,其内容由公司法默示——普通股的内容是没有必要

---

〔1〕 [日]前田庸:《公司法入门》,王作全译,北京大学出版社2012年版,第70页。

〔2〕 参见[日]落合诚一:《公司法概论》,吴婷等译,法律出版社2011年版,第156页。

第二章 比较法考察：各国制度和模式总结及我国的模式选择

由公司章程来规定的，这可以称为普通股的"推定规则"。[1]

种类股制度适用的公司类型不仅包括传统的股份公司，而且包括有限公司，这在日本法上有确凿的证据。2005年的《日本公司法》单独立法取消了自1938年起便施行的有限公司形式，转而将有限公司的整体机制融入股份公司中，实现了股份公司和有限公司的一体化，但在股份公司的法律适用中，仍区分股份转让受限公司和股份转让不受限公司，区分封闭公司与公开公司，[2] 也就是说，日本法对待有限公司的态度是"形式上取消，实质上保留"。由此，《日本公司法》关于种类股的规定可以合乎逻辑地适用于转让受限的股份公司（即实质意义上的有限公司），而且，人合性较强的转让受限股份公司具有运用种类股制度的更大需求，如家族企业为了顺利实现传承而采用限制表决权股[3]及初创企业为了筹集资本而发行优先股、附取得请求权股或者合作企业中股权较少的一方为维护自身利益而

---

[1] 参见[日]神田秀树：《公司法的理念》，朱大明译，法律出版社2013年版，第146页。

[2] 封闭公司和公开公司是相对的概念，但究竟如何区分封闭公司和公众公司，通常难以确定，某一特定公司往往介于二者之间。一般来说，"公开性"的区分标准主要在于股东人数的多寡及其股份的市场流动性如何：封闭公司是指股权证券由少数人拥有并且不存在为这些证券提供活跃的交易市场的公司，而公开公司是指股东人数较多并且存在一个股份交易的公开场所的公司类型。不过，日本法的处理较为简洁：只要有一股转让不受限，该公司即为公开公司；只有所有股份转让受限的公司才为封闭公司。参见施天涛：《公司法论》（第2版），法律出版社2006年版，第62页。

[3] 对事业传承来讲，最棘手的问题是因继承引起股份分散及相应的表决权分散，传承企业事业的继承人要持有过半数股份存在很大的困难。传承事业的继承人有必要维持公司控制权，但由于继承分配及遗产保留原因，传承事业的继承人往往不能接受所有的股份，其经营权也就面临着威胁。但如果利用限制表决权股，即使存在股份持有的分散情况，也可寻求表决权不分散的方案。如作为大股东的企业主事先持有普通股和限制表决权股，发生继承时给传承事业的继承人以普通股，给其他继承人以限制表决权股，即继承可能导致股份的分散但并不导致表决权的分散。甚至，除了一个普通股外，其余股份全部设置为限制表决权股，传承事业的继承人继承该普通股，其他继承人继承限制表决权股。参见李海燕：《种类股在日本公司实践中的运行》，载《现代日本经济》2014年第2期。

持有附否决权股等，公司法也顺应了这一趋势，为封闭性公司提供了更多选择，如附董事或监事选派权的股票只能在封闭公司中运用等。除股份公司外，《日本公司法》还设定了三种类型的持份公司即无限公司、两合公司和合同公司，由于秉承契约化的运作方式，股权多元化的运用更加灵活自由。

（三）种类股的类型

正如前述，《日本公司法》第108条明定了九大类种类股事项，并对每一事项予以细化的规制，公司只能在法定的范围内予以选择。但是，公司可以对所列举的事项进行自由组合和内部层次的区分，进而衍生出极其丰富的种类股类型。例如，盈余分配事项可以与表决权受限事项组合形成优先分红的表决权受限股份，也可以与转让受限股份组合而形成优先分红的转让受限股份，也可以同时与二者结合而形成优先分红而表决权受限的转让受限股份，而表决权受限事项内部又可以具体区分为完全无表决权、仅对部分事项无表决权或仅对特定事项有表决权等，盈余分配事项内部亦可区分为优先分配、劣后分配、混合分配等。此外，《日本公司法》第109条还特别规定了依股东不同而区别对待的属人性种类股，使得种类股制度更加多元。

1. 盈余分配事项的种类股

就盈余分配事项而言，公司可以设计出优先分配股份、普通分配股份和劣后分配股份等，而且对于优先分配股份内部还可以规定不同的层次，如规定A类优先股优先于B类优先股，劣后股亦可如此。公司可以根据经营需要自主选择，如为了更容易地筹措资金而发行优先股，为了避免因新股发行导致既存股东的盈余金分配额下降而发行劣后股等。[1]另外，优先分配股份以本年度未能实现的分配额是否可以累积到下一年度补充分配为标准，分为累积型优先股和非累积型优先股；以在获得章程明定的分配额后能否和其他股东共同参加剩余盈利的分配为标准，分为参加型优先股和非参加型优先股。日本法上还规定了一种特殊的种类股——"追踪股票"，"是指红利分配与公司特定的事业部门或者子公司的业绩连动确定分配额的股票"[2]。通过这种方式可以将股东利益或者高管利益与公司集团特定部分的经营状况相捆绑，使特定股东或者高管更加关注公司某一部分的运作，保证大集团在集约前提下的专业化。

2. 剩余财产分配事项的种类股

剩余财产分配事项的种类股与上述盈余分配事项的种类股基本相同，不再赘述。有一点应当指出，公司可以设定"混合股"，即在某一方面优先分配而在另一方面劣后分配的股份，如在盈余方面优先分配而在剩余财产上却劣后分配的股份，或者相反。

3. 表决权受限种类股

"公司可发行仅就一定事项如董事选任事项赋予表决权的股份，或对此不享有表决权的股份，或除法律作出了特别规定外，

---

[1] 参见［日］前田庸：《公司法入门》，王作全译，北京大学出版社2012年版，第75页。

[2] 例如，B公司是A公司的全资子公司，A公司发行a、b两种股份，a股份与A公司的业绩联动，b股份则只与作为子公司的B公司的业绩联动。在这种情况下，A公司即使有盈余并对a股份分配，只要B公司不具备盈余分配条件或者不进行盈余分配，b股份就得不到分配；同样，当B公司进行分配时，无论作为母公司的A公司是否具备盈余分配条件及是否进行盈余分配，b股份（虽然是作为A公司发行的股份）都将得到分配。崔文玉：《日本公司法精要》，法律出版社2014年版，第88页。参见［日］前田庸：《公司法入门》，王作全译，北京大学出版社2012年版，第75页。

不享有一切表决权的股份。"[1]而且，通过单元股和种类股制度的结合，公司实际上可以创设出复数表决权股，如将A类股份的10股设为1单元，而将B类股份的1股设为1单元，这实质上等同于赋予A类股份10倍于B类股份的单位表决权。[2]

对于持有限制表决权股的股东，除表决权外，他们不能行使以表决权为前提的其他权利，比如股东大会的召集通知权、参加权、召集请求权、股东提案权等。[3]除此之外的股东权利（包括共益权）应当得到认可。[4]当然，为了实现公开公司表决权分布的相对均衡，保护公众股东的利益，当表决权受限股份总数超过已发行股份总数的1/2时，公司必须采取措施，将表决权受限股份数降到1/2以下，具体措施包括回购表决权受限股份并予注销，或者增发表决权非受限股份等。这种比例限制并不适用于封闭式公司。

4. 转让受限种类股份

所谓"股份转让受限"，并非指禁止转让，而是指股份转让须经股份公司的同意。《日本公司法》规定，公司可以将全部股份设定为转让受限股份，这其实就成了原先的有限责任公司，在这种情况下，由于只存在转让受限股份，也就不称之为"种类股发行公司"了；公司也可以只将部分股份设定为转让受限

---

[1] [日] 前田庸：《公司法入门》，王作全译，北京大学出版社2012年版，第77页。

[2] 参见刘小勇：《日本公司法上股份的类别及我国的引入》，载《商事法论集》2012年第1期。

[3] 参见[日] 前田庸：《公司法入门》，王作全译，北京大学出版社2012年版，第78页。

[4] 参见[日] 前田庸：《公司法入门》，王作全译，北京大学出版社2012年版，第78页。

第二章　比较法考察：各国制度和模式总结及我国的模式选择

股份，这便在事实上认可了将转让受限股份作为种类股的做法。[1]只对部分股份进行转让限制的公司，在性质上仍为公开公司。转让受限种类股可以防止股权的过度流散，保持公司的人合性。

5. 附取得请求权种类股、附取得条款种类股和附全部取得条款种类股

"所谓附取得请求权股份，是指公司对其发行的全部或部分股份，规定股东可向公司请求予以回购的股份；与之相对，附取得条款股份是指公司无需征得股东同意即可在发生一定事由时强制予以赎回的股份。"[2]公司可发行多种类别、条件不同的附取得请求权和附取得条款种类股，但公司章程必须明确记载股份回购的具体条件。回购的对价多种多样，包括现金、公司的其他股票、公司债、新股预约权、附新股预约权的公司债等，但无论如何，公司回购所用资金限于回购发生时公司的可分配额度，这就是所谓的"财源限制规则"。[3]日本法对于公司回购的态度经历了渐进的转变过程：从1994年《日本商法典》修订前的"原则禁止、严格例外允许"阶段逐步演进为"原则禁止、放宽例外允许"阶段（1993—2001年），直到2001年《日本商法典》修改时，为了应对金融自由化对日本企业传统治理机制的冲击、维系经营者的稳定控制、赋予日本公司更多灵活有效调控资本市场的手段，立法者转而采取"原则允许但附加条件"

---

〔1〕参见［日］前田庸：《公司法入门》，王作全译，北京大学出版社2012年版，第78页。

〔2〕参见［日］前田庸：《公司法入门》，王作全译，北京大学出版社2012年版，第79~85页。

〔3〕参见［日］前田庸：《公司法入门》，王作全译，北京大学出版社2012年版，第79页。

的政策，其条件便是"财源限制规则"。[1]应当说，这种态度的转变是日本法对金融自由化国际大势的积极回应，是为提升日本企业国际竞争力的"实用主义"的制度更新，在公司回购制度上逐渐向美国法靠拢。

此外，还有一种特殊的附全部取得条款种类股，即规定公司可通过股东大会决议全部取得的种类股份。[2]一般认为，通过这一规定，在债务过于沉重等情况下，公司可以将既存股东的股份予以回购并注销，进行100%减资，之后再以重新募集股份的方式实现公司重建；公司还可通过将已发行的普通股份全部变更为附取得条款股份，排除股东表决权的影响力，作为企业收购防范对策加以利用。[3]此外，对于外来收购者来说，它可以通过附全部取得条款股份驱逐残存的少数股东，实现100%收购。[4]

6. 附否决条款种类股份

"所谓附否决权条款股份，是指公司章程规定的对于股东大

---

〔1〕 参见平力群：《日本公司法修订及其对公司治理制度演化的影响——以种类股制度和股份回购制度为例》，载《日本学刊》2010年第5期。

〔2〕 参见［日］前田庸：《公司法入门》，王作全译，北京大学出版社2012年版，第82页。

〔3〕 参见［日］前田庸：《公司法入门》，王作全译，北京大学出版社2012年版，第82页。

〔4〕 收购者驱逐残存少数股东的方法如下：通常收购目标公司只发行普通股，收购者通过公开收购取得作出特别决议所需的2/3以上收购目标公司股份的，即已经掌握收购目标公司经营权，该收购目标公司，①通过股东大会特别决议修改章程，允许发行两个以上种类股（相当于普通股的A种类股、附全部取得条款股份的B种类股）；②修改章程，将已发行的所有普通股转换成附全部取得条款的股份；③召开股东大会，作出由公司（收购目标公司）取得所有的附全部取得条款股份的特别决议，作为取得对价，公司向股东交付A种类股。但少数股东持有的股份根据调整比例变成未满一个单元的零星股形态，只有收购公司持有的股份足以换成A种类股，而少数股东只能接受金钱时，即丧失股东地位。由此，少数股东被驱逐，收购者持有收购目标公司所有的股份。参见李海燕：《种类股在日本公司实践中的运行》，载《现代日本经济》2014年第2期。

第二章 比较法考察：各国制度和模式总结及我国的模式选择

会应决议的特定事项，除股东大会的决议外，还需要该种类股股东大会单独决议的股份。"[1] 对该决议事项，只要没有以该种类股份的种类股股东为成员的种类股股东大会的决议，股东大会的决议就不能发生效力，这类股份实际上被赋予了否决权，习惯上称其为"黄金股"。应注意的是，否决权是被赋予某一种类股股东群体，而非某一特定股东，特定事项只需通过黄金股股东团体的决议即可，而非须经该团体的每一成员同意。通过附否决权的种类股份制度，可以将涉及公司合并、风险创业企业等的股东间契约转化为公司章程中的内容，约束公司、股东、高管等主体，明确其法律地位，也可以将其作为反收购的对策[2]加以利用。此外，该种类股份还可以作为国有股权的存在形式，保证国有资本必要的控制力。

在此，应注意区分附否决权种类股的否决权和一般意义上的种类股股东大会的否决权。一般意义上的种类股股东大会是针对所有可能损害种类股股东利益的章程变动及公司决议情形，此时须经种类股股东大会的同意，具体包括股份种类的增加、股份内容的变更等，属于法律的强制性规定，为所有种类股股东之固有权；附否决条款种类股之"否决权"则仅针对章程明定的特定事由，属于章程自治的范畴，而且附否决权种类股之否决事项可以与持股人无直接利害关系。试举一例：公司发行无表决权且优先进行盈余分配的 A 类股和附上市决议否决权的 B 类股，若公司希望增发 A 类股，则不但需经股东大会决议，还需 A 类股东大会的同意，此属一般意义上的种类股股东大会；

---

〔1〕 参见［日］前田庸：《公司法入门》，王作全译，北京大学出版社 2012 年版，第 85 页。

〔2〕 如公司经营者可以发行董事选任的种类股份，并由友好股东持有，防止敌意收购者收购公司而更换经营者。

若公司希望上市，则除股东大会决议外尚需 B 类股东大会的同意，此属附否决条款种类股意义上的种类股股东大会；如果公司仅仅希望增发 B 类股，此时亦需经 B 类股东大会同意，只不过这属于一般意义上的种类股股东大会。

7. 关于董事、监事选任和解任的种类股

"委员会设置公司以及公开公司以外的公司，可通过章程规定，就该种类股股东的股东大会选任董事及监事发行内容不同的种类股份。"[1] 如果发行该类股票，就不得在全体股东大会上选任董事和监事。在委员会设置公司中主要由提名委员会负责董事的选任、解任事宜，而在公开公司，若认可该种类股份，则可能出现没有合理根据而仅部分股东滥用选任董事权利的危险。[2] 该制度是对美国的附役员选任权股制度（Class Boarding）的借鉴和吸收。[3]

"这是为了制度性地保障联营者向董事会输送董事，在合资企业关系中各出资企业根据出资比例以及对事业的参与程度能够选任董事的股东间契约而作出的规定。"[4] 通过运用该制度，公司可以按计划分配合作各方派遣的董事数量。试举一例：M 公司和 N 公司各出资 80 万元和 60 万元合资成立 L 公司，并拟选任 7 名董事。如果按出资比例决定各方派遣董事的数量，则 M 公司和 N 公司各派遣董事 4 名和 3 名。为了实现这一安排，L

---

[1] [日] 前田庸：《公司法入门》，王作全译，北京大学出版社 2012 年版，第 82 页。

[2] 参见 [日] 前田庸：《公司法入门》，王作全译，北京大学出版社 2012 年版，第 82 页。

[3] 参见 [日] 落合诚一：《公司法概论》，吴婷等译，法律出版社 2011 年版，第 159 页。

[4] [日] 前田庸：《公司法入门》，王作全译，北京大学出版社 2012 年版，第 86 页。

第二章　比较法考察：各国制度和模式总结及我国的模式选择

公司可发行 A 种类股份和 B 种类股份分别由 M、N 公司持有，并规定由 A 种类股股东大会选出 4 名董事、B 种类股股东大会选出 3 名董事，共同组成董事会。[1] 当然，按此方式选任的董事之解任，亦由各自的种类股股东大会决议。

8. 属人性的"种类股"

所谓属人性的"种类股"，是指一般仅适用于封闭式公司（全部股份转让受限公司）的、由章程规定的依据股东身份而享有特别权利的股份。这种股份的着眼点是股份持有者的身份而非股份的内容，权利内容依附于特定的人而非特定的股份，是属人而非属物的。也就是说，当该属人性的"种类股"发生转让时，即主体发生变动时，原股份上附着的特别权利并不随之转移，除非另行修改公司章程。根据《日本公司法》第 109 条第 2 款的规定，非公开公司可根据股东的不同，在章程中就利润的分配请求权、剩余财产的分配请求权及表决权设置不同的内容。显然，这种规定进一步拓宽了章程自治的范围，如对于复数表决权，即使抛开单元股制度，利用这种属人性的规定亦可实现，而且属人性"种类股"可以使特定的人与特定的权利绑定，保障公司的稳定运营。根据《日本公司法》第 109 条第 3 款的规定，这类股东持有的属人性股份被视作种类股份。

（四）种类股制度的运作

种类股制度只有真正规范且富有效率的运作起来才能发挥其功效。在《日本公司法》上，种类股制度的运作是与公司资本制度和治理机制紧密结合在一起的。

---

[1] 参见［日］前田庸：《公司法入门》，王作全译，北京大学出版社 2012 年版，第 86 页。

日本法从 1950 年起即改采授权资本制，股东大会将股份发行的决定权在章程中授予董事会，以适应公司快速反应的需要。但是，日本法对"授权"的幅度进行了一定程度的限制，主要包括两个方面：其一，公司在设立时必须至少发行授权股票总数的 1/4；其二，通过变更章程而增加既存的授权股票总数时，其增加的上限为已发行股票总数的四倍。我们习惯上将日本的公司资本制度称为"折中的授权资本制"。[1] 但是应当指出，这种资本制度在公开公司和非公开公司下的具体形态有很大的不同。对于非公开公司，法律不强制要求设置董事会，公司若不设置董事会，则日本法秉持股东会为"万能机关"的理念，公司所有与经营的分离并不彻底，关于公司的股份发行事宜法律默认由股东会决定，但是公司可以通过章程对董事会进行授权——当然这不是强制的，由董事会决定股票的发行事宜，不过如果涉及"有利发行"，[2] 则只能由股东会通过特别决议来决定；对于公开公司，日本法强制要求设置董事会，公司在设立之初就必须在章程中明确股票的授权总额，法律默认由董事会决定在授权额度内的股票发行，但是同样地，如果涉及"有利发行"事项，则必须由股东会以特别决议作出。[3] 当然，对于非公开公司，如果公司选择设置董事会，则适用与上述公开公司同样的规则。种类股的发行亦遵循上述规则。

---

〔1〕 参见赵旭东主编：《公司法学》（第 2 版），高等教育出版社 2006 年版，第 231 页。

〔2〕 所谓有利发行，是指股票以特别有利的价额发行，从而使认购人获得某种额外的利益。这主要是为了增加股票的吸引力，便利融资而设计的制度。但有利发行有可能损害现有股东的利益，因而需经股东大会的特别决议，而且公司管理层需对有利发行的必要理由进行说明。但具体如何界定所谓的"特别有利的金额"，在理论上争议较大。参见 [日] 神田秀树：《公司法的理念》，朱大明译，法律出版社 2013 年版，第 129 页。

〔3〕 参见 [日] 前田庸：《公司法入门》，王作全译，北京大学出版社 2012 年版，第 216 页。

第二章　比较法考察：各国制度和模式总结及我国的模式选择

在上述一般规则之外，种类股制度尚需与日本复杂的公司治理机制相结合，方能得到细化的可操作的规则。用日本学者的话来说，《日本公司法》对于公司治理结构进行设计构建的基本理念是"多样化"，即"给予公司足够多的选择，让其自由确定合适的组织结构，同时也要分别保持最低限度的要求，以保护股东利益"[1]。总的来说，《日本公司法》上有关机关设计的规定，依据公司规模及公开性的不同而有所不同。以公司规模的大小为依据，公司可分为大公司和非大公司，大公司是指资本金5亿日元以上或者负债总额200亿日元以上的股份公司，除此之外的则为非大公司；以"公开性"为依据，公司分为公开公司和非公开公司，非公开公司是指公司的所有股票都存在转让限制的公司，除此之外均为公开公司，这就意味着，即使只有一股为可自由转让的股份，该公司也是公开公司。在此基础上，公司法中有关公司机关设计的规则如下所述：

其一，所有的股份公司都必须设立股东大会与董事；

其二，公开公司中必须设立董事会；

其三，若设置董事会，则必须在监事与三委员会、[2] 执行官

---

[1] [日] 神田秀树：《公司法的理念》，朱大明译，法律出版社2013年版，第55页。

[2] 日本于2002年的商法修改中，面向大规模公司，参考美国式的单层治理模式，创设了委员会设置公司形态，这种公司在监察、监督机构和业务执行机构方面与一般的公司遵守的治理规则大不相同。简单来说，在这类公司中，董事会之外不另设监事会或监事，由3名以上的董事分别组成监察委员会、提名委员会和薪酬委员会，且各委员会中的外部董事需占半数以上。另外，还必须通过董事会选任1名或者数名执行官，由其具体负责执行事宜，董事会负责对其进行监督。监察委员会负责对董事及执行官的职务履行进行监察，提名委员会对有关董事的选任及解任的议案内容享有决定权，薪酬委员会享有决定执行官、董事、会计参与等的个人报酬内容的职权。在这种制度中，允许将董事会的业务执行决定权大幅度委任于执行官，使其作出更加迅速的决定成为可能。参见［日］前田庸：《公司法入门》，王作全译，北京大学出版社2012年版，第401~420页。

之中选择设立一个,不过,作为例外,大公司以外的非公开公司中设置了会计参与的除外;

其四,若不设立董事会,则不能设立监事会、三委员会或者执行官;

其五,大公司中须设立会计监察人;

其六,为设立会计监察人,则须设立监事(包括监事会)、三委员会或者执行役员中的一个;

其七,委员会设置公司中必须设董事会以及会计监查人。[1]

总之,《日本公司法》上的公司治理结构非常复杂,令人眼花缭乱。对于种类股制度的运作来说,根据公司治理结构的不同也会有所不同:首先,就公开公司来说,无论是大公司还是非大公司都必须设置董事会,那么①如果是传统意义上的董事会设置公司,则由董事会决定种类股的运作、发行;②如果是委员会设置公司,一般由董事会对执行官进行授权,由执行官具体负责种类股的运作。其次,就非公开公司来说,公司可以选择是否设置董事会,如果设置董事会,则适用和上述公开公司同样的规则;若不设置董事会,则默认股东会为万能机关,此时,除经股东会的另外授权,所有事项包括种类股的发行均属股东会的职权。

(五) 种类股股东的特别保护

种类股股东的特别保护是种类股制度健康发展的重要保障,诚如上述,强化对种类股股东的保护是日本种类股制度演化进程中的鲜明趋势。日本法主要从以下几个方面构建其保护体系:

---

[1] [日]神田秀树:《公司法的理念》,朱大明译,法律出版社2013年版,第60页。

第二章　比较法考察：各国制度和模式总结及我国的模式选择

第一，种类股股东大会的单独决议程序。如果存在对某类股份持有者造成损害危险的情形，除股东大会的决议外，还须经受影响的种类股股东组成的单独投票团体的同意；未经该种类股股东大会的决议，股东大会的决议不生效力。

第二，表决权恢复制度。所谓表决权恢复制度，是指在特定情形下，为保护种类股股东的利益，原本无表决权的股份恢复表决权行使的机制。表决权恢复制度主要由两部分构成：①无表决权股在无法享受其优先分配特权等时，其表决权复活。2001 年《日本商法典》修改前，对于无表决权股份，在其不能获得优先分配时，表决权自动恢复，这是法律的默认性规定，无需章程的另外记载。但经由 2001 年的《日本商法典》修改，法律不再作强制性规定，而将表决权受限股（包括无表决权股）的表决权复活条款授予章程自治，章程若未记载则视为无恢复权。但是，为增强表决权受限股份的吸引力，公司一般都会在章程中明确规定这种条款。[1] ②在召开种类股股东大会时，表决权受限股份恢复其表决权。承认种类股股东包括表决权受限股东在种类股股东大会中的表决权是种类股股东大会制度的应有之义。

第三，种类股股东的股份回购请求权。股份回购制度为意见不同的种类股股东提供了退出机制，是协调种类股股东个体和团体利益分歧的重要制度构造，是对种类股股东大会"多数决原则"弊端的纠偏。总的来说，触发种类股股东回购请求权的情形主要包括以下：首先，就所有种类股股东而言，"在发生股份合并、股份分割、股份无偿分配以及有关单元股份数的章程

---

[1] 参见［日］前田庸：《公司法入门》，王作全译，北京大学出版社 2012 年版，第 77 页。

变更等存在对某种类股份造成损害的危险时"[1]，"反对股东"[2]可以请求公司回购其股份；其次，对于附取得请求权的种类股，在章程规定的条件成就时，其具有请求回购的选择权；最后，对于某种类股份，为将其规定为转让受限股份而进行章程变动时，种类股股东大会上的"反对股东"可请求回购。

二、《日本公司法》[3]下的种类股法律制度

《日本公司法》对种类股制度的规定主要集中于该法"第二编 股份公司"下的"第二章 股份/第一节 总则"中。虽然所用条文总数不多，但规定得非常细致，每个条文所占的篇幅相当之大，其中第108条即用去约1500字。在"股份章"的"总则"中如此大篇幅地规定种类股份的内容，足见《日本公司法》对种类股制度之重视。

第107条规定公司可对其全部股份规定关于转让受限、附取得请求权和附取得条款的事项。[4] 由于覆盖所有股份，不存在两种以上的股份类别，公司也就不属于种类股发行公司了。规定全部股份转让受限实质上是把原有限责任公司的机制移植到股份公司中来，这也成为封闭式股份公司的设立依据。总的来说，第107条的规定拓展了发行单一股份的公司类型，公司

---

〔1〕 [日] 前田庸：《公司法入门》，王作全译，北京大学出版社2012年版，第92页。

〔2〕 根据《日本公司法》第116条第2款的规定，"反对股东"是指为进行股东大会（包括种类股东大会）的决议时，（a）在股东大会之前向公司通知了对该行为的反对意见，且在该股东大会上反对了该行为的股东；以及（b）在股东大会上不能行使表决权的股东。

〔3〕 参见王保树主编：《最新日本公司法》，于敏、杨东译，法律出版社2006年版，第96~201页。

〔4〕 参见王保树主编：《最新日本公司法》，于敏、杨东译，法律出版社2006年版，第96页。

第二章 比较法考察：各国制度和模式总结及我国的模式选择

不但可以只发行普通股，而且可以只发行在部分事项上具有特殊规定的股份，这也奠定了种类股发行公司和单一股份发行公司之间有序衔接的法律基础。

第108条是种类股制度构建的核心条文，集中规定了股份的类型及其具体内容。首先，种类股发行公司是指发行内容不同的两种以上股份的公司，但公司只能就法律明确规定的九类事项设计种类股[1]，而且应当注意，事项9即董监事选派事项不适用于委员会设置公司和公开公司。

公司可以针对上述事项在法律规定的范围内进行设计，但必须在章程中明确规定其内容及数量。具体来说，就事项1和事项2，公司需明确规定向该类别股东交付分红财产或者剩余财产价额的决定方法、分配条件及其他关于处理盈余或者剩余财产分配的内容。[2] 如此，公司可以设计出优先股、劣后股、普通股、混合股以及追踪股等。而且，根据该条第3款的规定，如果公司章程仅就事项1规定了相关内容的概要时，其具体条件可在初次发行该种类股份前由股东大会作出决定。

就事项3，公司需明确规定某类股份可在股东大会上行使表决权的具体事项以及有行使条件时的该条件。[3] 如此，公司的

---

〔1〕 这九类事项包括："①盈余金的分配；②剩余财产的分配；③股东大会上可行使的表决权；④对转让取得该类别股份需经公司的承认；⑤对该类别股份，股东可请求公司取得；⑥对该类别股份，公司可以一定事由发生为条件取得；⑦对该类别股份，公司可依股东大会决议全部取得；⑧应在股东大会上决议的事项中，除该决议外，另需该类别股份组成的类别股东大会的决议；⑨在由该类别股东组成的类别股东大会上选任董事或监事。"参见王保树主编：《最新日本公司法》，于敏、杨东译，法律出版社2006年版，第97页。

〔2〕 参见王保树主编：《最新日本公司法》，于敏、杨东译，法律出版社2006年版，第98页。

〔3〕 参见王保树主编：《最新日本公司法》，于敏、杨东译，法律出版社2006年版，第98页。

设计空间相当宽广，既可限制某类股份之于所有事项的表决权，亦可仅限制其对特定事项的表决权。虽然根据该条的文义，公司似乎无法规定某类股份对某一事项具有半数表决权或者复数表决权，但通过和单元股制度的结合，可变相实现类似效果。

就事项 4，公司需明确规定某类股份的转让需经公司的承认以及视为公司已经承认的具体情形。[1]

就事项 5，公司需明确规定股东请求权发生的具体条件、公司取得的对价以及股东可向公司请求取得的期间。其中，公司取得的对价较为丰富，包括现金、该公司的其他股份、公司债、新股预约权、附新股预约权公司债等。[2] 就事项 6，公司需规定公司取得权的发生条件及取得对价，取得对价的规定同于事项 5。[3] 就事项 7，公司需规定启动全部取得程序的具体条件及取得对价，取得对价的事项同于事项 5。

就事项 8，公司应明确规定须经该类别股东大会进行单独决议的具体事项以及决议通过的标准，包括普通决议、特别决议或者特殊决议的通过标准[4]等。

就事项 9，公司需明确规定在该类别股东大会上选任的董事

---

[1] 参见王保树主编：《最新日本公司法》，于敏、杨东译，法律出版社 2006 年版，第 98 页。

[2] 参见王保树主编：《最新日本公司法》，于敏、杨东译，法律出版社 2006 年版，第 98 页。

[3] 参见王保树主编：《最新日本公司法》，于敏、杨东译，法律出版社 2006 年版，第 99 页。

[4] 在《日本公司法》上，股东大会的决议主要包括三种：①普通决议，是指持有表决权过半数的股东出席，该表决权过半数通过即成立；②特别决议，即持有表决权过半数或者章程规定表决权数的股东出席，该表决权 2/3 以上通过即成立；③特殊决议，经在该类别股东大会上可行使表决权的股东半数以上出席，并经该股东表决权的 2/3 以上同意。特殊决议和特别决议的区别主要在于表决赞成基数依据的区别，前者为出席股东的表决权数，后者为所有股东的表决权数，无论是否出席。参见［日］落合诚一：《公司法概论》，吴婷等译，法律出版社 2011 年版，第 143 页。

第二章　比较法考察：各国制度和模式总结及我国的模式选择

或者监事的数量、与其他类别股份共同选任时的共同选任数以及变更选任事项的具体条件等。[1] 应当指出，有时会发生需要变更选任事项的特殊情形，例如，公司章程规定由 A 种类股和 B 种类股（附取得请求权股）共同组成的类别股东大会选任 5 名董事，当 B 种类股因请求权的行使被公司回购时，就有必要规定由 A 种类股份单独组成的种类股股东大会选任全部 5 名董事，此时，就需要章程明确变更的条件以及该条件成就时由 A 种类股股东大会选任全部的 5 名董事的内容。[2] 此外，该法第 112 条还规定，当发生董事人数欠缺而又无法依章程选出足数的董事时，章程中关于董事选任事项的种类股条款将被视为废止，以保证公司能够尽快恢复重要机构的运作。

第 109 条规定了股东平等原则及其例外。[3] 首先，《日本公司法》廓清了股东平等原则的现代内涵，即股东依其所持股份的数量及内容获得平等对待，而非仅是建立于数量上之平等。由是，种类股制度不再是股东平等原则之例外，而成为其题中应有之义，从基本原则的层面提升了种类股制度的地位。同时，属人性的种类股制度在非公开公司中得到承认，并成为股东平等原则的例外。而且，属人性的种类股可以准用种类股的相关规定，从而获得严密的保护。总之，股东平等原则的含义随着时代的发展而不断扩展，可以想见，在未来的某个时点，股东平等原则的范围在现实的逼迫下会继续扩张，到那时也许属人

---

〔1〕 参见王保树主编：《最新日本公司法》，于敏、杨东译，法律出版社 2006 年版，第 99 页。

〔2〕 参见［日］前田庸：《公司法入门》，王作全译，北京大学出版社 2012 年版，第 80 页。

〔3〕 参见王保树主编：《最新日本公司法》，于敏、杨东译，法律出版社 2006 年版，第 99 页。

性的种类股制度本身也将成为制度的常态而非例外。

第 111 条明确规定了若干涉及类别股东权利变动的特殊情形，可视为类别股东大会制度的特殊规定。首先，种类股发行公司拟变更其章程中关于附取得条款事项的规定时，鉴于该变动的重要性，必须得到持有该类别股份的全体股东的同意。因为规定需要取得该种类股份全体股东之同意，所以反对该章程变更决议的股东不得行使股份回购请求权，这不同于附全部取得条款股份的情形。其次，种类股发行公司拟变更其章程中关于股份转让受限事项或附全部取得条款事项时，未经该类别股东或者取得对价为该类别股份的附取得请求权或者附取得条款股份的股东所组成的类别股东会决议时，该变更不生效力。[1] 也就是说，此时的类别股东大会的成员范围有所扩张，不仅包括直接持有该类别股份的股东，还包括将来可能持有该类别股份的股东。

第 113 条集中规定了日本法上的折中的授权资本制，这也是种类股制度运作的重要基础。公司必须在章程中明确可发行的股份总数，亦即授权股份数，而且不可通过变更章程而废止该规定。变更章程以减少可发行股份总数时，变更后的数目不得低于变更生效时已发行股份的总数；变更章程以增加可发行股份总数时，变更后的数目不得超过变更生效时已发行股份总数的四倍——封闭公司不在此限。[2] 依据新股预约权可以获得的股份数不得超过从可发行股份总数中扣除已发行股份总数的所得数。

---

〔1〕 参见王保树主编：《最新日本公司法》，于敏、杨东译，法律出版社 2006 年版，第 100 页。

〔2〕 参见王保树主编：《最新日本公司法》，于敏、杨东译，法律出版社 2006 年版，第 101 页。

第二章 比较法考察：各国制度和模式总结及我国的模式选择

紧接着，第114条针对种类股制度在授权资本制下运作的特殊规定予以了明确。首先，"变更章程以减少某类别股份的可发行总数时，变更后的数目不得低于变更时该类别已发行的股份总数。"[1]关于变更章程以增加类别股份的可发行总数的情形，该条并未作出规定，这也就意味着应适用第113条的规定，只要变更后可发行的股份总数不超过变更生效时已发行股份总数的四倍即可，至于某类别股份内部是否超出该四倍的规定，则并无限制。其次，对于附取得请求权股份、附取得条款股份的股东及新股预约权人在条件成就时可获得的某类别股份的总数不得超过该类别的可发行总数扣除已发行总数的剩余额。[2]最后，对于表决权受限股份的发行数进行了特别规定，即在公开公司中，若表决权受限股份的发行数量超过已发行股份总数的1/2时，则公司必须立即采取措施使该比例降至1/2以下。[3]这主要是为了保护公开公司中公众股东的利益，避免投票权分布失衡而致公司被少数表决权股所支配，但同时该规定并未设定超越"1/2比例"的具体上限，仅要求公司采取措施予以回复，这在一定程度上保障了公司股票发行的灵活和安全。

第116条集中规定了包括种类股东在内的反对股东的股份回购制度。具体来说，包括三种情形：其一，将公司全部股份变更为转让受限股份时，所有股东享有回购请求权；其二，将公司某类别的股份变更为转让受限股份或者附取得条款股份时，

---

[1] 王保树主编：《最新日本公司法》，于敏、杨东译，法律出版社2006年版，第101页。

[2] 参见王保树主编：《最新日本公司法》，于敏、杨东译，法律出版社2006年版，第101页。

[3] 参见王保树主编：《最新日本公司法》，于敏、杨东译，法律出版社2006年版，第101页。

持有该特定类别股份的股东以及以该特定类别股份为对价的附取得请求权或者附取得条款股份的股东享有回购请求权；其三，公司实施股份的合并或分割、股份无偿分配、单元股份数的章程变更、股份募集、新股预约权的募集或无偿分配等而有侵害某类别股东之虞时，该类别股东享有回购请求权。[1]当然，必须指出，上述股东必须为"反对股东"，该条第2款对"反对股东"的概念进行了界定。

该条第3~7款规定了股份回购制度的运作程序：首先，公司在实施上述三类行为时，须在该行为生效后20日内通知上述反对股东；其次，股份收购请求在生效日前须明确请求回购的股份数；再次，为防止股东滥用回购权，已经提起的股份回购请求只有得到公司的同意方可撤回；最后，公司中止上述三类行为时，股份收购请求自动失效。[2]

基于强化类别股东保护的趋势及类别股东大会本身的特殊运行机制，《日本公司法》于"第二编 股份公司/第四章 机关/第一节 股东大会及类别股东大会"下专辟一分节即"第二分节 类别股东大会"，集中且细致地规定了类别股东大会制度。

第321条首先界定了类别股东大会的适用范围，包括法律明确规定的事项及章程规定的事项。[3]章程规定的事项主要指附否决权股下所规定的特定事项；法律明确规定的事项包括法律规定的一般事项及针对特定类别股份的特殊事项。

---

[1] 参见王保树主编：《最新日本公司法》，于敏、杨东译，法律出版社2006年版，第102页。

[2] 参见王保树主编：《最新日本公司法》，于敏、杨东译，法律出版社2006年版，第103页。

[3] 参见王保树主编：《最新日本公司法》，于敏、杨东译，法律出版社2006年版，第199页。

第二章 比较法考察：各国制度和模式总结及我国的模式选择

第 322 条明确规定了适用类别股股东大会制度的法定一般事项的范围。首先，公司实施下述行为而有损害某类别股东之虞时，须经由该类别股股东大会的单独决议[1]，未经其决议，不生效力："关于股份类别的追加、股份内容的变更、可发行股份总数或可发行类别股份总数的增加的章程变更、股份的合并或者分割等。"[2] 其次，为了避免因种类股股东大会的频繁召开及繁琐程序而影响灵活经营，公司可在章程中规定对某类别股份不需要上述的类别股股东大会决议，但是，基于"重要性"方面的考量，关于股份类别的追加、股份内容的变更及可发行股份总数或可发行类别股份总数的增加的章程变更不可约定排除；而且，如果公司拟通过章程变更排除某类别股股东大会的决议时，必须得到该类别股股东的全体成员同意。

对于适用类别股股东大会制度的法定特殊事项参见上述第 111 条的论述，不再赘述。

第 324 条明确规定了类别股股东大会决议的三种类型，即普通决议、特别决议和特殊决议。普通决议要求以享有该类别股份的全体股东表决权的过半数股东出席，并经出席股东的过半数表决权同意。[3] 如果章程或者法律未作另外规定，则推定为普通决议。特别决议要求在类别股股东大会上享有表决权的过半数股东出席，并经出席股东的表决权的 2/3（章程规定高于

---

[1] 如可能受损害的股份涉及两个以上的类别，则应由特定的类别股东大会的决议分别通过。

[2] 参见王保树主编：《最新日本公司法》，于敏、杨东译，法律出版社 2006 年版，第 200 页。

[3] 参见王保树主编：《最新日本公司法》，于敏、杨东译，法律出版社 2006 年版，第 201 页。

此比例的，为该比例）以上同意。[1]此外，章程可以增加决议要件，如规定决议需经一定人数以上的股东的同意。特别决议须经法律或章程之明确规定，法律明确规定的情形主要包括针对法定特殊事项的决议（限于第 111 条第 2 款的附全部取得条款事项）及针对股份类别、股份内容及可发行股份或类别股份总数事项的章程变动的决议（第 322 条）等。特殊决议要求经在该类别股股东大会上可行使表决权的股东半数以上出席，并经股东表决权的 2/3（章程规定高于此比例的，为该比例）以上同意。[2]值得注意的是，特殊决议和特别决议的区别主要在于表决基数，前者为出席股东的表决权数，后者为所有股东的表决权数，无论是否出席。特殊决议须经法律或者章程明确规定，法律明确规定的情形主要包括针对法定特殊事项的决议（限于第 111 条第 2 款的股份转让受限事项）等。

三、模式总结及评价

总的来说，日本式的种类股法律制度有以下基本点：

（一）可控而自由的"折中式"体系架构

日本法首先明确列举了公司可以进行种类股设计的九大类事项，公司只可在此范围内选择，超出范围的股份类别不为法律所认可，保证了种类股类型的可预见性。但是，日本法所列举的这九类事项基本涵盖了目前为止所能想到的绝大部分事项，每类事项内部又可以进行细化的区分，如盈余分配事项可以包

---

[1] 参见王保树主编：《最新日本公司法》，于敏、杨东译，法律出版社 2006 年版，第 201 页。

[2] 参见王保树主编：《最新日本公司法》，于敏、杨东译，法律出版社 2006 年版，第 201 页。

括优先分配、劣后分配、追踪分配等,不同类事项还可以进行复杂的组合,如表决权受限的优先盈余分配股、转让受限的劣后股份等,属人性的"种类股"也得到立法的认可,而且,通过和其他制度的结合甚至可以设计出在部分法域明文禁止的股票类型,如通过和种类股制度的结合发行复数表决权股等。因此,日本法上的种类股类型极其多元,公司选择的空间很大。从比较法的视野来看,日本法上的种类股制度的自由度弱于美国[1],但可控度强于美国;比之德国[2],则日本法明显更为自由、灵活、多元。日本的种类股制度综合了美国式的"自由"和德国式的"可控"的优势,介于二者之间,形成了自己特色鲜明的"折中式"种类股制度,这也凸显了公司法上的东方智慧。

(二) 实用主义理念下的立法调整和延展

纵观日本种类股法律制度的演进历程,每一次立法调整都着眼于实际,服务于实务界的需要。例如,1938 年为了增加优先股的平衡性及保持经营者的稳定控制,从美国引入了无表决权优先股,发行额度为公司资本的 1/4,而到了 20 世纪末 21 世纪初,为了防止金融自由化对日本企业传统治理模式的冲击,保持其核心竞争力,该比例逐渐提升至 1/2;再如,20 世纪末,随着风险创业企业、合作企业等在振兴经济中作用的凸显,日本法创立了附否决权股和附董事、监事选任股,保证创业者对公司的控制,大力扶植初创创业,等等。日本这种实用主义理

---

[1] 美国式的"底线控制"模式给予了公司股份类别选择之最大空间。所谓"底线控制"模式,即仅设定种类股制度的"底线",未逾越底线的种类股类型及运作均可由公司自行选择设计。

[2] 德国仍然恪守普通股和优先股的二元划分并在优先股的框架下构建种类股制度。

念指导下的立法调整，可以最大限度地发挥立法实效，服务产业经济的发展。更重要的是，迎合实务界的需求，不断充实种类股的类型，可以保证种类股制度的开放性，并在"自由"和"可控"之间不断寻求平衡，保持日本种类股制度的适应性。

（三）精细甚至"繁琐"的立法规定

《日本公司法》给人的总体印象是庞大精细，而且很多条文又是"长篇累牍"——这从和我国《公司法》的条文比照中可明显看出。这种精细在种类股制度部分有充分表现。例如，《日本公司法》第107条和第108条区分发行的股份类别是否为两种以上分别予以规范，乍读来，其中并无太大区别，第108条的很多规定便是直接援引于第107条。但反复读来，细微之处，确有道理，如对于种类股发行公司发行的附取得请求权股或附取得条款股，其对价可以为公司的其他股份，而对于全部股份为附取得请求权和附取得条款的情形，其当然无法再以公司的其他股份为对价。虽然略显"繁琐"，但这种繁琐实属必要。再如，第109条对于股东平等原则的界定，第1款明确说明股东平等的界定依据为股份之内容及数量，如此，种类股便为其正常表现而非例外，第2款则明确将属人性的"种类股"作为其例外，而第3款又规定属人性的"种类股"适用关于种类股的一般规定。这三款逻辑清晰，共同厘定了股东平等原则的范围：种类股为股东平等之常态，属人性的"种类股"并非真正意义上的种类股，"因人而异"的特性只能作为股东平等原则之例外，但基于内容及运作上的相似性，于具体规定上又可准用种类股的相关规定。如此，精细而至"繁琐"，但又"繁琐"得无可挑剔，严谨之极。这样精细化的安排，最大限度地保证了公司法的准确性及可操作性。

第二章 比较法考察:各国制度和模式总结及我国的模式选择

(四) 属物性的种类股和属人性的种类股并行的二元模式

属物性的种类股是通常意义上的类别股份,股份的权利附着于股份,并随股份的转让而转让,即所谓的"权利随物";而属人性的种类股则不同,其权利附着于特定的主体,股份的转让并不必然伴随着特殊权能的转移(除非修改公司章程),而这又须股东会的认可,因而,属人性的种类股一般只适合于封闭性公司,借此可以保障公司的人合性并增加股权设计的灵活度。属人性种类股作为属物性种类股制度的补充,有其特定的适用范围,是对法律明定的九大类属物性种类股可能盲区的填补,也更加契合人合性公司的需求,有助于中小型公司对公司关键人物的捆绑以保持竞争力。属物性和属人性种类股二元并行的模式使本已相当灵活多元的日本类别股份制度更加丰富多彩。

(五) 适用的公司类型多元宽广

《日本公司法》虽然名义上取消了有限责任公司形式,但实质上将其整体机制移植进股份公司,并以封闭式股份公司的形式而呈现。[1] 基于此,源自股份公司的种类股制度的适用范围也自然覆盖了实质意义上的有限责任公司。非但如此,日本法更是基于封闭性股份公司(即实质意义上的有限责任公司)的特性赋予了其运用种类股制度的更大空间,如附董事监事选任权的种类股只能适用于封闭性的股份公司,属人性的种类股亦是如此。此外,日本法上还有其他类型的公司,统称为"持份公司",主要包括三种类型,即无限公司、两合公司和合同公司。由于这三类公司都具有很强的契约属性,因而对于股权多

---

[1] 参见 [日] 落合诚一:《公司法概论》,吴婷等译,法律出版社 2011 年版,第 204 页。

元化的构造限制更少，只要经由正当程序获得公司成员之认可，一切皆有可能！持份公司可以直接援引、准用或者参照适用种类股制度却不限于此。总之，日本法上的种类股制度适用范围极其宽广，从而为股权多元化在各种类型公司下的实践奠定了基础。

(六) 与公司治理结构和资本制度的有机融合

种类股制度必须与公司法的治理结构体系和资本制度有机融合，才能实现相互协作，达到"1+1>2"的效果。日本法不但很好地协调了公司资本制度和治理结构，还将种类股制度精细地植入其中。日本法采行了一种多元而可选、自由但受规制的公司治理结构体系及折中式的授权资本制。[1] 相应地，种类股制度也根据治理结构的不同而有不同。具体来说，对于封闭性公司，可选择不设置董事会，此时由股东会主导公司运作，公司的所有和经营并未也无必要实现完全的分离，股份发行等权力也直接由股东会享有和行使，种类股制度的运作主要由股东会而非董事会负责；而对于公开性公司，必须设置董事会，所有权和经营权实现分离，奉行"董事会中心主义"，法律也强制公司进行股份发行的授权，由董事会负责种类股的具体运作，同时，"折中式"的授权资本制意味着"授权"的限制，即①首次发行的股份须超过授权资本额的1/4；②章程变更后的授权额度不得超过变更生效时已发行股份总数的4倍。类别股份的发行虽然无需各自遵守该特定类别的"1/4"和"4倍"的限制，但作为总数中的一部分仍需符合上述规定。如此，既满足

---

〔1〕 参见 [日] 神田秀树：《公司法的理念》，朱大明译，法律出版社2013年版，第60~75页。

了种类股灵活运作的需要，又适应了对公司股份整体运作情况进行规制的需求。此外，对于后来引入的委员会设置公司类型，由于法律规定主要由执行官负责公司执行事宜，董事会退而负责监督工作，构建了"经理人中心主义"的治理模式，因而股份的发行授权进一步下移，执行官代替董事会负责业务（包括种类股发行事务）的决策及执行。综上，日本法上的种类股制度是和其资本制度及公司治理结构复杂地缠绕在一起的，密不可分，也只有这样，种类股制度才不致成为"靓丽"的摆设。

（七）严密而全面的保护体系

日本法十分重视对种类股份的特别保护，而且诚如上述，一直处于不断强化的进程之中。总的来说，日本法从事前、事中和事后三个维度为种类股股东提供全面的保护。首先，于事前阶段，对于法定或者章定涉及某类股东利益而需经其单独决议的事项，必须经由该种类股股东组成的单独投票团体的表决通过；未经此程序，则决议不生效力。而且，对于类别股股东会议的机制，《日本公司法》专辟一节进行细致规定，对其具体适用事项、适用流程及法律后果等作了翔实的规定，尤其将其决议机制分为普通决议、特别决议、特殊决议。法律还在某些极特殊的情形下规定了决议须经某类别的全部股东的同意，如公司拟变更章程中关于附取得条款事项的情形等。其次，于事中阶段，法律设定了表决权恢复制度，规定无表决权的优先股于优先权无法实现时恢复其表决权。此外，在召开某类别股股东会议时，该类别股股东之表决权自行恢复，即使章程中规定该类别股份于一般股东大会上无表决权。最后，于事后阶段，对于符合条件的反对股东，法律设计了股份回购制度，为其预留了退出渠道，这就保障了反对类别股股东会决议的少数股东能获得适当的保护。严密而全面的类别股份保护体系，为投资者提供了多元且稳定的投资工具，同时也便利了公司融资。

第三节 英国种类股法律制度研究：制度和模式

英国是现代公司的发源地，从教材所能引用的最早判例至今，英国公司法已经发展了四百多年，[1]具有高度完善和发达的公司法制体系。作为英美法系的始祖和代表，英国秉承判例法传统，判例规则在公司法领域占有重要地位。但是应当指出，自第一部成文法即 1844 年《英国股份公司法》颁布至今，成文法在其间始终起着基础性作用。1985 年《英国公司法》融合了先前的公司法及相关法律，前后施行达二十多年。而且，自1998 年起，为顺应席卷全球的公司法制现代化浪潮，英国掀起了大规模的公司法改革运动，颁布了英国历史上最长的一部成文法，即 2006 年《英国公司法》，这部法律不仅对英国而且对整个英联邦世界的公司立法都产生了巨大影响。[2]

公司种类股制度亦发端于英国。工业革命的资本扩张时期，为满足巨大的融资需求，同时考虑到普通股的控制权稀释效应及债券偿付的财务压力，公司纷纷发行具有稳定股息收益但表决权受到限制的特种股票，这就是优先股的原始模型。历经几百年的发展，英国的种类股制度形成了自己鲜明的风格。

---

[1] 参见［英］保罗·戴维斯：《英国公司法精要》，樊云慧译，法律出版社 2007 年版，第 3 页。

[2] 参见葛伟军：《英国公司法要义》，法律出版社 2014 年版，第 7~11 页。

第二章　比较法考察：各国制度和模式总结及我国的模式选择

一、英国种类股法律制度概况

（一）成文法典和判例法结合的二元体系

成文法典和判例法规则共同构建了英国的种类股制度。从功能分工的角度来说，成文法构筑了英国种类股制度的总体框架和基本规则，而判例法则予以细化、完善和调整。从1985年《英国公司法》的行文来看，公司可赋予不同类别的股份不同的权利，包括普通股、优先股等；2006年《英国公司法》更是在"第十七部分　公司股本"的"第九章　股份类别和类别权"中对种类股制度进行了集中的规定。现行公司法[1]从类别股份和类别权利的定义、变动、保护及政府监管等方面构筑了种类股制度的完整生态。从17世纪延续至今的法院判例则不断推动种类股规则的进化，很多成文法典引入的新规则都是对判例的认可和吸收，例如剩余财产索取权按票面价值进行分配的规则等；同时，判例规则有助于成文法规则的细化和调整，尤其表现在对"类别权利"这一复杂而有争议的概念的解释和认定上。[2] 判例法的传统赋予了法官更大的自由裁量权[3]，同时也课以其更大的责任和使命，要求法官在综合考量各种复杂因素的情况下，作出兼具时代感和正义感、形式正义和实质正义的裁判。

---

[1] 下文如无特别说明，现行公司法即指现在正在施行的2006年《英国公司法》，包括2006年之后对该法典的若干修改。

[2] 参见葛伟军：《英国公司法要义》，法律出版社2014年版，第106~108页。

[3] 正如学者所言，在公司种类股制度领域，判例法规则在英国具有比之于美国更大的作用、更重要的地位。参见［英］罗纳德·拉尔夫·费尔摩里：《现代公司法之历史渊源》，虞政平译，法律出版社2007年版，第107页。

(二) 种类股条款的载体

种类股的具体内容必须以一定的形式予以固定，一方面保证公司股东利益的稳定和透明，预防纠纷；另一方面也方便外部人了解公司的股权架构，促进投资。在英国法上，有关种类股的具体条款主要规定于备忘录、公司章程[1]或者有关股份发行条件的决议中，但1985年《英国公司法》和2006年《英国公司法》有不同的模式。依1985年《英国公司法》的规定，公司宪章（corporate constitution）包括备忘录（memorandum）和章程（articles of association）两部分，种类股条款既可记载于备忘录，亦可记载于章程，但记载文件的不同将会导致变动难易程度的不同：若载于备忘录，且备忘录和章程并未对种类股条款的变动作出明确规定，则必须经由所有股东同意，或者由法院依该法第425条规定的和解程序予以批准后，方可变动，显然，这是非常困难的；若载于章程，则需经由持有该类别已发行股份总额3/4股东的书面同意，或者由该类别股东单独组成的类别会议通过的非常决议，抑或经所有股东签字的书面决议。[2] 2006年《英国公司法》则将备忘录排除于公司宪章，而且对其必备内容进行了简化，依据该法第8条的规定，备忘录

---

[1] 在英国法上，公司宪章包括两部分，即备忘录和章程。公司备忘录记载的是公司的外部特征，例如公司名称、住址、目的等，公司章程则主要关注公司内部管理事务和公司业务，例如股份转让、股东会议和董事会议的召集、对董事的任命等。立法者区分备忘录和章程的意图在于，考虑到股东特别是小股东以及债权人的利益，备忘录很难被修改，而章程则可以相对容易地进行修改。欲与公司进行交易的外部人会关心备忘录，而主要是董事和股东关心细则。但是，2006年《英国公司法》将备忘录剔除出公司宪章的范畴，并简化了备忘录的必备内容。大体上说，备忘录相当于美国法上的章程大纲，而章程则相当于美国法上的章程细则。参见［英］丹尼斯·吉南：《公司法》（原著第12版），朱羿锟等译，法律出版社2005年版，第55页。

[2] 参见葛伟军：《英国公司法要义》，法律出版社2014年版，第42~56页。

第二章 比较法考察：各国制度和模式总结及我国的模式选择

只需载明以下事项："（a）希望根据本法组建公司，以及（b）同意成为公司成员，并且对于具有股本的公司，每个认购人至少认购一股。"再结合该法第28条的规定，"本部分施行之前被包括在公司备忘录中但不属于第8条（新类型备忘录的条款）所指种类的条款，在本部分施行之后视为公司章程条款。"因此，现行公司法实质上仅允许将种类股条款规定于公司章程中，而其变动也需按照公司章程的变动程序来进行。

（三）种类股的设计和典型类型

虽然在英国法的传统上，种类股主要被区分为普通股和优先股，但无论是成文法典还是判例规则都未对公司设计更加复杂的种类股进行限制，普通股和优先股的分野更多的是一种约定俗成的实用主义的划分，而不构成强制性约束。可以说，公司享有种类股设计的充分自主权，可以根据自身需要，结合表决权事项、分红权事项、剩余财产分配权事项、赎回权事项、转换权事项等设定适宜的股份类别，如为防止控制权稀释而发行无投票权股、有限投票权股；为增加公司股权结构灵活性而发行可赎回优先股或者普通股等。另，董事会中心主义的治理架构允许公司通过章程或者特殊决议对董事会在种类股的设计、发行、赎回、转换等方面进行广泛的授权，这就进一步增加了种类股运用的灵活性，当然，授权条款必须明文规定，且不可违反法律的强行性规定。此外，2006年《英国公司法》取消了"授权资本"的概念，因此，董事会在资本发行方面的权限不再受到"授权资本"的限制，章程对董事会的授权可以更加灵活。[1] 下面简要介绍英国法上几种典型的种类股。

---

[1] 参见葛伟军：《英国公司法要义》，法律出版社2014年版，第77页。

普通股，是指对股份持有人在分配中可以获得的数额没有优先权限制的股份。[1]除非有相反规定或者权利发生了变动，普通股的股东享有股份上的一般权利，包括："(a) 分红权；(b) 根据其持有股份的票面价值数额享有剩余财产索取权；(c) 投票权，一股一票。"[2]应当指出，股份是否全额缴付与分红的结果有着密切的联系——股东依股份实缴数额比例领取红利，但是，剩余财产索取权仍然依股份的票面价值进行分配——在清算时未缴清的股款应当先补足以满足债权人的要求。[3]

"优先股赋予股份持有人一个优先于其他任何股东获得固定比例分红及剩余财产分配的权利。"[4]作为对价，它们常常会被剥夺投票权。优先股上的优先权必须进行明确规定，而不能笼统地称之为优先权，也就是说，如果约定了优先分红权，并不代表同时伴随着剩余财产优先分配权；反之亦然。"股东对分红、剩余财产索取权和投票权中的任何一项享有优先权并不意味着在其他几项中也享有优先权：平等的前提是不受干扰的。"[5]更进一步说，如果公司和股东之间没有就类别权利作出明确规定，所有股份应当被平等对待，并被默认为普通股份。当然，和美国的趋势一样，优先股和普通股之间的界限已不再分明，参与性的优先股、有投票权的优先股等并不罕见。

英国法上亦存在可赎回股，"根据章程或者发行条款的约

---

[1] 参见葛伟军：《英国公司法要义》，法律出版社 2014 年版，第 103 页。
[2] 参见葛伟军：《英国公司法要义》，法律出版社 2014 年版，第 103 页。
[3] 参见葛伟军：《英国公司法要义》，法律出版社 2014 年版，第 103 页。
[4] 参见葛伟军：《英国公司法要义》，法律出版社 2014 年版，第 104 页。
[5] 葛伟军：《英国公司法要义》，法律出版社 2014 年版，第 104 页。

定,公司或者股东可以选择在将来的某一时刻,由公司赎回股份。"[1]对于可赎回股,2006年《英国公司法》"第十八部分 有限公司取得其自己的股份"的"第三章 可赎回股"进行了专门的规定。只有在发行其他不可赎回的股份时,才能发行可赎回股份;否则,若全部股份都可赎回,则公司可能赎回全部资本,结果剩下没有股东的董事会。赎回所需的资金只能来源于可分配利润,或专为赎回目的而发行新股所得的资金,这一方面保障了公司资本的充实,另一方面也保证了赎回操作的灵活性。

雇员股是指公司为实现特定目的而分配给雇员的股份。[2]由于雇员股是以持有人的身份而非所持股份本身的特性为标准进行的划分,所以严格来说它并不属于种类股。"雇员股并不需要在公司章程中归入特定的类别股份,雇员股基本上与其他普通股一样,与这些普通股一起平等地分配红利和剩余财产。"[3]英国法上还承认"递延股",又称"发起人股"[4],即"在普通股股东被支付红利以后才可以分红的股份"[5]。

(四)英国种类股制度的特有概念——"类别权利"

"类别权利(class rights)是英国法上的特有概念。股份的

---

[1] 参见[英]R.E.G.佩林斯、A.杰弗里斯编:《英国公司法》,《公司法》翻译小组译,上海翻译出版公司1984年版,第140页。转引自葛伟军:《英国公司法要义》,法律出版社2014年版,第105页。
[2] 参见[英]R.E.G.佩林斯、A.杰弗里斯编:《英国公司法》,《公司法》翻译小组译,上海翻译出版公司1984年版,第141页。转引自葛伟军:《英国公司法要义》,法律出版社2014年版,第103页。
[3] 葛伟军:《英国公司法要义》,法律出版社2014年版,第106页。
[4] 之所以称其为"发起人股",是因为其往往由发起人持有,持有递延股的发起人有权获得普通股股东分红后的剩余部分。参见葛伟军:《英国公司法要义》,法律出版社2014年版,第106页。
[5] 葛伟军:《英国公司法要义》,法律出版社2014年版,第106页。

类别权利,通常是指依附于类别股份上的权利。"[1] 2006 年《英国公司法》专章规定了股份类别和类别权利。除了成文法之外,大量的判例对类别权利进行了解释,并在判例法的基础上形成了独特的英国法规则。

类别权利的解释和界定之所以在英国法上如此重要,"是因为一旦某项权利被认定为类别权利,那么该权利的任何变动,必须经过该类别股东的同意"[2]。也就是说,享有特定类别权利的股东构成了一个单独的群体,对涉及其类别权利的事项享有单独决议权。

应当指出,英国法虽然规定了类别权利和类别股份,但却采用了循环定义的方式,实质上并未明确二者的含义和范围。"'类别股份'被定义为'具有相同权利的股份',而'类别权利'则被定义为'依附于类别股份上的权利'。股份需要以附于其上的权利来界定,而权利又需要依其所依附的股份来界定。"[3] 可见,英国法在事实上并未对类别权利予以具体界定,而只是进行了不甚清晰的描述。由此,类别权利具有了独立于类别股份的考察视野,判断和解释的标准不再只是简单的形式化的指标,更多的则是实质利益和价值的考量。但是,这并不意味着可以对类别权利进行随意的界定,而只是将解释的权力更多地赋予了法官,由法官根据公平正义和情势需要灵活定夺。正如学者所言:"对类别权利的解释,本质上取决于对小股东利益的保护程度,具体来说,对类别权利的解释越宽泛,对小股

---

[1] 葛伟军:《论类别股和类别权:基于平衡股东利益的角度》,载《证券法苑》2010 年第 2 期。

[2] 葛伟军:《论类别股和类别权:基于平衡股东利益的角度》,载《证券法苑》2010 年第 2 期。

[3] 蒋雪雁:《英国类别股份制度研究》(下),载《金融法苑》2006 年第 3 期。

东的保护就越有力；对类别权利的解释越狭窄，则对小股东的保护越单薄，这是一个大小股东之间博弈互动的复杂过程和结果。"[1]

关于类别权利之性质，还应当注意的是，"类别权利是依附于股份的一种权利，而并非依附于股东个人"[2]，也就是说，它是属物的而非属人的。类别权利自始便被定位为种类股份制度下之权利。然而，这一标准在英国的司法实践中却时常被打破，特属于某个或者某些股东的特定权利也可能被视为类别权利。

(五) 类别权利的保护

英国法非常重视对类别权利的保护，只有严密充分的保护才能确保种类股制度的普及和运用。和其他国家类似，涉及类别权利的决议或章程修改，必须经由类别股东组成的单独群体的表决通过。此外，达到法定持股比例的类别股东还可以向法院提出异议，申请撤销，阻止决议的生效。而且，"对于受到不公平侵害的小股东包括类别股东，可以请求法院命令公司本身或者其他股东，以公平价格购买小股东的股份，同时准予减资。"[3] 2006 年《英国公司法》对此有具体的规定，将于下文详述。

自然地，对类别权利是否发生变动的解释也影响着类别权

---

[1] 蒋雪雁：《英国类别股份制度研究》(下)，载《金融法苑》2006 年第 3 期。
[2] 葛伟军：《论类别股和类别权：基于平衡股东利益的角度》，载《证券法苑》2010 年第 2 期。
[3] 当然，受到侵害的小股东也可以请求法院基于公平合理而进行清算，而且这是以前迫使大股东返还小股东股本的唯一有效方法。但是这样的成本和波动过大，故，这种方法基本已被上述方法所取代。参见 [英] 丹尼斯·吉南：《公司法》(原著第 12 版)，朱羿锟等译，法律出版社 2005 年版，第 247 页。

利的保护。传统观点采"严格限制说",对类别权利采取较窄的解释:"类别权利的变动仅指特定的、直接的章程性权利的变动,只有该直接的权利变动才要求取得类别股东的同意。为了使该类别股东的同意具有必要性,被认为特别定义了该类别权利范围的条款之一应当有所变化,包括表决权、分红权、清算分配权等条款。"[1] 间接的章程性变动,是从围绕这些条款中的权利发生变化而导致的,不被视为类别权利的变动。[2] 而"宽泛解释说"则将间接的章程性变动也包括在内,"并认为不能在不影响权利享有的前提下变动权利,不能在不影响权利的前提下变动权利的享有。"[3]

二、2006年《英国公司法》[4] 下的种类股法律制度

2006年《英国公司法》是英国公司法发展史上的一座里程碑,仅其规模而言就已令世界瞩目(1300多个条文以及16个详尽的附件),这部法律也因此被誉为英国议会史上通过的最长的单项立法。[5] 2006年《英国公司法》对种类股制度也是不吝泼墨,专辟一章,集中规定了英国的种类股制度。

---

[1] 葛伟军:《论类别股和类别权:基于平衡股东利益的角度》,载《证券法苑》2010年第2期。

[2] Reynolds, Barney, "Shareholders' Class Rights: A New Approach", *Journal of Business Law*, 15 (1996), p. 554. 转引自葛伟军:《论类别股和类别权:基于平衡股东利益的角度》,载《证券法苑》2010年第2期。

[3] 葛伟军:《论类别股和类别权:基于平衡股东利益的角度》,载《证券法苑》2010年第2期。

[4] 参见《英国2006年公司法》(2012年修订译本),葛伟军译,法律出版社2012年版,第1~52页。

[5] 参见《英国2006年公司法》(2012年修订译本),葛伟军译,法律出版社2012年版,第1页。

第二章　比较法考察：各国制度和模式总结及我国的模式选择

(一) 股份类别和类别权的定义

第629条首先对种类股份进行了一个设定，开篇名义，即"为公司法规之目的，如果依附于它们的权利在所有方面都是相同的，则股份是一个类别的"[1]。可见，界定种类股份的关键在于股份上所依附之权利。但是综观本章，其他条文并未对"类别权利"进行明确的界定或列举，"类别权利"本身也需要种类股份作为其前提。这也印证了前文关于"类别股份"和"类别权利"循环定义的论断。因此，该条并没有太大的实际意义，更多地带有宣示性色彩。在本条的后半段作了一点澄清，即"依附于股份的权利并非仅因其在配售后的12个月内未载有相同的分红权而视为有别于依附于其他股份的权利"[2]，这是因为很多已配售股份在一开始会基于各种原因如稳定股价、激励良好治理、预防道德风险等实行有差别的分红政策，但这往往是一项短期的应急政策，而非长期的稳定的股权差异化设计。

(二) 类别权的变动

第630~635条集中规范了类别权的变动。

第630条和第631条分别对有股本的公司和无股本的公司的类别权利的变动进行了细致的规范。在此首先应准确理解有股本和无股本公司的区别。英国主要存在三种公司，即特许公司、法定公司和注册公司。特许公司和法定公司一般只适用于特种行业，与我们联系最密切也最常见的是注册公司。[3] 注册公司

---

[1] 《英国2006年公司法》(2012年修订译本)，葛伟军译，法律出版社2012年版，第404页。

[2] 《英国2006年公司法》(2012年修订译本)，葛伟军译，法律出版社2012年版，第404页。

[3] 参见葛伟军：《英国公司法要义》，法律出版社2014年版，第25~27页。

可以分为有限公司和无限公司,而有限公司又可以细分为股份有限公司和保证有限公司(company limited by guarantee)[1]。股本只是各种公司资本筹集的外观形式,并不具有股权区分的决定意义。具体来说,股份有限公司,从名称便可知它必须具有股本的外观;而保证有限公司,在1985年之前,既可以有股本,也可以无股本,但后来由于将其限定为私公司[2],因而不可再注册有股本的保证有限公司,但是之前已注册的则继续存在;无限公司,则既可以有股本,也可以无股本,由发起人自行选择。由上可知,无论是否有股本,都只是股权的表现形式,而不会影响到股权的内容和实质,都可以进行股权多元化的设计。因此,第630条和第631条虽然分开进行表述,但仔细观察,有股本和无股本公司的类别权的变动并无明显差别。

第630条第1款首先限定了该条的适用范围,即"本条涉及变动依附于具有股本的公司之股份类别的权利"[3]。根据第2款的规定,类别权利的变动,只有两种途径:(a)根据公司章程中明定的变动类别权利的条款;(b)若没有该变动条款,

---

〔1〕 保证有限公司是英国特有的一种公司形式,是指依据股东的承诺(在公司清算时按照章程载明的固定数额向公司承担缴付责任)而成立的有限公司。在此类公司中,股东责任受章程限制,股东承诺当公司清算时分担多少数额,公司即可成立。公司必须要有一个保证声明,其内容为:每一个股东承诺,如果公司清算而其为股东时,或者其停止作为股东后的一年内,那么该股东将向公司分担出资一个不超过在保证声明中载明的数额。参见葛伟军:《英国公司法要义》,法律出版社2014年版,第26页。

〔2〕 英国法上,公司可以分为公公司(public company)和私公司(private company)。公公司是指具有股本的、在公司章程中载明是公公司的股份有限公司或者保证有限公司——股本乃构成公公司的基本要素。公公司必须依法登记。私公司是指除公公司外的任何公司。根据2006年《英国公司法》"第7部分作为变更公司地位之手段的再登记",公公司与私公司之间可以相互转化。参见葛伟军:《英国公司法要义》,法律出版社2014年版,第26~27页。

〔3〕 《英国2006年公司法》(2012年修订译本),葛伟军译,法律出版社2012年版,第405页。

第二章 比较法考察：各国制度和模式总结及我国的模式选择

则需经类别股份所组成的单独群体的同意。[1] 同意的具体方式则反映在第 4 款[2]中。为了明确"变动"之含义，第 5 款如此表述，"公司章程所包括的变动依附于股份类别的权利之条款的任何修改，或在章程中加入任何该条款，其本身视为变动那些权利。"[3] 除此之外，第 6 款规定，变动权利也包括废除权利。第 631 条和第 630 条的表述基本一致，只是由于不具有股本，原来以股本所占比例进行的表决方式转变为以成员人数所占比例为标准的方式，如第 631 条第 4 款第（a）项将类别股东的同意方式表述为"至少 3/4 类别成员的书面同意"。

第 632 条则明示类别权的变动不会影响某些特定的法院权力。

第 633 条和第 634 条则分别规定了有股本公司和无股本公司类别权利变动的异议权。以第 633 条为例，对于有股本公司，占正被讨论类别的已发行股份 15%（库藏股不计入股本）总额的持有人，可以向法院申请撤销变动，维护自己的类别权利。[4] 申请人须自同意被作出或决议被通过之日起 21 日内提出申请，并可任命该群体中的一人或者数人代表他们提出。[5] 而

---

[1] 参见《英国 2006 年公司法》（2012 年修订译本），葛伟军译，法律出版社 2012 年版，第 405 页。

[2] 该款规定："（a）代表该类别已发行股份（排除作为库藏股而被持有之任何股份）至少 3/4 名义价值的持有人的书面同意；或者（b）该类别持有人认可变动的独立成员大会上通过的特殊决议。"参见《英国 2006 年公司法》（2012 年修订译本），葛伟军译，法律出版社 2012 年版，第 405 页。

[3] 《英国 2006 年公司法》（2012 年修订译本），葛伟军译，法律出版社 2012 年版，第 405 页。

[4] 《英国 2006 年公司法》（2012 年修订译本），葛伟军译，法律出版社 2012 年版，第 406 页。

[5] 参见《英国 2006 年公司法》（2012 年修订译本），葛伟军译，法律出版社 2012 年版，第 407 页。

且，一旦按照要求提出该申请，则具有阻止变动决议生效的效力，除非经法院审理确认该申请不被支持，变动决议效力待定。[1] "法院应当在审理申请人以及向法院提出申请并且法院认为在申请中享有利益的任何其他人后，如果考虑到所有情形，法院认为变动将不公正妨碍申请人所代表的该类别股东，法院可以拒绝变动。"[2] 第 634 条也只是基于无股本的缘由进行了细微的差异化表述，如将提出申请的人数条件表述为"不低于正被讨论的类别成员 15% 的成员"，其他方面基本一致。

为了落实法院裁决之效果，第 635 条规定，公司应当在法院依据第 633 条或者第 634 条颁布法令后 15 日内向登记官提交法令副本，否则公司及每个失责的公司高管将构成犯罪。

（三）向登记官通知的事项

公司应当将关涉种类股份的信息及时反馈于登记官，以便于政府监管和保障公众知情权，第 636~640 条集中规定了公司应向登记官通知的事项。[3]

如果不遵守上述第 636~640 条之规定，公司及每个失责的

---

[1] 参见《英国 2006 年公司法》（2012 年修订译本），葛伟军译，法律出版社 2012 年版，第 407 页。

[2] 2006 年《英国公司法》第 633 条第（5）款。参见《英国 2006 年公司法》（2012 年修订译本），葛伟军译，法律出版社 2012 年版，第 407 页。

[3] 第 636 条规定："当公司向其股份的任何类别或种类转让名称或其他指定或者新的名称或其他指定时，其必须在这样做的 1 个月内向登记官提交提供被转让名称或指定之详情的通知。"第 637 条规定："公司应当自种类股份上之权利变动时起 1 个月内向登记官提交关于变动详情之通知。"第 638 条规定："当不具有股本的公司创设新的成员类别时，公司应当自新类别被创设之日起 1 个月内向登记官提交包括依附于该类别之权利详情的通知。"第 639 条规定："当不具有股本的公司向其成员的任何类别转让名称或其他指定或者新的名称或其他指定时，其必须在这样做的 1 个月内向登记官提交提供被转让名称或指定之详情的通知。"第 640 条规定："不具有股本的公司应当自任何成员类别的权利被变动时起 1 个月内向登记官提交包括变动之详情的通知。"参见《英国 2006 年公司法》（2012 年修订译本），葛伟军译，法律出版社 2012 年版，第 408 页。

高级管理人员将构成犯罪,受到刑罚制裁。

(四) 小结

2006 年《英国公司法》以 12 个条文的篇幅构建了种类股制度的基本框架,但也只是一个框架。它并没有限制公司进行种类股设计的具体事项,如投票权、分红权、剩余财产分配权等,从而给了公司最大的空间和自由;它并没有对一些重要概念如类别权利进行细化的界定和解释,从而给了法官最大的自由裁量权——这些问题主要交由判例法予以细化和解决。它将关注的重点转向了类别权利的保护,分别对有股本公司和无股本公司进行了周密而细致的规范(3/4 的类别股东的书面同意比例较为严苛;股东申请撤销权也极具英国特色,且具有阻止类别权变动决议生效的强大效力)。总之,2006 年《英国公司法》这种"弱化前端规制、强化后端保护、立法框架规定、司法细化规制"的思路,一方面最大限度地保证了公司经营的灵活性;另一方面也强化了公司、投资者及公众对种类股的信心,确保制度红利的最大释放。

三、模式总结及评价

综合上面的论述,英国式的种类股法律制度具有以下基本点:

(一) 成文法和判例法的二元互动体系

英国是典型的判例法国家,判例在其法律体系包括公司法中占据重要位置。但是不可否认的是,成文法典是公司法的基本部分,这即使在英美法系也是通行的做法。2006 年《英国公司法》以专章的形式规定了种类股制度,形成了种类股制度的基本框架。但显然，公司法典无意面面俱到，大量的细化问题留待司法权在个案中去解决。长期以来，成文法和判例法形成了良性的互动：对于判例法发展出的先进规则，成文法典及时予以吸收，如剩余财产索取权的"面值规则"[1]等；成文法中未予规定的部分，判例法则予填充和细化，如优先股内容和范围的确定[2]、类别权利范围的认定[3]等；成文法典也会对判例

---

[1] 在分红权方面，1985 年《英国公司法》确立了这样的规则：红利应当根据股份的实际缴付数额来分配。2006 年《英国公司法》对此予以延续。但是，在剩余财产索取权方面，判例法一直遵循的却是"面值规则"，即在清算时，按照股东持有的股份数额而非实缴数额进行分配。有如下经典判例：一个有限公司的章程规定，每年的净利润应当在整个已缴付股本的基础上按照比例进行分配，由此董事应当按照股东已缴付的股本数额来分配红利。章程没有对公司清算时的财产分配进行规定。普通股股东部分缴付了股款。后来又发行了按固定比例优先分红的优先股，优先股的股款已全额缴付。后，公司进入自愿清算程序，普通股股东对公司财产分配产生争议。法院经审理认为，在公司股东之间，应当按照他们在公司中的权利和利益来分配财产，不应当忽视普通股股东对其股份尚未缴付部分的利益。在这些股东对股份的缴付义务和责任得到满足以后，公司的剩余财产才能在所有股东之间按照各自持有的股份数额而非实缴数额进行分配。参见葛伟军：《英国公司法要义》，法律出版社 2014 年版，第 103 页。

[2] 判例法对优先权内容和范围的界定进行了细化。优先权是一系列具有优先效力的权利的统称，包括分红权、剩余财产分配权、表决权、转换权等。优先股上的优先权必须予以明确而具体的规定，而不能笼统的表述；未明确规定的视为无优先权。例如章程中仅规定了分红优先权，则不具有剩余财产分配等方面的优先权的股份。而且，如无特别规定，优先股股东在获得优先分红后也不得再参与普通股的分红。优先权遵循这样一条规则："未明确规定则推定为无。"有如下经典判例：根据章程，公司有权在遵守股东会决议的前提下发行优先股。股东会议通过了一个决议，决定发行优先股，股份的持有人在其缴付的股价股份数额的基础上按照每年 10% 的比例享有累积优先分红权。公司遂依此决议发行了优先股。后由于公司利润大增，优先股股东向法院请求在 10% 的固定分红之外参与普通股的分红。法院经审理认为优先股股东无权要求分配超过 10% 的红利，判决驳回了该请求。参见葛伟军：《英国公司法要义》，法律出版社 2014 年版，第 104 页。

[3] 成文法虽然提出了类别权利的概念，但基于循环定义的特殊方式，实质上并没有界定其内涵和外延，而且，类别权利解释范围的松紧宽窄直接影响着类别权利保护的强度，因此，判例法必须进一步确立类别权利解释的规则。当然，这必然不是一套僵化、固定的规则体系，而是随着社会经济形势、社会阶层力量对比等因素的变动而变动。传统上，英国法认为，类别权利是依附于特定的股份而非特定的主体，也就是说，类别权利的判断标准是"属物"的而非"属人"的。但是判例法在个案中基于具体案情也曾给出不同的答案，并由此而引发了关于类别权利解释范围的讨论。有如下经典判例：原告和被告都

第二章 比较法考察：各国制度和模式总结及我国的模式选择

法确立的规则进行甄别取舍，进而指引司法实践的方向，如1985 年《英国公司法》就改变了过去以股份面值为标准的分红规则，而转向以实缴数额为准[1]，等等。总之，在种类股制度视野下，英国式的二元体系，成文法和判例法各司其职，双向互动，有效实现了抽象性和具体性、稳定性和灵活性的统一，适应了实践的需要。

（二）灵活自由的种类股设计和运用机制

也许，对于种类股制度，自由是英美法的共性，但英国式的

（接上页）是报纸发行商，被告购买原告的一份报纸和特定的广告安排，作为代价，原告取得被告 10% 的股份。"作为协议的一部分，修改后的章程特别授权原告先于其他普通股东的优先购买权、对未发行股份的优先权利以及任命董事的权利。授予这些权利的目的是为了让原告能以股东的身份阻止对被告的收购。后被告的董事提议召开一次临时股东会议，拟通过特殊决议取消原告的上述权利。原告起诉到法院，要求：①确认原告的权利为类别权利，未经原告同意不得取消；②颁布禁令，阻止临时股东会议的召开。"法院判决支持了原告，认为虽然这些特殊权利并不是依附于特定种类的股份——原告持有的这 10% 股份和其他股份无异，而是专门授予原告本人且依附于原告的身份的，但是已经通过修改章程明确地授予了原告，并且依附于原告暂时持有的这些股份。因此，基于充分保护中小股东及维系商业信用的需要，应将原告享有的上述权利认定为类别权利，其变动须经原告的单独同意。本案引起了实务界和学界对类别权利范围解释及认定的关注和争论，然而经过广泛、深入而持久的讨论后也未能得出一个放之四海而皆准的答案。不过，在笔者看来，类别权利解释途径的选择虽没有一个固定的正解，但并不意味着没有正解，只是具体的选择有赖于以下两个因素的考量：其一，法官自由裁量权的大小；其二，大股东和小股东的力量对比和利益博弈。准确地判断上述两个因素的性质和量比，我们是可以找到适宜的类别权利的解释范围的：法官的自由裁量权越大，小股东倾斜保护的程度越大，类别权利的解释范围就越宽泛；法官的自由裁量权越小，小股东倾斜保护的程度越小，类别权利的解释范围就越狭窄。参见葛伟军：《英国公司法要义》，法律出版社 2014 年版，第 107 页。

[1]"对于剩余财产的索取权，《2006 年公司法》没有对上述原则作出任何修改，但是对于分红，《1985 年公司法》的 Table A 已经规定，红利应当根据股份的实际缴付数额来分配，红利股的发行也必须依据这一标准。关于红利应当根据股份的实际缴付数额来分配这个规则，体现在《2006 年公司法》之下的公众公司标准章程第 71 条。"参见葛伟军：《英国公司法要义》，法律出版社 2014 年版，第 103 页。

自由别具特色。首先，2006年《英国公司法》对于种类股的具体设计选择了回避，公司具有了最大的自由去设计和选择适合自己的类别股份。无论是普通股还是优先股、可赎回股还是不可赎回股，无论是可转换股还是不可转换股或者单数表决权股、复数表决权股、限制表决权股抑或无表决权股，甚至其他更为复杂"怪诞"的种类股份，在英国法上都是可能的。英国法把最大的自由留给了公司自治。可见，这种回避是一种"艺术"的回避，是"以退为进"。其次，章程可以对董事会进行广泛的授权，董事会在不违背公司章程的前提下享有充分的种类股发行、赎回、转换等自主权，这和美国法类似。而且，由于现行法取消了授权资本的概念，对董事会的授权也不会再受到授权资本额的束缚，因而相对来说，英国式的董事会授权更加自由。灵活自由的种类股设计和运用机制充分保障了公司的自主选择权。

（三）类别权利和类别股份的循环定义方式

类别权利和类别股份的循环定义方式，给予这两个概念更加广阔的想象空间。英国法重点提出了类别权利这一具有鲜明特色的概念，类别权利具有相对独立于类别股份的视野，法官可以通过对类别权利范围及变动标准的调整，实现法官裁量权和法制稳定性、大股东控制和小股东保护之间的平衡。[1]有时候，模糊描述、循环定义不失为一种解决问题的好方法，立法的回避给司法腾挪了更大的空间，法官个案处理的灵活性反倒使"类别权利"的概念更加饱满充实。英国式的"回避艺术"在此彰显无遗。

---

〔1〕 参见李霖：《英国公司法的新近改革——英国"2006年公司法"评介》，载《政治与法律》2007年第3期。

第二章 比较法考察：各国制度和模式总结及我国的模式选择

（四）种类股制度对于有股本公司和无股本公司的统筹

是否有股本只是公司股权的外观展现，而无涉其实质内容，因而，公司无论有无股本均可进行股权多元化设计，英国法遵循了这一理念。在英国，包括股份有限公司、保证有限公司、无限公司在内的所有公司都可以适用种类股制度。虽然由于股权表现形式的客观差异会导致具体运用上的差别，但这并不构成根本的障碍。2006年《英国公司法》第630、633条和第631、632条就分别对有股本公司和无股本公司类别权的变动和异议进行了规范，而且，细读法条，其实并无质的区别。种类股制度的这种设计可将制度红利遍及各种规模、各种形式、各种性质、各种结构的公司。

（五）尤为重视对类别股东的保护

2006年《英国公司法》对种类股制度的前端设计并未给予太多的关注，然而却十分重视对类别股东和类别权利的保护：首先，分别对有股本公司和无股本公司规定了严格的类别权利变动制度，类别股东的3/4的书面同意比例以及特别决议制度相当严苛。其次，代表被讨论类别群体15%的股东可以申请撤销影响类别权利的决议，而且该申请在被法院否决前具有阻止公司决议生效的强大效力，这在各发达国家的种类股制度中都是很罕见的，而且，即使申请被法院驳回，若类别股东确定受到公司或者其他股东的不公平侵害，他还可以请求法院判令其他股东以公平价格购买其股份，进而退出公司。再次，公司应当将类别权利变动的信息及时反馈给公司登记官，否则公司及相关高管人员将被视为犯罪，这可以加强对类别权利变动的震慑，同时也强化政府对侵犯类别权利的违法行为的监管。最后，成文法的框架式设定给了司法权灵活运作的空间，对类别权利及其变动的灵活界定将使类别股东获得更加全面和具体的保护。强化对类别股东的保护应当说是各国共同的课题，但显然，英国法在这一点上走在了前列。

第四节　德国种类股法律制度研究：制度和模式

德国是大陆法系的代表性国家，有着深厚而严谨的法治传统，很多后继国家都以德国法为标榜和模板，我国长期以来对德国法也是多有借鉴。[1]德国公司经济举世闻名，不但大型的跨国公司遍布世界，其中小型公司也极具竞争力，往往执某一领域之牛耳，这与其发达的公司法制密不可分。德国公司法设定了种类繁多的公司类型，包括股份有限公司、有限责任公司、无限公司、两合公司、股份两合公司等——分散规定于《德国商法典》《德国股份法》《德国有限责任公司法》等法律中，而且部分公司类型下还有特殊的形态，如有限责任公司下有企业主公司，两合公司下有有限责任两合公司等，这都为投资者和创业者提供了充分的选择空间。其中，股份有限公司和有限责任公司与我国公司法有着共同的视域。种类股制度作为德国公司法的重要组成部分，与其整体的公司法制高度契合，具有鲜明的特色。

一、德国种类股法律制度概况

（一）成文法为主的立法体例

作为大陆法系的典型国家，成文法主义是德国公司法的基

---

[1] 参见潘星、仝斌斌：《德国有限责任公司法改革述评》，载《德国研究》2009年第1期。

第二章 比较法考察:各国制度和模式总结及我国的模式选择

本特征,法院的司法判决和典型案例对于制度构建的作用有限。与公司种类股制度关系最密切的是《德国股份法》,它对股份有限公司种类股的类型、运作、保护等都有较为细致的规定,而且作为强行法色彩浓厚的制定法,只有为《德国股份法》明定的种类股类型才能为公司所采用。《德国有限责任公司法》中也有部分规定涉及种类股。法院只能严格依照法律的规定进行裁判,法官的任务是解释法律,而非创造法律,只有在极端个别情况下,如依法裁判将导致明显不公平不合理的结果以至于正常理性人都无法容忍时,法官才能适当突破现有法律的规定。最高法院和高等法院公布的典型案例通常仅有参考价值。

(二) 适用的公司类型

应当说,种类股制度和股份有限公司有着天然的关联,种类股制度从一开始就是脱胎于股份有限公司的。种类股制度在股份有限公司下也最完善、最细致、最典型,而且可以和资本市场相衔接,从而充分发挥其融资功能,《德国股份法》对此有细致的规定。股份有限公司作为主要适用于大中型企业的组织形式,为了保证资本市场的透明度,维护公共利益,有必要将其标准化,《德国股份法》也因此具有了鲜明的强行法色彩,"其中的大部分条款都是强制性规定"[1],该法第 23 条第 5 款即规定:"只有在明确允许的情况下,章程才可以作出不同于本法的规定。"由此,在《德国股份法》下,公司对于种类股类型的选择仅限于法律的规定,法律未规定的不可擅自创设。这种强制性的保护机制也受到了很多批评,批评的理由如下:首先,

---

[1] [德] 托马斯·莱塞尔、吕迪格·法伊尔:《德国资合公司法》(第 3 版),高旭军等译,法律出版社 2005 年版,第 71 页。

除大中型公司外，还有很多中小型的企业采用股份有限公司形式，它们大多是人数较少、没有上市也不想上市的封闭性公司，应当给予其更大的自由度。其次，已经制定了《德国资本市场法》，对于上市型的股份有限公司已经有了专门的规定，《德国股份法》在这一领域的作用已经日益减弱，没有必要继续以《德国股份法》为模板来设计股份有限公司制度。[1]这些批评值得我们深思。

有限责任公司也是种类股制度的可能载体，因为种类股从本质上说就是股权多元化的体现，有限责任公司可以而且也有必要进行股权多元化设计。虽然有限责任公司的资本份额是以业务份额而非股份来划分的，但说到底，业务份额和股份都只是股权的表现形式，并无质的区别。而且，有限责任公司作为主要适用于中小型企业且兼具人合属性的公司形式，其具有更大的设计构建空间，"《有限责任公司法》的大部分规定都是任意性条款"[2]，该法第45条第1款即规定："股东在公司事务特别是业务执行方面享有的权利以及该权利的行使，只要法律没有相反规定，由公司章程规定。"因此，只要不与法律的强行性规定相抵触，有限责任公司可"便宜行事"。

依上述逻辑，无限公司也可以运用种类股制度，无论有无股本。而且，作为人合性的公司形式，无限公司具有鲜明的契约属性，享有最大限度的自治空间，其显然可以进行更多元的股权设计。除此之外，以上述公司形式为基础的两合公司、股

---

[1] 参见[德]托马斯·莱塞尔、吕迪格·法伊尔：《德国资合公司法》（第3版），高旭军等译，法律出版社2005年版，第71页；[德]格茨·怀克、克里斯蒂娜·温德比西勒：《德国公司法》（第21版），殷盛译，法律出版社2010年版，第470页。

[2] [德]托马斯·莱塞尔、吕迪格·法伊尔：《德国资合公司法》（第3版），高旭军等译，法律出版社2005年版，第408页。

第二章　比较法考察：各国制度和模式总结及我国的模式选择

份两合公司等公司类型都可以采用种类股制度。应当指出，在实践中，股份两合公司的股权多元化色彩非常浓厚，其无限责任股东往往被赋予复数表决权，因而可以保障特定主体对公司的合法控制并防止敌意收购，这也使其成为家族企业的首选形式。[1]总之，在德国法上，种类股制度可以广泛运用于各种公司形式，只是规制的程度因"人"而异。

（三）种类股的界定、类型和设计

德国法上，股份有限公司既可以发行面额股，也可以发行无面额股即比例股[2]，比例股所表示的是每股在公司总资本中所占的份额；既可以发行不记名股，也可以发行记名股，在股东缴清其全部认缴额及溢价之前，所有股份都必须是记名的。当然，这些只是股份表现形式上的区别，并不构成识别种类股的标准。真正的种类股必须奠基于股份上所附属的种类权利。德国公司法学界把公司的成员权分为三种类型：一般性的成员权利、特别权利和类别股东权利。其中，所谓特别权利是指仅个别股东所享有的优先权，如优先股息权、清算时的高额分配权、向监事会派遣监事的权利等，而类别权利则指为某一类而非个别股东所享有的权利，典型如排除表决权的优先股息权等。[3]在笔者看来，无论是特别权利还是类别权利，它们本质上都是附着于特定股份、随股份流动而流动的权利，仅在人数及范围上存有差别，而且这种差别到底能在多大程度上进行区

---

〔1〕 参见〔德〕格茨·怀克、克里斯蒂娜·温德比西勒：《德国公司法》（第21版），殷盛译，法律出版社2010年版，第670页。

〔2〕 德国法习惯上将无面额股称为比例股。

〔3〕 参见〔德〕格茨·怀克、克里斯蒂娜·温德比西勒：《德国公司法》（第21版），殷盛译，法律出版社2010年版，第568页；〔德〕托马斯·莱塞尔、吕迪格·法伊尔：《德国资合公司法》（第3版），高旭军等译，法律出版社2005年版，第105页。

分尚难定论,因此一般来说,二者均属于种类股份的范畴。

应当指出,种类股份并不与股东平等对待原则相冲突。"平等对待原则只是要求公司在同等条件下同等对待股东。客观上证明合理的区别对待并没有因此被排除。禁止的是任意而专横的区别对待。假如在具体情况下,受到不利对待的人表示同意,就不适用它了。对于章程在法律允许的框架下规定条件不同的股份类别,是没有疑问的。"[1]

就股份有限公司而言,种类股份仍然按照传统的方法被区分为普通股和优先股,而且普通股和优先股的具体形态也必须符合《德国股份法》的规定。普通股就是具有一般股息分配权、一般剩余财产分配权且每股享有一个表决权的标准类型的股份,优先股则是在此基础上赋予股份某种或某些优先权而形成的。一般来说,优先股享有股息分配或者剩余财产分配方面的优先权,公司可以赋予某类股份在股息分配或者剩余财产或者两者兼而有之的优先权,这种优先利益既可以是顺位方面的,如优先于普通股,也可以是份额方面的,如比普通股获得更大的分配份额,但无论如何必须在公司章程中予以载明,未明确规定的则视为没有优先权。[2]应当指出,不同种类的优先股之间可以设计不同的优先顺位和份额,例如,可以设计出以下三类优先股:A类优先股、B类优先股和C类优先股,且三类优先股均只具有股息优先权,其中A类股东优先于B类股东获得10%的分配份额,B类股东优先于C类股东获得20%的分配份额,C类股东则优先于普通股东获得30%的分配份额。

---

〔1〕 [德]格茨·怀克、克里斯蒂娜·温德比西勒:《德国公司法》(第21版),殷盛译,法律出版社2010年版,第567页。

〔2〕 参见[德]格茨·怀克、克里斯蒂娜·温德比西勒:《德国公司法》(第21版),殷盛译,法律出版社2010年版,第569页。

第二章 比较法考察:各国制度和模式总结及我国的模式选择

在表决权方面,普通股每股享有一个表决权,不可变动;优先股既可排除表决权,亦可保留,由公司自主选择,但显然立法倾向于排除表决权,如《德国股份法》第四部分第四章第六节专门规定了无表决权的盈余分配优先股。可见,德国法还是非常重视不同类别股东之间权利义务的对称和平衡的——盈余分配优先权往往是作为对表决权丧失的一种补偿。"这种标准形态的优先股也获得了资本市场的准入资格,它可以和普通股一起在证券交易所发行和交易,只是作价不同罢了。"[1]而与此相对,复数表决权股是被明令禁止的[2],这种曾经被允许的制度导致了严重的滥用,后被1998年颁布的《德国加强企业控制和透明度法》一概性地禁止了,而且为了防止被规避,《德国股份法》规定表决权只有在完全缴付出资之后才得以行使。[3]

德国法上还有一种特别的种类股,即向监事会派遣监事的种类股,章程可以规定,特定的股东或者特定股份的持有人有向监事会派遣股东代表的权利,后一种情形即属于种类股份的范畴,《德国股份法》第101条第2款[4]对此予以确认。但是,法律对此有严格的限制:首先,该类股份必须是记名股,而且由此被派遣的监事的总数不可以超过监事会中股东代表的1/3;其次,

---

[1] [德]格茨·怀克、克里斯蒂娜·温德比西勒:《德国公司法》(第21版),殷盛译,法律出版社2010年版,第404页。

[2]《德国股份法》第12条第2款规定:"不得授予复数表决权。"

[3] 参见[德]格茨·怀克、克里斯蒂娜·温德比西勒:《德国公司法》(第21版),殷盛译,法律出版社2010年版,第498页。

[4]《德国股份法》第101条第2款规定:"向监事会派出监事的权利只能通过章程并且只能为特定股东或者特定股票的持有人设定。只有股票是记名的,并且其转让需经公司同意的,该特定股票持有人才可以被授予派出权。派出权人的股票不作为特定种类的股票。被授予的派出权总计最多只能涵盖法律或者章程规定的股东监事名额的1/3。"

被派遣的监事可以被该类股份持有人随时解任。[1]"这个派遣权主要是为了确保作为少数股东的公法人在混合经济企业中的影响力。"[2]德国法上没有派遣董事的种类股,这和其独特的双层式的公司治理结构有关——董事是由监事会而非股东会选举的,股东和董事的选举或者派遣之间间隔较远。我国国有企业众多,且正在进行混合所有制改革,此一特别种类股尤其值得我们研究。

遗憾的是,德国法上并没有可赎回股和可转换股的类型。《德国股份法》规定了较为细致全面的公司回购制度,包括回购的主体、回购的条件、回购的程序等,但是这种回购的权利并不是附着于股份之上的,而是在成就一定条件时单方面赋予公司的,而且这种权利只能由公司行使,股东并无赎回请求权;公司可以发行可转换债券,但并无可转换股的规定。显然,《德国股份法》并没有提供这两种股份的构建空间。

对于有限责任公司而言,其股权多元化设计空间要大得多。除上面已经提到的种类权利外,还可包括:一是财产权方面:①以优惠的形式购买公司所生产的商品、所提供的服务以及使用公司设施的权利;②是否同意其他股东转让其股份的权利;③在一定情况下认购其他股东股份的权利,以及在增加资本时认购新股的权利等。二是管理权方面:①复数表决权——这在股份有限公司下是明文禁止的;②对股东会决议的否决权——这类似于英国法上的"黄金股";③派遣董事的权利以及担任和

---

[1] 参见[德]格茨·怀克、克里斯蒂娜·温德比西勒:《德国公司法》(第21版),殷盛译,法律出版社2010年版,第499页。

[2] [德]格茨·怀克、克里斯蒂娜·温德比西勒:《德国公司法》(第21版),殷盛译,法律出版社2010年版,第499页。

第二章 比较法考察：各国制度和模式总结及我国的模式选择

任命公司经理的权利，等等。[1]总之，只要不违背其基本属性如资本维持原则，有限责任公司便可根据需要设计出缤纷多彩的种类股类型。

（四）种类股条款的载体及董事会的作用

种类股的具体条款只有明确记载于公司章程中才能发挥效用。股东大会也只有通过决议修改公司章程才能变动种类股条款。公司章程是种类股的唯一合法载体。因此，章程自治的程度决定了种类股条款自治的程度。正如前述，股份有限公司的章程自治受限较多，而且在德国法上，独特的公司治理结构亦制约着种类股制度的运用。

首先，德国式的"双层式"公司治理结构限制了董事会的作用。所谓"双层式"模式是指由股东大会选举出监事会，进而由监事会选举出董事会，监事会具有高于董事会的地位，因而可以对其实施强有力的监督。这不同于大多数国家奉行的"单层制"治理模式，即由股东会直接选举出董事会，而由独立董事、专门委员会或者平行的监事会负责监督职能。应当说，德国式的公司治理模式虽然成本较高，但这是其历史发展及政治妥协的结果，而且被证明是适合德国社会和德意志民族的。[2]不过平心而论，在这一治理模式下，董事会的管理权力受到较多的限制，"董事会中心主义"无法得到彻底贯彻。董事会仍然是法定的公司管理机构，但监事会也享有很多的制约董

---

〔1〕 参见［德］格茨·怀克、克里斯蒂娜·温德比西勒：《德国公司法》（第21版），殷盛译，法律出版社2010年版，第658页。
〔2〕 参见［德］格茨·怀克、克里斯蒂娜·温德比西勒：《德国公司法》（第21版），殷盛译，法律出版社2010年版，第434页。

事会的权力[1]，主要包括：①监督公司的经营管理，这种监督的重点是预防性监督，"监事会到底在多大程度上进行监督，这没有一般性的定论，在危急情况下，尤其董事会不能履行职责时，监事会必须采取积极主动的措施进行干预"[2]。②可以作出正式的决议，表明同意或者不同意董事会的某一措施，这一决议虽没有强制约束力，但董事会必须予以解释说明。[3]③同意保留权，这是指公司章程或者监事会自己可以规定，某些特定类型的业务执行必须得到监事会的同意才能展开，于此情形，监事会不仅必须审查有关措施或业务的合法性，而且必须审查它们是否符合公司的经营目的、是否具有经济效益，监事会应当根据其自身经验来作出同意与否的决定。如果监事会拒绝同意，董事会便不可实施，除非召开股东大会经 3/4 以上的绝对多数通过。[4]④独立的经营管理权，如在公司发行授权资本增资时的共同决定权等。[5]由上可见，董事会的权力被较大地削弱了，甚至被剥夺了部分经营管理权，其在种类股制度运作中所能发挥的功效也被相应地削弱了。

其次，德国式的"折中资本制"抑制了董事会的作用。德国原本奉行严格的法定资本制，后来吸收了授权资本制的若干因素，形成了现行的"折中资本制"。有学者将德国式的资本制

---

[1] 参见《德国股份法》第 111 条。

[2] [德] 托马斯·莱塞尔、吕迪格·法伊尔：《德国资合公司法》（第 3 版），高旭军等译，法律出版社 2005 年版，第 176 页。

[3] 参见 [德] 格茨·怀克、克里斯蒂娜·温德比西勒：《德国公司法》（第 21 版），殷盛译，法律出版社 2010 年版，第 435 页。

[4] 参见 [德] 格茨·怀克、克里斯蒂娜·温德比西勒：《德国公司法》（第 21 版），殷盛译，法律出版社 2010 年版，第 435 页。

[5] 参见 [德] 格茨·怀克、克里斯蒂娜·温德比西勒：《德国公司法》（第 21 版），殷盛译，法律出版社 2010 年版，第 673 页。

第二章 比较法考察：各国制度和模式总结及我国的模式选择

称为"许可资本制"，许可资本制是在法定资本制的基础上，通过对董事会在增资时股份发行的授权、简化公司增资程序而形成的，而对公司设立时的资本发行仍适用法定资本制的规则。[1] 许可资本制的核心仍是法定资本制。[2] 根据《德国股份法》第202条之规定，董事会虽然获得了一定程度的授权，但仍受到较大的限制，具体体现在：其一，授权必须在章程中有规定或者以3/4的资本多数决通过修改章程的决议而进行事后授权；其二，每次授权的期限最高不得超过5年；其三，授权资本的面值不得超过授权时基本资本的一半；其四，也是最重要的，股份发行必须经过监事会的同意，包括股份发行具体条件的确定，如数量、价格等。[3] 由此可见，董事会的股份发行权包括种类股的发行权受到很大的限制，抑制了董事会作用的发挥，从而也限制了种类股制度的灵活运用。

在有限责任公司中并无董事会的概念，相对应的机构是业务执行人。由于有限责任公司一般规模较小、股东人数较少、人合性较强，其所有权和经营权并未完全分离，奉行"自营机关原则"。"设立监事会尽管是允许的，但并不是必需的。在各个机关的相互关系中，法律赋予了作为最高机关的股东会以及股东之整体明确的优先性。"[4] 股东会可以直接指示业务执行人的行动，当然也可以赋予其更大的权限，这保证了业务执行人在种类股实践中获得授权的可能性。

---

[1] 参见赵旭东主编：《公司法学》（第2版），高等教育出版社2006年版，第231页。

[2] 参见赵旭东主编：《公司法学》（第2版），高等教育出版社2006年版，第231页。

[3] 参见［德］格茨·怀克、克里斯蒂娜·温德比西勒：《德国公司法》（第21版），殷盛译，法律出版社2010年版，第435页。

[4] ［德］格茨·怀克、克里斯蒂娜·温德比西勒：《德国公司法》（第21版），殷盛译，法律出版社2010年版，第677页。

(五) 种类股的特别保护

德国法尤为重视对种类股东进行专门的保护，以明晰不同类别股东之间权利义务的界限，维持利益平衡。

首先，对于影响种类股份权利义务的章程变动，必须经该类别股东组成的单独股东大会的同意。具体来说，影响种类股份既存权利的章程变动包括两种类型：①"直接型"，即直接修改章程中的该种类股条款，变动其权利义务；②"间接型"，即不直接修改该种类股条款，而是通过增加其他类别股份的优先利益，间接影响既存股份的权利，如设置另一个更高级别的优先股。无论是"直接型"还是"间接型"修改，除需普通股东大会的决议，尚需经受影响的种类股东组成的单独股东大会的同意，德国法甚至明确规定，未经种类股东同意的股东大会决议属于尚未生效之决议，仅当补足该欠缺要件时，决议才能正式生效，即种类股东的同意构成该类决议生效的条件。"不生效力的股东大会决议既不是无效，也不是可撤销，而是效力悬而未决。"[1] 就同意的比例来说，对于股份有限公司，需经种类股东会议所代表份额的3/4绝对多数通过，而有限责任公司甚至需要经过所有种类股东的同意——其章程可作另外之约定。

其次，在优先股份优先权的实现发生障碍时，优先股东的表决权依法自行恢复。这就是所谓的"表决权恢复制度"。在德国法上，有两种"恢复"情形：①暂时的表决权恢复，即当在一年内优先股所享有的优先款项未获支付时，则在其被支付之前，优先股东恢复行使表决权，当然，在支付之后，其表决权丧失；

---

[1] [德] 格茨·怀克、克里斯蒂娜·温德比西勒：《德国公司法》（第21版），殷盛译，法律出版社2010年版，第557页。

②永久的表决权恢复,即当优先权被废止时,优先股东永久地恢复优先权。表决权恢复制度保障了优先股份在优先权行使发生障碍时的利益平衡,这也反映了德国法对股份对称性的重视。

二、《德国股份法》[1]下的种类股法律制度

《德国股份法》虽然强制性色彩浓厚,限缩了种类股自治的空间,但它却是对种类股制度泼墨最多、规定最细致最详尽、保护最周全的法律。可以说,它是种类股制度的标准模板,有限责任公司等其他类型公司都可参照和援引。《德国股份法》对种类股的规定较为分散,下文将对其重点条款予以分析、解读。

(一)总则性条款

首先必须对《德国股份法》有一个基本的定性。

《德国股份法》第 23 条第 5 款对该法进行了属性界定,即公司章程只能在该法明确允许的范围内进行设计,不可妄为——"章程只能在本法未包含终局性规定的情况下进行补充规定"[2]。换言之,《德国股份法》属于强行法,"法不授权皆禁止。"该条虽未置于总则部分,但无疑具有提纲挈领的作用。

《德国股份法》在"第一部分 总则"的第 11、12 条对种类股制度进行了概要式界定。根据第 11 条的规定,"股票可以具有不同的权利"[3],这并不违背第 53a 条所规定的股东平等对待原则。"具有相同权利的股票构成一个种类,即种类股"[4],

---

[1] 参见《德国商事公司法》,胡晓静、杨代雄译,法律出版社 2014 年版,第 69~139 页。
[2] [德] 格茨·怀克、克里斯蒂娜·温德比西勒:《德国公司法》(第 21 版),殷盛译,法律出版社 2010 年版,第 556 页。
[3] 《德国商事公司法》,胡晓静、杨代雄译,法律出版社 2014 年版,第 69 页。
[4] 《德国商事公司法》,胡晓静、杨代雄译,法律出版社 2014 年版,第 69 页。

这就是《德国股份法》对种类股的定义。从这一定义，我们至少可以获得两点认识：其一，种类股的界定依据是类别权利；其二，类别权利依附于特定的股票而非特定的人，随股票的流动而流动。在第11条的后半段和第12条，《德国股份法》对种类股中两类典型的类别权利进行了规范：①盈余分配权和剩余财产分配权方面，公司可以在普通股的基础上通过赋予盈余分配或者剩余财产分配方面的优先权构造种类股；②表决权方面，一般来说，每一股票均具有表决权，且一股一票，这是普通股的标准配置，但是公司可以发行无表决权的优先股，以优先利益补偿表决权的损失；复数表决权是不允许的，而且，为了防止复数表决权的禁止规则被规避，半数表决权等表决受限的种类股票自然也在禁止之列。以上这些规则从总体上为种类股制度划定了一个受限的范围。

(二) 分则性条款

《德国股份法》第60条是关于盈余分配权的规定，其第3款为种类股的设定预留了空间："章程可以规定其他的盈余分配方式。"[1]最基本的分配规则为股东依其在基本资本中所占份额获取盈余分配，而且为了保证不同实缴比例的股东获得公平受偿，该条第2款明确规定："未对全部股票按同一比例缴纳对基本资本的出资的，股东从可分配的盈余中预先获得已缴纳出资的4%的数额。盈余不足以支付的，可按一个相应较低的标准确定数额。"[2]此外，如果是在营业年度中缴纳出资的，还应考虑出资以来的时间比例。如此精微，可见德国法的细致和

---

[1]《德国商事公司法》，胡晓静、杨代雄译，法律出版社2014年版，第90页。
[2]《德国商事公司法》，胡晓静、杨代雄译，法律出版社2014年版，第90页。

第二章　比较法考察：各国制度和模式总结及我国的模式选择

严谨。

第271条对公司剩余财产分配权进行了规定，该条第2款从反面为种类股制度预留了空间："没有在分配公司财产时享有不同权利的股票的，按照在基本资本中所占的份额分配公司财产。"[1]言外之意，如果公司章程设定了不同分配顺序或者分配份额的种类股票，则须遵照章程的规定。同样，为保障不同出资比例的股东获得公平受偿，该条第3款特别规定，在清偿完公司债务后，首先应返还每个股东已缴纳的出资，"剩余财产按照在基本资本中所占的份额进行分配"[2]。"如果财产不足以返还出资，则股东应按其在基本资本中所占的份额分担亏损；如有必要，应向股东追缴尚未缴纳的出资。"[3]

《德国股份法》于第四部分第四章第六节专节规定了一种标准形态的种类股——无表决权的优先股。该法首先在第139条界定了无表决权优先股之内涵：①享有盈余分配优先权[4]；②排除表决权。除表决权之外，该类股份的持有人享有优先权及作为普通股东应享有的一般权利，如剩余财产分配权、查询权等。为了防止股权分布得过度失衡，发行的无表决权的优先股不得超过基本资本的一半。

除此之外，《德国股份法》第101条还规定了一种特别的种类股，即具有监事派遣权的种类股，章程可以明确记载这类股

---

[1]《德国商事公司法》，胡晓静、杨代雄译，法律出版社2014年版，第196页。

[2]《德国商事公司法》，胡晓静、杨代雄译，法律出版社2014年版，第196页。

[3]《德国商事公司法》，胡晓静、杨代雄译，法律出版社2014年版，第196页。

[4] 优先权中也可以包括剩余财产分配方面的优先利益，它们是如此的相似，以至于没有理由不可以参照《德国股份法》第六节的规定，而且该节第141条第2款的表述对此亦有暗示，该款将分配盈余优先权和分配财产优先权予以并列。参见［德］格茨·怀克、克里斯蒂娜·温德比西勒：《德国公司法》（第21版），殷盛译，法律出版社2010年版，第559页。

份，包括派遣的人数、派遣的时间、派遣的人员资质条件等，但是该类股票必须是记名的，且转让须经公司同意，另外，被授予的派出权总计最多只能涵盖法律或者章程规定的股东监事名额的1/3。这类股份对于保证特定股东对公司的控制权具有重要作用，尤其对于国有资本参股的公司，可以保障国有资本相应的话语权。

(三) 保护性条款

《德国股份法》规定的保护性条款包括两类：一类是适用于所有种类股的条款，我们称之为"概括性保护条款"；一类是仅适用于特定种类股的保护性条款，如无表决权优先股的专门保护条款。在适用时，特别法优先于一般法。

1. 概括性保护条款

《德国股份法》第179条首先规定了一般情况下，章程的变更须经股东大会以代表基本资本3/4的绝对多数股东表决通过；而当公司存在数个类别的股份时，如果"对数个股票种类的比例作不利于其中一个种类的变更的，股东大会决议的生效需经蒙受不利益的股东的同意"[1]。对于该同意，受影响的种类股东应作为一个单独的团体形成一个特别决议[2]，该特别决议也应符合3/4的资本多数决规则。可见，涉及种类股东的章程修改，必须经种类股东团体的同意；缺少该同意，则决议尚不生效。

2. 无表决权的优先股的专门保护条款

法律针对无表决权的优先股这一典型的、运用最广泛同时

---

[1] 《德国商事公司法》，胡晓静、杨代雄译，法律出版社2014年版，第154页。

[2] 如果受影响的是多个类别的种类股东，则应形成多个独立的投票团体，每个团体单独投票。

第二章　比较法考察：各国制度和模式总结及我国的模式选择

也是和资本市场联系最密切的种类股进行了专门的保护。

首先，《德国股份法》第 140 条第 2、3 款和第 141 条第 4 款规定了表决权恢复制度。对于无表决权的优先股，"如果在一年内其股息未获支付或未获完全支付，并且下一年在该年度的全部优先利益之外未补付所欠金额的，在该金额被支付之前，优先股东享有表决权"[1]。而且，除章程另有规定外，对于公司所欠股息，"尚不产生由以后的盈余分配决议决定对拖欠的优先款项的请求权"[2]，这就是"暂时的表决权恢复制度"。如果优先权被永久性地废止了，则该类股票将永久地恢复表决权，这就是"永久的表决权恢复制度"。

其次，若发行其他类别的优先股进而影响无表决权优先股的既存利益，须经其同意。根据《德国股份法》第 141 条第 2 款之规定[3]，该同意应由该类别股东组成的单独团体以已投表决票的 3/4[4] 多数通过而形成特别决议，方为成立；特别决议通过前，发行优先股的决议尚不生效，但该款最后规定了一种例外情形[5]。此外，如果拟发行优先股的决议将全部或者部分排除无表决权的优先股的认购权的，还应由无表决权的优先股团体另行通过一个关于排除认购权的特别决议，该决议参照适

---

[1]《德国商事公司法》，胡晓静、杨代雄译，法律出版社 2014 年版，第 138 页。

[2]《德国商事公司法》，胡晓静、杨代雄译，法律出版社 2014 年版，第 138 页。

[3] 该款规定："若将要发行的优先股在分配盈余或者公司财产时的顺位优先于或者等同于无表决权的优先股的，须经无表决权的优先股股东的同意。"参见《德国商事公司法》，胡晓静、杨代雄译，法律出版社 2014 年版，第 139 页。

[4] 章程既不能规定其他多数，也不能规定其他条件。

[5] 即"在授予优先权时，或者表决权事后被排除的，在排除时，公司明确保留发行权利的，并且优先股股东的认购权未被排除的，无需经优先股股东同意"。参见《德国商事公司法》，胡晓静、杨代雄译，法律出版社 2014 年版，第 139 页。

用《德国股份法》第 186 条第 3~5 款[1]的规定。

三、模式总结及评价

综上所述，德国式的种类股法律制度具有以下基本点：

（一）浓厚的强行法色彩和法定主义

《德国股份法》中的大部分条款属于强制性条款，公司没有变通适用的余地，只能在法律限定的范围内进行有限的选择，这在种类股制度上也得到了鲜明的反映。《德国股份法》上规定的种类股类型相当有限，只能在盈余分配权、剩余财产分配权、表决权等事项上进行设计，英美法国家所拥有的很多种类股份如复数表决权股、限制表决权股、可赎回股、可转换股等在《德国股份法》下没有存在的余地。而且，《德国股份法》还对典型的标准化优先股类型——无表决权优先股进行了细致的规定，政策导向性非常明显。由此可见，与英美法相比，《德国股份法》下的种类股制度较为传统和保守，在自由和安全之间，更加强调安全，这种特征在德国法上体现无遗。

---

[1]《德国股份法》第 186 条第 3 款："认购权只能在增资决议中全部或者部分被排除。此种情况下，除了法律或者章程规定的增资条件外，该决议需要经决议时所代表的基本资本的至少 3/4 多数同意。章程可以规定一个更高的资本多数和其他条件。特别是以现金出资进行的增资不超过基本资本的 10%，而且发行价格并非显著低于交易价格的，允许排除认购权。"第 4 款："只有明确并按照规定将认购权的排除予以公告，才可以作出全部或者部分排除认购权的决议。董事会应向股东大会提供关于全部或者部分排除认购权的理由的书面报告；在该报告中应对建议的发行价格说明理由。"第 5 款："依据决议，新股应由一个信贷机构或者一个依据《信贷法》第 53 条第 1 款第 1 句或者第 53b 条第 1 款第 1 句或者第 7 款运营的企业承销，并且其负有将新股提供给股东认购之义务的，不视为排除认购权。董事会应在依据第 2 款第 1 句作出说明的情况下公布该认购要约，并依据第 2 款第 2 句公布最终发行价格；新股应由一个第 1 句规定的信贷机构或者企业之外的其他企业承销，并且其负有将新股提供给股东认购之义务的，适用同样的规定。"

第二章 比较法考察:各国制度和模式总结及我国的模式选择

(二)公司类型上的区分主义

股权多元化制度在德国贯穿于公司的各种类型,而且对于不同类型的公司,德国法采取了区分主义的态度。就股份有限公司、有限责任公司、无限公司三种基本的公司形式而言,股份有限公司下的种类股制度具有明显的强制性,法定色彩浓厚;有限责任公司基于资合兼人合的属性,具有较大的章程自由度;而无限公司则基本上奉行契约自由原则,只要股东之间能够达成合意,只要不违反法律的强制性规定,一般不予干涉。这种区分主义的立法模式契合了不同公司的定位,有助于实现种类股制度在不同组织形式下自由性和安全性的平衡。

(三)董事会职权的限定主义

对于股份有限公司而言,德国式的种类股法律制度在章程自治层面受到较多的限制,而作为该制度实际执行和操作者的董事会亦受到多重限制:首先,德国式的"双重治理结构"使监事会对董事会形成强大的制约,部分领域甚至直接取代董事会,成为第一决策者;其次,德国式的"授权资本"也仅限于增资领域,而且对于授权资本额的比例、发行程序等有不少限制规定,尤其发行授权资本时仍然要获得监事会的同意。[1]

笔者认为,德国法在公司治理领域仍然相当保守,强调机构之间的权力分离和相互制约,保证了安定性却牺牲了效率,这对于深处市场竞争洪流中的公司来说,无疑增加了运行成本,不一定是最好的选择,当然,这在德国有其特定社会历史及政治背景原因;公司资本领域的"折中资本制"也仅仅是在后端

---

[1] 参见[德]托马斯·莱塞尔、吕迪格·法伊尔:《德国资合公司法》(第3版),高旭军等译,法律出版社2005年版,第71~77页

吸收了授权资本制的因素，仍然冀图以资本确定原则确保债权人利益，但是英美式的纯粹授权资本制对债权人的保护已被证明是行之有效的，而其在公司经营上的灵活性显然更具优势。总的来说，德国法背负了厚重的历史包袱，面临艰难的转型。不过，这虽不是最好的选择，却可能是最适合德国的。

（四）高度重视对种类股的保护

重视对种类股的保护可以说是所有公司法治发达国家的共同选择，只是保护的模式和侧重点各有不同罢了，德国法的特色是全面和严谨。德国公司法从前端、中端和后端三个维度，对公司种类股东予以了最全面的保护。在前端，涉及种类股东利益的股东会决议，必须经种类股东团体的特别决议，而且该特别决议为股东会决议的生效要件，未经其同意，则股东会决议尚不生效；在中端，若优先股股东的优先利益被暂时或者永久排除，那么其表决权相应地予以恢复；在后端，种类股东团体的表决通过比例需要达到资本额 3/4 的绝对多数，且公司章程不可降低这一标准，也不可规定其他条件；而且，对于未经种类股东认可的股东会决议，"虽然对其不可提起撤销或无效之诉，但无疑可以依据《德国民事诉讼法》第 256 条[1]的规定，起诉要求确认其未成立或未生效。"[2] 这种全面而细致的保护无疑从制度层面消除了种类股投资者的顾虑，激发了公司运用种类股制度的积极性。

---

〔1〕《德国民事诉讼法》第 256 条规定："确定法律关系成立或不成立的诉讼、承认证书的诉讼或确定证书真伪的诉讼，原告有法律上的利益时，可以向法院提起诉讼，由法院裁判并即时确定。"

〔2〕[德] 格茨·怀克、克里斯蒂娜·温德比西勒：《德国公司法》（第 21 版），殷盛译，法律出版社 2010 年版，第 340 页。

第二章　比较法考察：各国制度和模式总结及我国的模式选择

第五节　我国的模式选择

比较是重要的研究方法，比较的目的在于通过对世界先进国家的制度进行研究，取之所长，为我所用，提炼一般通行规律，为学术研究奠定一个"言之有物"的基调，为立法及司法的完善指明一个符合国际大势的方向。本书通过对上述法治发达国家或地区种类股制度的全面研究，提炼出其奉行之模式，旨在为我国未来种类股制度模式之选择提供参照。所谓"模式"，是指从宏观的视角勾勒出种类股制度的轮廓，涵盖从设立、运作至保护等基本环节，涉及种类股的设立和载体、适用范围、类型、运作及保护等重要命题。纲举则目张，有了这样的轮廓，我们便可窥见种类股制度的全貌，为下文的研究设定基本框架。缘此，本章将专注于宏观结构问题的探讨，具体问题则留待后文详述。

笔者认为，我国在进行模式选择时应坚持以下两点：其一，兼收并蓄，博采众长，总结规律，顺应大势。我国作为后发国家，应当保持开放的心态，学习各国的先进经验，尤其应当吸收一些已成共识的经验，少走弯路，如强化对种类股东的保护等，同时，不应局限于某个国家、某种模式，而应博采众长、为我所用；其二，结合国情，洋为中用，量力而行，取长补短。一切先进的经验，只有和我国的具体国情相结合才能发挥实际效益。"以我为主"，有所取舍，才能保证法律移植的效果。此外，我国作为成文法国家，应主要在成文法层面进行制度构建，尤其应当在作为商事基本法的《公司法》和《证券法》中全面引入种类股制度。当然，我国也应适当发挥案例指导制度及司法解释制度的作用和优势,指引种类股制度在实践中的运用。

一、种类股的载体

关于种类股的载体,各国基本已达共识,均规定种类股条款应明确记载于公司章程中,否则不产生相应之效力。应当说,这是和种类股制度本身的特点及公司章程的性质相契合的。种类股作为公司股权多元化的基本形式,是公司资本制度的基本因子,同时,复合型的股权结构将使公司内部的利益分化更加严重,不同类型的股东之间、大股东和中小股东之间、现有股东和潜在投资者之间的分歧可能被放大,公司内部之股东(包括种类股东)和外部之债权人的摩擦亦将增加。总之,种类股往往涉及更为广泛、更为复杂的利益群体。为此,必须将种类股条款明确且具体地载入公司章程,并予以公示,保障种类股设定及运作的公开和透明,避免和化解争议。虽然,在我国时常有关于公司章程公示效力及范围的争议,但作为公司的"宪章",公司章程无疑在效力上要优于各种协议、安排。另外,在章程中进行记载的另一派生效果是"推定规则",即如果公司章程中未记载种类股条款,则公司所有股份被推定为普通股份。

因此,理所应当,我国应当确立公司章程[1]作为种类股条款的基本载体,并逐步完善公司章程的对内及对外效力机制,同时确立"推定规则"。

---

[1] 英美法国家往往将公司章程再细分为章程大纲和章程,其中,章程大纲需要登记并公示,而章程则通常作为公司的内部文件。对于种类股条款,英美法要求将其记载于章程大纲中,并进行有效的公示。我国并无此区分,因此一概将其称之为公司章程。

第二章 比较法考察：各国制度和模式总结及我国的模式选择

二、种类股制度的适用范围

虽然各国基于历史和传统等因素具有不同的公司类型，但均认可了种类股在多种类型公司中的适用性。只要具有股权多元化的需求，无论是何种公司，均可适用或者参照适用种类股制度。在美国，封闭式公司和开放性公司均可发行种类股份，值得一提的是，即使是上市公司，亦可构建"双重股权结构"，美国的种类股制度不但最自由而且覆盖公司类型最广泛。[1] 2006年《英国公司法》区分有股本公司和无股本公司对种类股制度进行了细致的规定，因此，无论是有股本的股份有限公司，还是无股本的保证有限公司，抑或无限公司，均可适用种类股制度。[2] 德国法上的公司类型尤为丰富，包括股份有限公司、有限责任公司、两合公司、股份两合公司、无限公司，等等，不同类型公司均可在法定框架内进行股权多元化构造。[3] 2005年《日本公司法》颁布之后，有限责任公司形式被取消，其原有机制被整体移植入股份公司，原先针对股份公司的种类股制度对两种不同的运行机制一体适用。日本的持份公司（包括无限公司、两合公司以及合同公司）亦可参照适用种类股制度。[4]

而且，各国针对公司公开性程度之不同，对其运用种类股

---

[1] 参见［美］罗伯特·W. 汉密尔顿：《美国公司法》（第5版），齐东祥等译，法律出版社2008年版，第158~170页。

[2] 参见［英］保罗·戴维斯：《英国公司法精要》，樊云慧译，法律出版社2007年版，第80~87页。

[3] ［德］托马斯·莱塞尔、吕迪格·法伊尔：《德国资合公司法》（第3版），高旭军等译，法律出版社2005年版，第400~408页。

[4] 参见［日］落合诚一：《公司法概论》，吴婷等译，法律出版社2011年版，第150~159页。

制度的空间也进行了区分。以日本法为例，其公司法区分封闭公司和公开公司，封闭公司具有更大的运用种类股制度的空间，譬如，派遣董事、监事的种类股仅能在封闭公司中运用，属人性种类股也被限定于封闭公司中。而且，在集中交易的证券市场下，种类股的类型被严格限定，东京证券交易所即明确禁止上市公司发行附否决权股和复数表决权股。[1]德国法对此亦有区分，例如，根据《德国股份法》的规定，股份有限公司下的种类股制度强制色彩浓厚，而在《德国有限责任公司法》中，有限责任公司运用种类股制度的空间明显增大，采行复数表决权股、转让受限股等成为可能。同样，德国资本市场法律对上市公司运用种类股之空间进行了严格限定，禁止"双重股权结构"。[2]

笔者认为，就我国而言，未来的种类股制度应当覆盖股份有限公司和有限责任公司，此外，具有西方无限公司和两合公司特征的普通合伙和有限合伙亦可参照适用种类股制度。基于股份有限公司是种类股运用的标准形态，我国应当以股份有限公司为模板，详细构建种类股制度，其他类型的公司及合伙则宜参照适用。同时，应坚持区分主义的策略，赋予封闭性公司更大的自治空间，部分种类股仅可为封闭性公司所用——这里的封闭公司主要包括有限责任公司以及封闭性的股份有限公司，对于上市公司则应对其进行更加严格的限定和规制。

三、种类股的类型

各主要发达国家在种类股类型上所采取之模式差别较大。

---

〔1〕 参见[日]前田庸：《公司法入门》，王作全译，北京大学出版社2012年版，第73~90页。

〔2〕 参见[德]格茨·怀克、克里斯蒂娜·温德比西勒：《德国公司法》（第21版），殷盛译，法律出版社2010年版，第340~352页。

第二章 比较法考察：各国制度和模式总结及我国的模式选择

美国和英国的公司法整体风格自由便捷，尤其在种类股制度上奉行"弱化前端规制，强化事中监督和事后保护"的理念，公司可以最大限度地选择适合自己的种类股类型，只要不违反法律所设定之底线，"法不禁止皆自由"。德国法对种类股的规制最为严格，态度最为保守，恪守"法定主义"，坚持普通股和优先股的二元划分，对种类股的选择和运用进行较多之干预，"法不授权皆禁止"。日本模式则介于上述二者之间：一方面，公司只可在法律设定的范围内创设种类股类型，"法不授权不可为"；另一方面，打破了普通股和优先股的传统划分，将股权元素进行拆分列举，允许公司于限定范围内对股权元素进行选择和组合，在可控的基础上实现最大之自由。日本模式可概括为"可控但自由"之折中模式。

笔者认为，日本模式更加适合我国。首先，我国《公司法》带有较多的强制性色彩，尽管经由 2005 年、2013 年及 2018 年之修改，强行色彩有所淡化，但从整体上看，股份制度之强制色彩仍较浓厚，仍属法定资本制之范畴，而且，现行法对于种类股之规制亦相当慎重：除经国务院另行规定，公司不可创设普通股外之其他股份类型，"法不授权不可为"，这决定了我国短期内无法达成英美式之自由。其次，"可控但自由"之模式契合我国经济发展的阶段及社会诚信状况。在经济社会的快速转型期，我们必须在自由和规制之间不断寻求平衡点，不断调整，使公司经济平稳转型，过度自由，则导致无序和混乱；过度规制，则导致僵化和延阻，且我国社会诚信体系尚未完善，难以支撑完全自由之模式。再次，英美式的自由主义和德国式的严格法定主义都有其特定的历史和传统因素：英美虽然弱化了对种类股的前端规制，但其事中监督和事后保护体系非常完善，淡化静态规制，强化动态调整，辅之以强大的司法保障体系，虽高度自由却不至于无序，但这些外部条件在中国显然并不具备；德国公司法向来保守甚至于死板，但它更加安全、更加平稳、更加有助于保障股东间的平等及合作，它宁愿牺牲一定的效率而换来更多的安全，这一理念在德国的公司治理机制上亦有反映，因此，这也契合了德国公司法之整体风格。反观日本模式，则更加契合东方的中庸文化，求中求稳，与我国现行法之风格较为协调。最后，我国一直奉行"稳步改革"的方针，强调将改革的进度与发展的速度、社会的可承受度统一起来，[1]而且，我国的立法也始终坚持"逐步推进"之策略，先行试验，成熟一点，推广一点，显然，日本模式更加应时应景。

应当指出，打破普通股和优先股的二元划分而在股权要素拆分之基础上构建种类股制度之框架，已然成为一种趋势。无论是先行的英美法，还是之后的日本法，都是如此。笔者认为，我国作为后发国家亦应循此模式，列举若干股权要素，允许公司自行选择组合，同时，恪守渐进主义和实用主义的原则，依据公司经济的发展阶段及状况，由窄到宽，由少到多，逐步拓展可资利用的种类股类型。对种类股类型的控制也应通过对要素种类及要素组合方式的控制来实现。总的来说，在种类股制度的起步阶段，应严格限定种类股的类型，甚至可以像德国法一样暂时只允许特定的优先股存在，并对优先股进行专门规制——我国正在进行的优先股试点也是特定阶段的合理选择；在时机成熟后再逐步放松规制，向美国的自由主义靠拢。因此可以这么说，我国未来种类股制度的构建应当在日本模式的框架下，逐步从

---

〔1〕 参见王卫平：《稳步改革与守正创新——读温儒敏的〈语文课改与文学教育〉》，载《北京大学学报（哲学社会科学版）》2008年第3期。

德国式的类型受限、严格规制逐步转向美国式的类型丰富、高度自由。

此外，我国应当借鉴日本法上属物性种类股和属人性种类股二元并立的模式，[1]以属物为原则，属人为补充，并将属人性种类股主要限定于封闭性公司中。应当指出，属人性种类股在我国具有广阔的发展前景：首先，我国登记注册公司中的大多数为封闭性的有限责任公司；其次，在现行法下，有限责任公司可以进行股权多元化处理的事项相当有限，主要包括投票权和盈余分配事项，通过引入完整的属人性种类股制度则可极大地拓宽其自治空间；最后，股份有限公司中也存在相当数量的封闭性公司，这些公司也有设定属人性种类股、加强公司和特定股东之间利益关联的必要性。

四、种类股制度与公司资本制度和治理机制的互动

虽然资本制度和治理机制各有不同，但各国在构建其种类股制度时均注重与之协调。英美式的种类股制度与其完全的授权资本制及单层式的治理结构高度融合，偏重自由和效率；德国种类股制度则与其许可资本制及双层式的治理结构相呼应，强调制衡与安全；日本式种类股制度亦深深嵌入其折中授权资本制及复杂多元的公司治理结构之中。

应当说，种类股制度本身即为资本制度的重要组成部分，与资本制度的统筹理所应当；种类股的具体运作则是通过公司机关来实现的，不同的机关构成及职权分配影响并制约着种类股的具体操作；公司资本制度也天然地和公司治理结构紧密相

---

[1] 其实，属人性种类股在美国法、英国法、德国法下都有相应的体现，只是日本法对其进行了更加系统、明确和细致的规定。

连，法定资本制和授权资本制划分的重要依据之一便是新股发行权归属机构的不同[1]。同时，我们亦应清醒地认识到这是一种双向互动、相互适应之过程：一方面，种类股制度的构建及发展应当立足于当下的资本制度和治理结构，不可无视此一大背景；另一方面，为发挥制度之最大效用，应当以种类股制度之引入为契机，逐步推动资本制度及治理机制的进化。

资本制度和治理结构是公司法的基本骨架，资本和公司机关则是公司存在及运作的基础。在当下国际及国内市场竞争日趋激烈之背景下，各国公司法改革的共同方向是放松资本管制，降低门槛，提供快速灵活的治理模式，注重发挥董事及经理的经营作用。具体来说，就资本制度而言，由法定资本制向授权资本制过渡是大势所趋；就治理结构而言，股东会中心主义向董事会中心主义甚至经理中心主义的转变是各国的共同追求，同时，采取区别对待的策略，对于规模较小、人合性较强的公司仍允许股东会及股东发挥重要作用。

因此，笔者认为，我国在构建种类股制度时亦应注重与我国公司资本制度和治理模式的协调，同时，基于我国现行资本制度及治理机制仍显落后，应果断以种类股的引入为契机，推动法定资本制向授权资本制的过渡，助力股东会中心主义向董事会中心主义的进化，并积极发挥经理层（包括 CEO, Chief Executive Office，简称 CEO）的作用，同时对于有限责任公司及小型的股份有限公司，允许股东会及股东继续发挥主导作用。此三大制度的共同推进和相互协作，必将极大地提升我国公司法的市场适应力。

---

[1] 若归属于股东会，则为法定资本制；若归属于董事会（在授权额度内），则为授权资本制。

第二章 比较法考察：各国制度和模式总结及我国的模式选择

五、种类股东的保护

强化对种类股东的保护是各国的共同趋势，有效的保护体系是种类股制度得以存在并推广的基本保障。虽然各国的具体保护措施千差万别，但无一例外地强调保护的全面性及有效性。德国法上的保护力度最大，在前端，涉及种类股东权益的决议须经其单独团体的决议，未经此流程则决议尚不生效；在中端则确立了在特定情形下的表决权恢复制度；在后端，种类股东团体决议通过之比例须达到 3/4 的绝对多数，而且，对于未经种类股东团体单独表决的决议，种类股东可依据《德国民事诉讼法》第 256 条之规定起诉要求确认决议未成立或未生效。[1] 日本法上的保护制度与德国法大体相同，而且详细列举了影响种类股东利益的具体情形，并确立了"反对"股东（包括种类股东）的回购请求制度。[2] 英美法也非常重视对种类股东的特别保护。"美国法对种类股东作为少数群体的保护细致近乎于繁琐"，尤其对于须经种类股东团体单独决议的具体情形的列举是基于效果而非行为，如此保护更具张力。[3] 英美法的保护还有两大特色：其一，注重通过行政权监督种类股保护制度的落实。例如，在英国，公司应将类别权利变动的信息及时反馈给公司

---

[1]《德国民事诉讼法》第 256 条规定："确定法律关系成立或不成立的诉讼、承认证书的诉讼或确定证书真伪的诉讼，原告有法律上的利益时，可以向法院提起诉讼，由法院裁判并即时确定。"由此，种类股东可请求法院确认决议未成立、未生效，而非可撤销或者无效。参见［德］格茨·怀克、克里斯蒂娜·温德比西勒：《德国公司法》（第 21 版），殷盛译，法律出版社 2010 年版，第 345～352 页。

[2] 参见［日］前田庸：《公司法入门》，王作全译，北京大学出版社 2012 年版，第 78 页。

[3] 参见［美］罗伯特·W. 汉密尔顿：《美国公司法》（第 5 版），齐东祥等译，法律出版社 2008 年版，第 160 页。

· 125 ·

登记官，否则公司及其高管人员将被视为犯罪。其二，弱化实体干预，强化程式干预。英美法逐步淡化实体上的硬性规制，而强调通过程式之维护为种类股东提供严密的程序保障，这也是和其整体的法律理念相契合的。总之，无论是大陆法国家还是英美法国家，均将对种类股东的特别保护置于一个重要的位置。

笔者认为，我国作为后起国家，应顺应这一趋势，在未来构建种类股制度时应建立完善的保护机制，从前端、中端和后端等维度全面而细致地保护种类股东，借此缩短我国种类股制度的推广进程。

六、证券法下的种类股制度

作为资本制度的重要组成部分，种类股制度必然横贯公司法和证券法，尤其近来学界对于涉及资本市场的股权多元化问题如上市公司的"双重股权结构"等的探讨越来越多，这也要求我们针对资本市场的特殊性、以证券法的视野进行专门研究、专项立法。资本市场具有更强的管制性，资本市场下的投资工具需要进行相应的标准化并保证信息充分公开，因此，在公司法确定了种类股制度的框架后，证券法需要根据自身特性进行适当的调整，强化各种管制措施，保障公众利益。

笔者认为，我国应当从公司法和证券法统合之视角来构建种类股制度，尤其应当着眼于资本市场下的股权多元化实践进行先行探索、"引导"立法，以后发国家的勇气和魄力，引领世界潮流。总的来说，公司法应当对种类股制度进行最全面、最完善、最细致的规定，确立制度框架，证券法作为特别法则应针对特殊问题进行规定，体现证券法的管制色彩，对公司法下

第二章　比较法考察：各国制度和模式总结及我国的模式选择

的种类股制度进行筛选和改造，并坚持"渐进原则"，逐步拓宽种类股制度在证券法下的适用范围。具体来说，应尝试探讨种类股的发行问题（包括公开发行和非公开发行）、种类股在不同市场层次下的交易问题（包括主板市场、创业板市场及三板市场等）、上市公司的"双重股权结构"问题、种类股发行公司的特殊监管及投资者保护问题等。

第三章 CHAPTER 3
种类股制度之静态调整研究：载体、适用范围和类型

种类股制度之静态调整是指从静态的视角描绘种类股制度之全貌，涉及种类股条款的载体、种类股的适用范围和种类股的类型三大板块。应当指出，上述三大板块是有严密的内在逻辑关系的：种类股条款之载体是种类股创设及运用之基础，是明确种类股的适用范围及类型之前提；种类股的适用范围框定了可以利用种类股的公司类型及运用之广度、深度，同时也限定了不同性质之公司运用股份类型之范围；种类股的类型是种类股制度呈现于外的直观静态描述，是种类股条款记载之具体内容、种类股适用范围之最终落脚点。

第一节 种类股的载体研究

种类股载体问题之探讨是种类股制度研究的起点，只有明确了种类股条款的记载客体和存在形式，才能准确界定其对内对外效力，进而才能探索其适用范围、类型等话题。

一、确立公司章程作为种类股条款的基本载体

在现实中，种类股条款之载体有两种可能之选择：公司章程或者协议。然而放眼寰球，各主要发达国家（包括大陆法系

第三章 种类股制度之静态调整研究:载体、适用范围和类型

和英美法系国家)均确立公司章程为种类股条款之合法载体。笔者认为,这主要基于以下原因:

首先,这源于公司章程之定位和种类股事项之性质的契合。公司章程本质上为一种自治性规则,是作为社团法人的公司之"宪章",章程通常就是用"Constitution"来表示的。[1] 和国家之"宪法"类同,公司"宪章"应当记载公司之基本事项,而时至今日,种类股事项无疑已经成为事关公司运营的基本事项,是公司资本制度不可或缺的组成部分,甚至成为其主体。以日本为例,《日本公司法》在其"第二章 股份"关于股份制度的规定中,绝大部分条款涉及种类股,泼墨最多、规定最细致的亦是种类股,所谓之"股份"已逐渐演化为"种类股份"。美国法亦是如此,《美国标准商事公司法》的"第六章 股票与分配"以及《特拉华公司法》的"第五节 股份与股息"中的很大一部分内容即是关于种类股的规定。因此,将种类股条款记载于公司章程之中理所当然。

其次,公司章程比之于协议具有多方面的优势:其一,就效力广度而言,公司章程的约束对象更加广泛。从内部效力来说,我国《公司法》第11条规定,"设立公司必须依法制定公司章程。公司章程对公司、股东、董事、监事、高级管理人员具有约束力",由此可见,公司章程对于公司及关乎公司经营运作的内部重要角色均具有拘束力;而协议只约束协议双方,股东间协议只作用于特定股东之间,股东与高管之协议只作用于股东与高管之间,公司与高管之协议亦限于公司与高管之间。从外部效力来说,公司章程甚至具有一定的对外效力,对公司外部人如债权人或潜在投资者产生拘束,协议则通常无此功效。

---

[1] 参见邓峰:《普通公司法》,中国人民大学出版社2009年版,第117页。

其二，就效力深度而言，公司章程发生作用的方式更加直接有效。合同是以请求权为基础的双方行为，一方目的的实现需要对方之有效协助，合同当事人保障自己利益的方式较为间接，往往只能请求对方当事人为相应之行为，而无法深入公司内部约束公司及其他成员，如股东间达成关于表决权或股份回赎之协议，则一方仅可请求对方履约，而无法保证公司、其他股东及高管予以协助。但是，若将股权多元化诉求记载于公司章程中，则种类股东享有之特别权利成为其股权之固有内容，在实现权利的过程中，可通过行使表决权、监督权等而深入公司内部，获得直接而有效的保障。应当说，股权已经成为一种独立的权利类型，其不但具有"请求权"色彩，而且在很多方面融入了"支配权"和"形成权"的元素。

其三，就效力稳定性而言，公司章程兼顾了稳定性和灵活性，协调了一般保护和特别保护。公司章程作为宪章性文件，修改较为困难，如根据我国台湾地区"公司法"第277条之规定，变更公司章程之股东会决议应有代表已发行股份总数2/3以上之股东出席，以出席股东表决权过半数之同意行之[1]；我国《公司法》第103条规定，股份有限公司修改公司章程须经出席会议的股东所持表决权的2/3以上通过。不过，无论如何，修改章程之决议属于多数决而非全数决，这不同于协议须经所有当事人一致同意。因而，公司章程不但保证了应有的稳定性，而且避免了协议过于僵化的缺点，实现了稳定性和灵活性的统一。另外，根据各国通行的做法，涉及种类股份之章程修改，除须经一般表决程序外，尚需种类股东团体的单独表决通过，这种

---

[1] 参见赖源河：《实用公司法》，五南图书出版股份有限公司2014年版，第434页。

第三章　种类股制度之静态调整研究：载体、适用范围和类型

双重保护机制实现了一般保护和特别保护的协调。

此外，应当指出的是，公司法带有鲜明的强行法色彩，强制性规范[1]较多，故以协议方式安排权利义务或可因违反公司法的强制性规定、损害社会公共利益或第三人的利益而致效力瑕疵。例如，若股东间协议约定有关剩余财产分配顺序或分配比例之特殊规则，则可能因违反《公司法》第186条第2款之规定而被认定无效，亦可能以损害外部债权人为由而被认定无效。

综上，笔者认为，应当确立公司章程作为种类股事项的基本载体，只有将种类股条款明确记载于章程之中，始发生公司法上之效果，亦即，记载于公司章程是创设种类股之生效要件。但是，也不可因之而完全否定协议之功用，当事人所签订的涉及股权多元化的协议，如符合《合同法》之相关规定，则发生合同法上之相应效果。而且，协议对于公司章程在某些情形下具有必要的补充作用，有些需要限制效力范围的股东间安排往往通过协议来实现，如特定股东间的对赌协议。

二、种类股事项的记载效力：对内效力和对外效力

在确立公司章程作为种类股条款的载体之后，我们需要进一步探讨该记载之效力。就公司章程而言，一般认为其具有对内效力和对外效力，记载于章程之中的种类股条款亦应具备此两种效力。就内部效力而言，学界及立法并无太大争议，一致认可公司章程对于公司、股东、董事、监事及其他高级管理人员的约束力，此亦适用于种类股记载事项，不再赘述。而关于

---

[1] 包括效力性强制性规范和管理性强制性规范。

章程及种类股记载事项之外部效力[1],则需单独讨论。笔者认为,要厘清这一问题,应当先后解决相互联结而递进的两大问题:一是一般性问题:公司章程的对外效力,尤其是章程对外效力与章程公示性之间的关系;二是特殊性问题:章程中的种类股条款的对外效力。

(一) 一般性问题的研讨

根据笔者的检索及观察,无论在英美法系还是大陆法系,公司章程的对外效力与其公示性之间均不可画等号。

1. 英美法的检视

英美法国家往往将公司章程细分为章程大纲和章程细则,即所谓的"双文件章程"。前者往往记载最重要且涉及外部人利益之基本事项,如公司名称、住所、股份数额等内容,必须遵循法律的强制性规定,且需提交给政府主管机关审查并对外公示,获批之后公司方能领取执照;后者往往记载公司的内部事项,包括公司治理、内部结构、股东权利等方面的内容,是公司董事等管理人员的行动指南。[2]在美国法上,章程细则无需公示,修改便利;但在英国法上,章程细则仍需公示,而且其修改也有一定难度。从发展趋势来看,英美法国家正逐渐限缩章程大纲的强制记载事项范围,扩大任意记载事项范围,[3]例如,根据修改后的 2006 年《英国公司法》的规定,章程大纲应当记载的事项仅包括公司名称、住址、目的、有限责任、资本条款(表明公司的资本)、组建条款,如是公众公司,需在大纲

---

[1] 即针对外部债权人及潜在投资者等的拘束力。

[2] 参见施天涛:《公司法论》(第 2 版),法律出版社 2006 年版,第 119 页;邓峰:《普通公司法》,中国人民大学出版社 2009 年版,第 121 页。

[3] 参见邓峰:《普通公司法》,中国人民大学出版社 2009 年版,第 238~240 页。

第三章 种类股制度之静态调整研究：载体、适用范围和类型

中予以注明，其余事项均可规定在章程细则中。同时，为了增强某些重要条款的效力，提请外部人注意，英美法国家保持着章程细则条款向章程大纲的流动性，如《美国标准商事公司法》第二章第 2.02 节"公司章程"部分规定，内部细则中规定的任何条款均可移转或同时规定于章程大纲中，《特拉华公司法》第 102 条规定，本章要求或者允许在章程细则中载明的内容都可以转载入章程大纲中。

就美国法而言，将本可记载于章程细则之事项移转于章程大纲之中，虽然可增强其公示性，但这绝不意味着对外部人的绝对约束。章程大纲的公示无法强加外部人交易前的审查义务，无法推定其应当知晓大纲所记载的所有事项，否则，将会出现对外部人过分苛责的现象。例如，若公司将外部及内部事项，事无巨细均规定于大纲之中，使大纲繁琐而臃肿，如承认所有公示事项均有对外约束力，则明显对外部债权人及潜在投资者不公，且有变相鼓励脱逃告知义务之嫌。同时，过分增加外部人的审查义务，亦会不当增加交易成本，降低交易效率。美国法院显然也不赞成上述做法，正如汉密尔顿教授所言，"公司可以选择在章程大纲中规定有关内部管理的条款——这些条款常常也可以记载于章程细则中，以使它们更稳定、更难被修改，并希望能够约束并不实际知悉该条款存在的人——但这有时并不为法官所认同。"[1]

英国法的态度更为明确直接。英国法上，章程大纲和章程细则均需公示，区别仅在于章程大纲比章程细则的修改难度更大。由此，章程的公示性和外部效力更无法一一对应。英国原

---

[1] [美]罗伯特·W.汉密尔顿：《美国公司法》（第 5 版），齐东祥等译，法律出版社 2008 年版，第 64 页。

先采行"特昆德规则",规定外部第三人与公司进行交易完全不受公司内部规则的约束,因为外部人试图查明某个管理者是否拥有正当的授权是非常困难的。只是到了后来,英国法为了与欧盟法保持协调,才采用了新规则,包括:"其一,任何善意第三人,与公司的交易不受章程的限制,但第三人不包括公司的管理者——内部人不得被视为第三人;其二,必须是交易,而不是馈赠、转移股份等无对价的行为;其三,以下情况不被视为善意,如果外部人知道与其进行交易的人,缺乏实际的授权,或者交易的授权存在不正常的情形,外部人应当但没有对疑点作出查询,或者第三人构成欺诈。公司应当证明第三人的过错,不得仅以章程公示为由对抗第三人。"[1]因此,在英国法上,章程对内的约束力是有效的,但对外不单独发生效力,尚需判断外部第三人是否有过错。

2. 大陆法的检视

大陆法系不区分章程大纲和章程细则,公司章程仅由单一文件构成,需要登记公示,公司章程涵盖内部事项和外部事项两部分内容。大陆法国家也未将章程的公示性与对外效力等同视之。欧陆国家如德国、法国、意大利、荷兰、瑞士等国均采取了和英国类似的规则,虽然英国已经脱欧,但在公司章程对外效力的规则上,欧盟国家和英国采取了基本相同的态度。日本法亦未明确标示公司章程之记载事项具有外部约束力,无论绝对记载事项、相对记载事项还是任意记载事项,《日本公司法》"第二编 股份公司/第一章 设立/第二节 章程的制作"中未有关于其对外效力的记载,显然仍需通过个案检视、判断过错

---

[1] 邓峰:《普通公司法》,中国人民大学出版社2009年版,第122页。

第三章　种类股制度之静态调整研究：载体、适用范围和类型

来具体分析。[1]

3. 中国的讨论及笔者的观点

我国公司法具有大陆法传统，公司章程不区分大纲和细则，须经登记公示。有关公司章程的外部效力已有较多探讨，主要有三类观点：第一类观点认为，公司章程一经工商行政管理机关登记公示，章程规定的事项即得对抗第三人，即此时章程具有对世效力，这种观点隐含着这样一种假设，即公司章程一经公布，与公司交易的第三人就被推定知道公司章程的内容并理解其适当的含义，这被称为"推定通知理论"。[2]第二类观点认为，公司章程仅是公司的内部规则，因此它只对公司自身、股东、董事、监事及高级管理人员具有约束力，对公司以外的第三人完全无拘束力，即使章程经登记公示亦是如此，即与公司交易之第三人不负有审查章程之义务。[3]第三类观点为折中观点，既不完全否定也不完全肯定公司章程的对外效力，如赵旭东教授认为，公司章程并不具有普遍的对世效力，在一般情况下，它仅为公司内部当事人的行为准则，但在某些情况下，给第三人分配对公司章程的审查义务可以提高交易的效率、保障公平，此时应承认其对世效力，并举例称关于公司对外担保之事项由于《公司法》本身即有明确之规定，故第三人应当审查并知晓。[4]再如，施天涛教授认为，公司章程通常只对公司内部人发生效力，对公司外部人不发生拘束力，否定了公司章程的公示性与对外效力之间的绝对关联，但当外部第三人知道或

---

[1] 参见[日]前田庸：《公司法入门》，王作全译，北京大学出版社2012年版，第25~39页。

[2] 参见赵旭东：《公司法学》（第2版），高等教育出版社2006年版，第69页。

[3] 参见赵旭东：《公司法学》（第2版），高等教育出版社2006年版，第69页。

[4] 参见赵旭东：《公司法学》（第2版），高等教育出版社2006年版，第69页。

者应当知道章程记载之事实时则受其约束。[1]邓峰教授亦持此种观点。[2]应当说，第三类观点是我国的通说，亦和国际通行观点保持一致。

笔者认为，公司章程的公示性与外部效力不存在完全的对应关系，公司不可以章程公示为由强加外部人以审查义务，不得以之对抗善意第三人。这在我国尤为重要，因为在现实生活中，很少有人会在交易之前仔细认真地查阅对方长篇累牍的公司章程，而且，事实上各公司的章程往往缺乏个性、大同小异、"形同僵尸"，长期以来对章程条款的漠视已成思维定势。[3]公司若想免责，应进行明确细致的提醒告知，尤其是重大基本事项，公示只是其中一个必要而不充分的证明事由。也就是说，章程是否约束外部第三人应当通过认定第三人是否有过错来判断，这不但需要立法的宏观指引，更需要个案的司法检视。就过错之认定而言，只要能够证明外部第三人知道或者应当知道章程记载之事项，则第三人应受章程拘束。是否"知道"是一个纯粹的事实问题，与章程是否公示无关，只要能够证明第三人已经、确实"知道"便可，以美国法为例，即使是记载于章程细则中的事项，只要能够确定证明外部人知晓该事实，仍可认定其过错；是否"应当知道"则是一个法律判断的问题，是法律基于特定理由对于事实之推定。笔者认为，认定外部人"应当知道"需具备两个条件：其一，章程须经登记公示，公示是外部人查询知晓的重要前提；其二，记载之事项应属重大且可能影响外部人利益之事项。只有"重大且涉外"，才能激起外

---

[1] 参见施天涛：《公司法论》（第2版），法律出版社2006年版，第126页。
[2] 参见邓峰：《普通公司法》，中国人民大学出版社2009年版，第122页。
[3] 参见邓峰：《普通公司法》，中国人民大学出版社2009年版，第119页。

部人查阅之动力和欲望，才有充足理由对其施加审查义务，在当事人之间合理分配风险，以降低整体的交易成本。笔者认为，所谓"重大事项"，是指一个正常理性人在交易时必然会考虑并审查的事实，具体之判断宜交由司法个案处理；所谓"涉外事项"，是指可能对外部人的现实利益产生直接影响的事实，而不仅限于公司内部人之间的利益分配。

（二）特殊性问题的研讨

在解决了一般性问题之后，关于种类股记载事项的对外效力问题便可解决，这同样需要判断外部第三人是否有过错。

首先，就"知道"的层面而言，只要能够证明第三人明确知晓种类股记载之事实，便可认定其"过错"，无需考虑公示问题。例如在我国，有时会发生章程未及时公示（包括变更后未及时公示）、未载入章程而仅记载于公司内部守则（具有内部约束力）等情形，此时，若有充分证据证明第三人知道该事实（包括种类股事项），则可认定"过错"之存在。

其次，就"应当知道"的层面而言，则需判断推定之条件是否具备：其一，种类股记载事项是否已经公示。这在我国不存障碍，《公司法》明确规定公司章程须经登记并公示。其二，种类股事项是否属于重大且涉外之事项。笔者认为，其一，种类股记载事项深刻影响着包括公司债权人及潜在投资者在内的外部人的现实利益，足以激发其查阅动力。公司的资本构成及股权类型将影响债权人债权之实现，股东和债权人本就处于以公司为轴心的天平之两端，而潜在投资者只能在既有章程条件下选择进入与否，因而更需事先考察章程中的种类股条款。举例说明，理性债权人通常会考虑公司有无可赎回股和可转换股及其占比，以防止资产外溢而威胁债权实现，也会考察公司中的优先股占比，因为优先股属于"偏债型"股份，优先股占比过高将对公司形成较大的分红压力，导致公司资产更多地流出而非保存于内部，影响债权实现，总之，分配上（包括盈余分配和剩余财产分配）的不同规定有时不仅涉及内部股东，而且深刻影响着外部债权人；潜在投资者往往也需考察公司有无复数表决权股、附否决权股和可转换股等表决事项上有不同规定的种类股，以判断公司股权结构是否合理稳定以及进入公司后是否有足够的话语权，当然也需充分考察在经济上有不同规定的种类股分布，如优先股、劣后股、跟踪股等，以判断进入公司的对价是否合理、后续收益是否稳定可期等。其二，种类股事项无疑属于重大事项，它涉及公司的股权结构，影响表决权之分配，体现资本充足性、资金流动性等状况，可谓涵盖公司之最重要事项，难怪各国股份制度正逐渐演变为种类股份制度！总之，记载于章程中的种类股事项属于重大涉外事项，如经公示，应推定外部人"应当知道"。[1] 这似乎也得到了国外立法的认可。例如，根据《美国标准商事公司法》第二章第2.02节的规定，种类股事项属于可以载入章程大纲的事项，但只有记载于章程大纲中并予以公示，才能保证其对外效力；《特拉华公司法》第102条亦规定"对于任何类别或者系列股份的名称及其权力、优先权和权利以及对权力、优先权和权利的限制，希望由章程大纲确定且本编第151条允许的，也需要在章程大纲中载明"，这从侧面印证了记载于章程大纲而经公示的种类股条款

---

〔1〕不过，既为法律推定，理应允许外部第三人以充分、确定、完全之证据证明其确实不知，以打破法律之推定，只是此时证明责任由外部第三人承担，且第三人之证明应达高度盖然性之程度，应当说，这有相当之难度，正所谓："举证之所踊，责任之所属。"参见肖建国、包建华：《证明责任：事实判断的辅助方法》，北京大学出版社2012年版，第99页。

第三章 种类股制度之静态调整研究：载体、适用范围和类型

具有对外效力。

（三）关于我国未来之设想

我国立法已经明确了公司章程的对内效力，但关于对外效力则尚未厘清，未来修法时应予厘清。具体来说，首先，就公司章程而言，应明确其外部效力有无之判断依据为第三人是否有过错，即是否知道或者应当知道章程之记载事项：如可径自从"知道"层面认定，则直接认定；如不可则应考察第三人是否"应当知道"，判断条件包括：①是否公示；②是否属于重大涉外事项。其次，种类股记载事项外部效力之认定亦遵循上述逻辑：如可证明第三人"知道"该事实，则径自认定其过错，无需考虑公示等其他因素；如不可，若章程已登记公示，则应推定第三人"应当知道"种类股事项这一重大涉外事实。当然，我们理解时应抱持双向态度，即章程记载之种类股事项不但对外部人课以了审查义务，同时也应保障其合理信赖，禁止公司反言。公示公信应当并举，义务权利应当一致。

三、种类股记载事项的性质

公司章程中的种类股记载事项到底属于何种性质和类型？它在公司章程中地位如何以及将对章程效力产生何种影响？这是我们需要进一步探讨的问题。

（一）比较法考察

1. 英美法的检视

英美法国家一般将公司章程的记载事项区分为强制记载事项（mandatory requirements）和任意记载事项（discretionary requirements）。其中，强制记载事项，非经记载，公司章程不生

效力；任意记载事项，不影响公司章程的效力，但一经记载该事项即确定生效。[1]在英美法国家，种类股记载事项属于任意记载事项。以美国法为例，《美国标准商事公司法》第二章第2.01节规定，种类股记载事项可以载入公司章程大纲，但不强求，公司也可选择将其置入章程细则，但诚如上述，载入不同类型文件将导致公示效力的不同，因而公司律师一般会建议在章程大纲中明确记载种类股事项；[2]《特拉华公司法》在第102条也作了类似规定，允许由公司选择是否记载，但无论是否记载，均不影响公司章程（包括章程大纲和章程细则）之效力。英国法也只要求在公司章程中载明资本条款，表明公司的资本概况，例如公司的资本为50 000英镑，分成50 000股，每股1英镑等，而不强制要求载入种类股条款。

2. 大陆法的检视

大陆法国家一般将公司章程的记载事项三分为绝对必要记载事项、相对必要记载事项和任意记载事项。其中，"绝对必要记载事项是法律规定必须记载的事项，不记载则致章程无效；相对必要记载事项是法律规定应当记载的事项，但如不记载，法律可采取补救措施，依照法律的规定补足相应规范；任意记载事项是法律未作规定而由当事人自由选择的事项，可记载，亦可不记载，但一经记载，即产生法律效力。"[3]一般认为，大陆法上的绝对必要记载事项相当于英美法中的强制记载事项，相对必要记载事项和任意记载事项相当于任意记载事项。大陆法中的相对必要记载事项和任意记载事项究其本质并无不同，

---

[1] 参见施天涛：《公司法论》（第2版），法律出版社2006年版，第121~124页。
[2] [美] 罗伯特·W. 汉密尔顿：《美国公司法》（第5版），齐东祥等译，法律出版社2008年版，第65页。
[3] 参见施天涛：《公司法论》（第2版），法律出版社2006年版，第121页。

第三章　种类股制度之静态调整研究：载体、适用范围和类型

只是在效力和法律明示上略有差别：对于前者，法律有明确规定，章程未记载则依法律规定进行补救，发生法律规定之后果；对于后者，法律往往无规定，章程未记载则不发生任何效果。大陆法国家通常将种类股记载事项归于任意记载事项，如根据《日本公司法》第 108 条的规定，公司可以选择成为种类股发行公司，法律不作强求，如选择则需明确载入公司章程中。[1]

3. 我国的现实及笔者的观点

"我国在 2005 年之前，不存在绝对必要记载事项和其他事项的区分，工商登记机关权力很大，通常会要求公司提交公司章程，并进行实质审查。但登记机关的审查能力有限，实际上无法进行充分审查，为解决此矛盾便发展出极具中国特色的格式章程。"[2] 实践中，登记机关不允许投资者自行设计章程，而是采用印刷好的样本章程，将必要记载事项和选择性事项通过"填空"的方式来完成，这限制了公司章程的自治权，而且导致我国公司章程千篇一律、缺乏实效。[3]

2005 年修法之后，这一现象有较大改观。现行《公司法》及《公司登记管理条例》将章程记载事项区分为应当记载事项和任意记载事项。根据《公司法》第 25 条和第 81 条的规定，公司章程应当记载的事项通常包括公司名称、住所、经营范围、注册资本、股东或者发起人的信息、公司的机构及其产生办法、职权和议事规则、法定代表人、利润分配及解散清算办法等，《公司登记管理条例》第 9 条也作了类似规定。[4] 一般认为，我

---

[1] 参见［日］前田庸：《公司法入门》，王作全译，北京大学出版社 2012 年版，第 38 页。
[2] 邓峰：《普通公司法》，中国人民大学出版社 2009 年版，第 124 页。
[3] 参见邓峰：《普通公司法》，中国人民大学出版社 2009 年版，第 124 页。
[4] 参见邓峰：《普通公司法》，中国人民大学出版社 2009 年版，第 121 页。

国的应当记载事项相当于大陆法上的绝对必要记载事项和英美法中的强制记载事项，任意记载事项则是股东会或者股东大会认为需要规定的其他事项，当然，我国未像其他大陆法一样将任意记载事项再细分为相对必要记载事项和任意记载事项。应当指出，"现代公司法对公司章程的强制性要求已经呈现出一种简化的倾向，无论大陆法国家还是英美法国家都在限缩强制记载事项的范围，从而保障公司充分的自治权。"[1] 我国2005年的修法顺应了这一趋势，削弱了登记机关的审查权限，扩大了公司自治权。

就种类股记载事项而言，和1993年《公司法》相比，2005年《公司法》第25条和第82条取消了有限责任公司和股份有限公司章程中关于股东权利义务的记载事项，这实质上将种类股事项剔除出强制记载事项范畴，厘清了种类股记载事项的性质。

关于公司章程记载事项之类型，笔者认为，首先，我国作为大陆法传统国家，应当在现行分类的基础上，将任意记载事项进一步划分为相对必要记载事项和任意记载事项，从而和其他大陆法国家的"三分法"趋同；其次，我国应当继续限缩绝对必要记载事项的范围，扩大章程自治的空间；最后，种类股记载事项应当属于非强制记载事项，是否记载由公司选择，不影响公司章程之效力，同时，我国应确立"推定规则"，若公司未载入种类股条款，则推定公司所有股份为普通股份——这是各国的通行做法，借由"推定规则"可以明晰因故意或过失而未记载种类股条款时公司的股权类型及结构，保障公司相关人的稳定预期。就此而言，种类股事项应属相对必要记载事项。

---

[1] 施天涛：《公司法论》（第2版），法律出版社2006年版，第122页。

不过,"推定规则"通常无必要写入成文法中,此乃法理之当然,在我国亦不必多此一举,而且依"推定规则"之后果与种类股记载事项不生效力之后果并无二致,因此,将种类股条款归为任意记载事项也许更为合理。

四、我国未来立法之建议

关于未来我国种类股载体制度之构建,笔者认为:首先,我国应当确立公司章程作为种类股事项的基本载体,登载于公司章程乃种类股条款发生公司法效果之前提,同时不排除相关协议依《合同法》发生债法效果之可能。其次,公司章程具有对内效力和对外效力:就对内效力而言,并无争议,普遍约束公司、股东、董事、监事及其他高级管理人员;就对外效力而言,其与公司章程之公示性并无绝对对应关系,而应借由认定外部人是否有过错来判断,即判断外部人是否知道或者应当知道章程记载之事项,就种类股事项而言,若公司章程进行了充分公示,应认定其为"重大涉外事项"而推定外部人"应当知道"。最后,我国应确立绝对必要记载事项、相对必要记载事项和任意记载事项的章程三分法,继续限缩绝对必要记载事项的范围,确立"推定规则"——无需写入成文法,将种类股事项划归任意记载事项。

第二节 种类股的适用范围研究

所谓种类股的适用范围,是指种类股所能够适用的公司类型,亦即哪些类型的公司可以运用种类股制度构造多元化的股权结构。我国《公司法》只规定了两类公司:股份有限公司和有限责任公司。当然，除此之外，我国还有相当于西方无限公司和两合公司的普通合伙企业和有限合伙企业。[1]那么，上述性质不同的公司或企业是否可运用种类股制度呢？它们运用种类股制度的空间及形式是否应有所区别呢？

一、股份有限公司的适用性研究

应当说，股份有限公司作为全部资本划分为等额股份的公司形态，是种类股制度的缘起型载体，与其具有天然的关联，种类股的很多具体设计都是以股份公司为蓝本的，例如普通股和优先股，它们各自在英文中的称谓为 common share（stock）和 preferred share（stock），直接对应于股份有限公司之股份（share）或股票（stock）。产生于英国的优先股最初即是由铁道及运河股份公司为了克服普通股吸引力不足、筹资困难等难题而发行的。各国对于股份公司适用种类股制度的正当性均不存疑义，2005 年《日本公司法》专门针对股份公司规定了种类股制度，《德国股份法》中亦细致规定了种类股制度。而且，特别应当指出的是，各国均将股份公司下的种类股制度作为基本模板，予以详尽规定，并成为其他类型公司参照适用之标准。此外，后文关于种类股制度的介绍多以股份公司为蓝本，尤其证券市场下种类股制度的承载客体通常只能为股份公司，这亦从侧面验证了股份公司运用种类股制度的正当性。总之，股份有限公司对于种类股制度的适用性毋庸置疑，无需赘述。

---

[1] 参见石少侠主编：《公司法学》（第 4 版），中国政法大学出版社 2015 年版，第 29 页。

二、有限责任公司的适用性研究

现在,疑问主要在于另一种公司形式即有限责任公司能否适用、应否适用以及如何适用种类股制度?这也是学界长期以来争论的焦点。[1]厘清这个问题关系重大,因为现实中,有限责任公司占据了公司数量的绝大多数,应用最广泛,涉及人群最多,这也是本节研究之重点。

(一)现行有限责任公司法之殇——系统种类股制度缺失之背景

现行《公司法》尚未全面系统地构建种类股制度,遑论有限责任公司运用种类股之可能。于此背景下,有限责任公司的股权多元化需求无法得到充分满足。

1. 股权多元化构造空间有限且效力不明

有限责任公司具有强烈的股权异质化需求,作为回应,2005年的《公司法》修改在部分事项上予以了松绑,允许章程自治,但是总的来看,可供选择之空间仍然有限,且效力不明。具体来说,现行《公司法》允许有限责任公司在表决权事项及盈余分配事项上作适当之变通,根据该法第42条之规定,股东原则上应按出资比例行使表决权,但公司章程可作另外之规定。但是,公司可在多大程度上进行变通仍有疑问,例如,能否赋予某股东复数表决权?能否完全剥夺某股东的表决权?——这似乎有背离现行法之股东平等原则或侵害股东固有权之嫌。或者能否仅赋予某类股东在部分事项上以表决权而排除对于其他

---

〔1〕 参见任尔昕:《关于我国设置公司种类股的思考》,载《中国法学》2010年第6期。

事项之表决权？这都有赖于监管机关在实践中的具体操作。根据该法第 34 条之规定，股东应按实缴的出资比例分取红利，但全体股东约定不按照出资比例分取红利的除外。虽可变通，但需全体股东一致同意，难度很大。而且，"可以不按照出资比例分取红利"是否意味着可在分配比例之外的其他事项如分配顺序上作变通之规定，仍有疑义。另，根据该法第 186 条之规定，有限责任公司剩余财产应按股东的出资比例分配，不得变通。除此之外的其他事项如派遣董监事事项等尚无明确规定。

2. 股权转让上的单一、僵化及失当

现行《公司法》第 71 条默认了股权转让受限的设计，股东向外部人转让股权时应经其他股东过半数同意，且赋予原股东以同等条件下的优先购买权。虽然其他国家也允许有限公司通过公司章程或股东协议对股权转让进行限制，但这个标准无疑正在衰落，然而我国却强化了这一标准，采用了法定股份转让限制。[1] 固然，《公司法》第 71 条第 4 款允许公司章程另作规定，但实践中罕见相关之变通，工商登记机关通常也不允许将变通条款载入公司章程。于是，我们所看到的关于有限责任公司股权转让的章程规定千篇一律，这有可能会导致中小股东受欺而退出无门或者被迫低价转让等问题。其实，股权转让是否受限本为股权内容之具体体现，属股权多元化范畴，是否限制全由当事人自主决定，法律无需擅作预设。有限公司之股权可设定为自由转让，股份公司亦可明定股份转让受限。股权转让属性的多样化是公司个性化的体现，法律的强行规定只会造成单一、僵化及失当。

3. 股东权利内容单调划———"股东平等原则"的僵化理解

有限责任公司资本不划分为等额股份，而分成大小不一的

---

[1] 参见邓峰：《普通公司法》，中国人民大学出版社 2009 年版，第 93 页。

份额。但由于对"股东平等原则"的僵化理解,各股东依照份额之大小分享权利,仅于股权比例上相互区分,而在具体内容上则无明显差异。虽然《公司法》中有不少自治条款,但这往往被理解为针对股东全体,而无法在股东间进行区别对待。应当说,"股东平等原则"之现代内涵应当为数量和内容兼顾意义上的平等,根据《日本公司法》第109条第1款之规定:"公司对股东必须按照其持有股份的数量及内容平等对待",股份内容区分意义上的平等对待便蕴含了属物性种类股之理念。同时,有限责任公司作为兼具人合属性的资合公司,在内部权利分配上尤其应当体现股东之个性,甚至将特定权利与特定股东捆绑以强化股东向心力,这虽然在一定意义上突破了"股东平等原则",却能最大限度地迎合有限公司的异质化需求,拓宽封闭公司的自治空间。[1] 这种理念正是属人性种类股的精华所在,《日本公司法》第109条第2款亦特别规定封闭公司可适用属人性种类股,有限突破"股东平等原则"。总之,在属物性种类股与属人性种类股缺失之背景下,上述问题难获解决。

(二)有限责任公司运用种类股制度之可能障碍及解除

将脱胎于股份有限公司的种类股制度运用于有限责任公司可能存在以下障碍:

第一,有限责任公司之股权划分为整体之份额而非股份,大小可不等。例如,三个股东各享有20%、30%、50%之份额,全部股权分割为三份,大小不等。那么,这是否会造成适用上的障碍呢?

---

[1] 参见[日]神田秀树:《日本公司法中的股份交换与股份转移制度》,朱大明译,载《清华法学》2015年第5期。

笔者认为，份额与股份并无本质区别，只是划分方式上的不同。股份公司的全部股权划分为等额、最小、不可分割之股份，更为方便股东人数众多、公开性较强之公司的股份持有及流转，这也与股份公司的原初定位相契合。但是，即使股份公司不分股份，而以份额代替之，亦无不可，只是在具体操作上将有所不同；反之，将有限公司股权划分为等额股份也未尝不可，2005年《日本公司法》修改即将有限责任公司的整体机制移转入股份公司中，以股份之形式代替原有限责任公司份额之功能。而且，种类股之本质乃股权多元化，无论股份或份额、无论股份公司或有限公司，均有实现之必要及可能，仅有的不同可能在于计算方式，即股份通常以实数计——当然也可以比例形式标明于票面如比例股，而份额则通常以比例计。因此，这并不构成绝对障碍。

第二，有限责任公司之章程须载明所有股东之姓名及所持份额，份额与股东一一对应，而且法律推定股权外部转让受限，即默认封闭属性，这是否会过分强调股权之属人性而致不符种类股之基本定性呢？

笔者认为，是否记名只是形式上的不同，并无本质区别，股份有限公司亦会发行记名股，根据《公司法》第129条之规定，股份公司可发行记名股，亦可发行不记名股，但特定主体如发起人、法人等持有之股票须记名。而且，法定记名股往往更能体现股权多元化的需求，因为此类股东常常会有特定欲求，以发起人及公司高管为例，其往往希望拥有更多表决权，控制公司，例如在世界著名的Google公司和Facebook公司中，公司创始人及高管持有之股票附带复数表决权。应当说，份额与股东一一对应并不代表权利依附于特定股东，而仅仅表明其股本

第三章　种类股制度之静态调整研究：载体、适用范围和类型

是依照股东数量而划分为相应份额的，并无其他意涵；股权转让受限也并不意味着属人主义，只是表明该股权在转让时需经特别程序，而这也正好契合了属物性种类股之一种——转让受限种类股的特性。而且，根据现行《公司法》第71条、第73条之规定，虽然股东向外部人转让股权时需经其他股东过半数同意，并履行通知、优先购买等程序，但一旦转让获准并完成，公司便应向新股东发出出资证明书并相应修改公司章程，并特别强调"对公司章程的该项修改不需再由股东会表决"，这亦从侧面印证该转让受限之属性是附属于特定份额而非特定股东的。《日本公司法》第108条亦明确规定了转让受限种类股，且为属物性种类股之重要类型，不同于仅适用于封闭公司的属人性种类股。因此，上述事项亦不会阻碍有限责任公司运用种类股制度。

（三）有限责任公司运用种类股制度之可能性

1. 有限责任公司与股份有限公司并无本质区别

按照有限责任公司之缘起国德国之设定初衷及背景，有限责任公司与股份有限公司应有三点区分：一是公司规模；二是股东人数；三是公开性。然而，就区分一而言，德国法并未限制有限公司之规模，大公司亦可选择有限公司形式，这在我国更为普遍，很多大型国企采用了有限公司形式，华为、小米等大型民企亦为有限公司；就区分二而言，德国法并未限制有限公司之股东人数，作为继受者的我国台湾地区"公司法"亦不限制股东人数，虽然有些国家对股东人数有限制，如我国规定有限公司股东人数上限为50人，但股份公司人数也可以很少，这并不构成绝对区分；就区分三而言，应当指出，英美法正是基于公司公开性之不同而将公司区分为封闭公司和公开公司，

· 149 ·

并且在观念上将其视为同一类型，而且，诚如上述，有限责任公司完全可以通过章程取消股权转让之限制，非公开的股份公司亦可适当限制股份之转让，因此，这一区分也仅具有相对的意义。[1]至于股份公司之资本划分为等额股份，有限公司之资本划分为份额，这也只是形式上的区分，并无本质差异。总之，有限公司与股份公司并无质的区别，缘起于股份公司之种类股制度亦可为有限公司所用，2005年的《日本公司法》修改即印证了这一点。[2]

2. 有限责任公司具有资合兼人合之属性

一般认为，有限责任公司为资合公司，其信用基础为股东之出资、公司之资产，股东仅以出资为限承担有限责任，这和股份公司相同，而种类股制度即是以资本信用为模板的股权多元化解决方案，种类股发行公司与一般公司之区别仅为股份类别之不同，而无碍资本信用之充实。因此，种类股制度可以顺畅地适用于有限公司。而且，有限公司还具有人合属性，在股东间之内部关系上可以更加灵活，例如，我国台湾地区"公司法"第113条即规定，有限公司就对外关系而言，应属资合公司，但就对内关系而言，应属人合公司，可准用无限公司之规定。[3]循此逻辑，有限公司运用种类股制度之空间理应更大。此外，有限公司就其原初定位而言乃股份公司之简化版，[4]规

---

[1] 参见李润生：《有限责任公司废除论》，载《安徽大学法律评论》2014年第1期。

[2] 参见李润生：《有限责任公司废除论》，载《安徽大学法律评论》2014年第1期。

[3] 参见赖源河：《实用公司法》，五南图书出版股份有限公司2014年版，第149~152页。

[4] 参见[德]格茨·怀克、克里斯蒂娜·温德比西勒：《德国公司法》（第21版），殷盛译，法律出版社2010年版，第288页。

制较少，灵活性增加，此亦从法理上支撑其更充分地运用种类股制度。

3. 支持多种公司形式运用种类股制度为各主要发达国家的共同选择

2005年《日本公司法》修改将有限公司机制整体移入股份公司中，不但明确其可适用种类股制度，而且比之传统股份公司具有更大之空间。美国法一般将公司区分为封闭公司和公开公司，但无论封闭或公开，公司均可进行股权多元化构造，美国式的有限责任公司（Limited Liability Company，简称LLC）由于在内部关系上准用合伙之规定，股权个性化构造空间更大。在英国，种类股制度实现了对有股本公司和无股本公司的统筹，包括股份有限公司、保证有限公司和无限公司在内的所有公司都可以运用种类股制度。在德国，股权多元化制度贯穿于公司的各种类型，股份有限公司、有限责任公司、无限公司、两合公司等均可利用种类股制度，而且，德国法采取了区分主义的态度，赋予有限公司更大的自主权。

（四）有限责任公司运用种类股制度之附带效应

全面系统引入种类股制度，不但可以有效解决上述难题，使股权多元化机制在有限公司下全面展开，而且结合我国具体国情，尚有若干附带效应。

1. 有助于解决有限公司治理结构不完善之难题

在有限责任公司下，公司所有与经营未完全分离，这一方面有助于经营之灵活与效率，同时也可能助长股东操纵公司之情事，导致公司治理结构虚置，公司形骸化。尤其在我国，股东人数较少或者规模较小的有限责任公司，可以设一名执行董事，不设董事会。执行董事可以兼任公司经理。可以设一至二名监事，不设监事会。[1]如此，优势股东很可能会操纵公司执行机构或者监督机构，使公司沦为纯粹的工具。若引进种类股制度，则可在一定程度上避免公司治理结构的失灵，譬如，可以将全部股权设定为附派遣董事种类股，将董事名额合理分配于不同股东，如此董事名额更加分散，相互牵制，监事之选举亦可如此；或者规定由部分股东派遣董事而由另外之股东派遣监事，如此亦可相互制约，尤其在不设董事会和监事会之有限公司，此举效果更佳。此外，在股东会中，亦可通过表决权之合理分配，避免公司为部分股东任意操控，例如，可以赋予占比较小之股东以一定限额的复数表决权，保证其必要的牵制力，或者赋予其对特定重大事项如公司资产的整体变卖、主营业务的变更等的单独否决权，使股东会运行更加平衡、民主和理性。

2. 有助于更好地保护小股东

小股东为公司中之弱势群体，在我国，小股东被欺压之现象非常普遍。根据笔者在北大法宝上的检索，涉及有限公司的股权纠纷中，小股东受害案件占据半壁江山。有限公司往往股东人数较少，治理结构不完善，大股东可轻易利用股权优势损害小股东之权益，加之股权流通渠道不畅或者价格不合理，小股东往往进退两难。通过引入种类股制度可在一定程度上为小股东提供保护伞，譬如，可以将小股东之股权设定为转让不受限或者可请求赎回，从而保障其退出渠道的畅通及对价的公平；或者对于具有重要地位之小股东如核心技术人员等可以赋予其复数表决权或者对特定事项之单独否决权，保证其在公司中的话语权；或者可以赋予小股东之股权附带董事或监事派遣权，保证其对公司治理的参与度。另外，小股东享有之种类权利更

---

[1] 参见《公司法》第50条第1款、第51条第1款。

第三章　种类股制度之静态调整研究：载体、适用范围和类型

加稳固，因为若想变动该权利，不仅需经股东会决议，还需经种类股东会之单独决议，即使决议最终通过，反对股东还可请求公司以公平价格回购股份。

3. 有助于国有企业混合所有制改革的顺利实现

十八届三中全会确立了国有企业混合所有制改革的大政方针，而我国的现实是，大量的国有企业采用了有限责任公司形式，而种类股则是混合所有制改革的重要实现工具。须知，社会资本和国有资本之混合，往往有不同之欲求和偏好，而且，社会资本常常有恐于国有资本之过分强势与变化无常。[1] 通过对社会资本和国有资本分配不同类型之股权不仅可行，而且必要，例如，对于社会资本，可以赋予其适当的复数表决权以保证其能力及活力之发挥等；而对于国有资本，可对其设定最高投票权比例，防止过度控制公司，同时可以赋予其针对特定重大事项如公司解散、合并分立等的否决权，保证国有资本之安全等。

4. 有助于中外合资合作企业及联营企业之达成及运营

根据《中外合资经营企业法》第 4 条之规定，合营企业的形式为有限责任公司，由于涉及中外股东，利益取向殊有不同，配以不同股权更为合适，例如，为保持中方股东必要的控制力，除限制外方股东最高持股占比这一传统方式外，还可赋予中方股东对特定事项如经营范围的改变、再投资目标的设定等的复数表决权甚至否决权；对于外方股东，可以赋予其盈余分配优先权以及赎回权，保证成本的回收及条件成就时退出渠道的畅通。如此，相互制衡，各取所需。根据《中外合作经营企业法》第 2 条之规定，合作企业符合条件的亦可设立有限责任公司，

---

[1]　参见原战船：《微观视角下的国企改革》，载《经营与管理》2016 年第 2 期。

对此亦可参照上述合营企业之处理方式。此外，根据《民法通则》第 51 条之规定，联营企业也可采用有限责任公司形式，引入种类股制度，对联营双方配以不同之股权，可行且必要。

（五）有限责任公司运用种类股制度之设想

基于以上分析论证，关于有限责任公司运用种类股制度之具体方法，笔者有以下设想：

第一，有限责任公司不必另起炉灶，另行起草条文，而应以股份有限公司下的种类股制度为模板，予以参照适用，同时坚持区分主义的立场，尽量拓宽有限责任公司股权多元化之空间。所谓"参照适用"，意味着可以有所变通、有所突破，有限公司较之股份公司任意性色彩更强，自治空间更大，当可以有更灵活、更多元之种类股，主要表现为：①对于可适用于股份公司之种类股事项，有限公司不但可以适用，而且可作更灵活之处理，如表决权事项，股份公司往往被禁止发行复数表决权股，尤其是上市公司，而有限公司则可畅通地设定复数表决权股；②部分种类股事项只可适用于有限公司，如附派遣董事、监事种类股，此种类股通常仅能为有限公司所采行，这在日本法上即有体现。

第二，顺应有限责任公司之固有习惯，资本划分为份额，而关于份额转让是否受限，则交由当事人自主选择，法律无需预设。若章程明定转让受限，则该转让受限之份额即为种类股之一种，转让受限之属性附属于该份额而非持有份额之股东。

第三，确立有限责任公司下属物性种类股与属人性种类股之并立模式。除通常意义上之种类股外，应明确规定有限责任公司可适用属人性种类股，从而拓宽其自治空间。通常来说，属人性种类股，是指仅适用于封闭式公司的、依据股东身份而

第三章 种类股制度之静态调整研究：载体、适用范围和类型

享有特别权利的股份。这种股份的着眼点是股份持有者的身份，股权之内容依附于特定之人，也就是说，当该属人性种类股发生转移时，原股份上附着的特别权利并不随之转移，除非另行修改公司章程。有限责任公司之份额通常可设定为转让受限，权利有与特定主体绑定之需求，因而赋予有限公司运用属人性种类股之权能，不但可行，而且必要。

三、普通合伙企业和有限合伙企业的适用性研究

除了上述两种公司形式之外，我国的《合伙企业法》上还有相当于西方传统无限公司和两合公司的普通合伙企业和有限合伙企业，[1] 不过既然《公司法》将其排除在外，本书只略作探讨。关于普通合伙，其以合伙契约为连接基础，自治空间更为宽广，只要不违反《合伙企业法》的强制性规范，一切关于合伙人（无限公司之股东）权利多元化之记载，皆为可能。契约或合同领域理应贯彻更充分之意思自治。而且，根据《合伙企业法》第4条和第19条之规定，合伙协议依法由全体合伙人协商一致、以书面形式订立，合伙协议的修改或补充通常亦须经全体合伙人的一致同意，也就是说，合伙协议下之权利多元化具有充分的民意基础，是全数决而非多数决的结果，合伙人享有之契约权利具有更充分的保障，比之于公司章程下的股权多元化也更加稳固。[2] 因此，笔者认为，普通合伙不但可仿照有限公司参照适用股份公司下之种类股制度，而且较之有限公司有更大之变通余地。但应注意，普通合伙是纯粹的人合企业，人身依附性很强，股东之间相互联结，互负无限连带责任，份

---

〔1〕 参见刘俊海：《现代公司法》（第2版），法律出版社2011年版，第22页。
〔2〕 参见晓富：《有关合伙企业法中的几个问题》，载《中外法学》1997年第4期。

额之转让须经全体合伙人一致同意，因此，其运用种类股时属人色彩强烈，应予适当考量。对于有限合伙（相当于西方之两合公司），由普通合伙人与有限合伙人共同组成，对于普通合伙人参照普通合伙之规定，对于有限合伙人自可参照股份公司或者有限公司之规定。同时，对于有限合伙之特殊规定，如业务执行权由普通合伙人享有，有限合伙人仅享有利润分配权等规定，在进行权利多元化构造时应予考量。

四、小结

股份有限公司、有限责任公司、无限合伙和普通合伙等企业形式均有运用种类股制度之可能。其中，股份有限公司与种类股制度具有天然的关联和契合，应于其下详尽规定种类股制度，并作为其他企业形式运用之模板；有限责任公司运用种类股制度不但不存障碍，而且可产生若干溢出效应，应赋予其"参照适用"种类股制度之权能，并相应拓宽其自治空间，确立属人性种类股和属物性种类股并立之模式；作为以契约形式联结的普通合伙企业及有限合伙企业理应具有运用种类股制度之更大空间，惟应注意合伙企业具有很强的人身依附属性，《合伙企业法》上的特殊规定亦应考量。

第三节　种类股的类型研究

种类股的类型是种类股制度的核心骨架，科学合理的种类股类型机制是保证种类股制度发挥实效的基本前提。综观各国立法，无不对种类股之类型进行集中、重点和详细规定，将之作为种类股制度之最主要部分，2005年《日本公司法》在其

第三章 种类股制度之静态调整研究：载体、适用范围和类型

"第二章 股份/第一节 总则"的第 106～109 条等条文中对种类股的类型进行了集中规定，而且每个条文之篇幅均相当惊人，此外，还有很多涉及种类股类型的条款散布于其他章节；1984 年《美国标准商事公司法》也在其"第六章 股票与分配/第 A 分章 股票"下的第 6.01 节和第 6.02 节中集中规定了种类股的类型，且占去该分章的大部分篇幅。总之，种类股类型制度之建构意义重大。

一、我国种类股类型构建之模式选择及基本要领

（一）三种模式之简要介绍

根据笔者的研究，综观各国，种类股类型建构之模式主要有三种，即英美模式[1]、德国模式和日本模式。英美模式强调最大限度的自由，这和其整体的公司法风格相契合，坚持"弱化前端规制，强化事中监督和事后保护"的理念，相关立法条文多为任意性和指导性的——英国甚至直接回避关于种类股类型的正面规定，公司可以最大限度地选择和设计符合自己需要的种类股类型，"法不禁止皆自由"，带有鲜明的"授权主义"色彩；德国模式则更加注重种类股类型之标准化及对称性，对种类股类型的规制最为严格和保守，坚持普通股和优先股的二元划分，恪守"法定主义"，"法无规定皆禁止"，这尤其体现在《德国股份法》中；日本模式则介于英美模式和德国模式之间：就其基本范式而言，属"法定主义"无疑，法律强制划定了一个种类股类型的范围，公司只可在此范围内进行选择建构，

---

[1] 美国模式和英国模式虽然仍有差别，但基本制式实属一家，在此将其合并归类为"英美模式"。

"法无授权不可为",但同时,日本法摒弃了普通股和优先股的传统二元划分,吸收了《美国标准商事公司法》的先进理念,将股权要素进行拆分列举,允许公司对各股权之要素进行自由组合,自行设定所需之股份类别。总之,日本模式在可控的基础上保证了自由,可称其为"折中模式"或"可控但自由之模式"。

(二) 我国的模式选择及理由

作为和我国毗邻的发达国家,日本无论在法律体制还是经济及公司文化上,都和我国具有很大的相似性,[1]其模式比之英美及德国更适合我国:首先,我国公司立法整体属于大陆法模式,强制色彩浓厚,而且较之多数大陆法国家仍显规制过多,直接采行英美模式并不可行,现实的路径是向日本模式靠拢、逐步自由化。其次,日本模式更加契合我国经济社会转型阶段的特征。当前我国正处经济社会转型期,各种因素相互激荡、剧烈变动,这决定了我们需保持谨慎,并在变动中不断微调(包括种类股类型之调整)以寻求平衡点,过度管制或过度自由均不适当。最后,英美模式和德国模式的形成均有其特定的法律及文化背景因素,而这些条件在我国并不具备,而日本模式之文化因素与我国较为接近。英美公司法通过强大的事中事后监督体系尤其是司法保障体系,保证了有序前提下的前端充分自由;德国公司法整体风格保守,更加注重安全、平稳及各类主体(包括股东、债权人、员工等)的充分参与,虽提高了成本、牺牲了效率却保证了安全和品质,这和"德国制造"如出一辙——虽价格不菲但制造精美;日本模式则植根于东方文化,强调中庸,和而不同,这与我国的文化及法律传统十分相似。

---

[1] 参见王勇:《日本文化论:解析与重构》,载《日本学刊》2007年第6期。

第三章 种类股制度之静态调整研究：载体、适用范围和类型

改革开放以来，我国也一直奉行"稳步渐进改革"的方针，日本模式显然更加契合。

（三）我国模式构建所应坚持的基本要领

在参照日本模式的基础上，结合我国具体国情，我们在构建种类股类型制度时需遵循以下基本要领：

第一，坚持"法定主义"，公司只可在法律规定的范围内选择种类股类型，同时，将股权元素事项予以拆分列举，允许公司自行选择及组合，以此最先进之理念构建我国的种类股类型制度，而不仅限于传统的普通股和优先股的二元划分。当然，优先股作为最常见的种类股类型，可以仿照德国，进行专门规定，提供集中的全套解决方案。

第二，关于规范的具体设计，我们不但要笼统列举一级事项，如盈余分配事项、剩余财产分配事项、表决权事项等，而且要对二级甚至三级事项如盈余分配项下的分配之顺序、分配之比率等进行细化的规制，以使规则更加细致、可操作，这对于种类股制度的初创国家尤为重要。

第三，坚持实用主义的态度，选取在我国语境下具有现实必要性之种类股类型，同时，贯彻渐进原则，逐步推进种类股类型的全面放开，并可借鉴我国台湾地区之做法，在列举基本事项后设置兜底条款[1]，为与现行《公司法》第 131 条[2]顺畅衔接，可将兜底条款设计为"国务院规定的上述条款之外的其

---

[1] 我国台湾地区"公司法"第 157 条规定：公司发行特别股时，应就下列各款于章程中定之：①特别股分配股息及红利之顺序、定额或定率。②特别股分配公司剩余财产之顺序、定额或定率。③特别股之股东行使表决权之顺序、限制或无表决权……⑧特别股权利、义务之其他事项。

[2] 《公司法》第 131 条规定："国务院可以对公司发行本法规定以外的其他种类的股份，另行作出规定。"

他事项"。

第四，坚持区分主义的策略，包括：①公司法和证券法的区分对待；②封闭公司和公开公司[1]的区分对待。就①而言，公司法对种类股类型的列举可以更为宽泛和全面，而对于证券法下的种类股类型应予适当限缩；就②而言，封闭公司如现行法下的有限责任公司应当具有更多选择，放松对其管制，而公开公司尤其上市公司应受到更多限制。

第五，坚持属物性种类股和属人性种类股并立的立法模式，以属物为原则，属人为例外，虽允许属人性种类股之存在及运用，但应严格限定其适用范围。属人性种类股制度应当在属物性种类股条款之后另行规定，以予区别和警示。

二、盈余分配事项之展开

（一）概述

所谓盈余分配是指公司以其盈余（包括股息和红利）对股东所进行的分配。应当指出，这里可供分配的盈余应当是公司弥补亏损及提取公积金之后的金额。原则上，公司只能从公司盈余中向其股东分配股利，而不能从公司资本中分配，除非法律有特别许可。根据现行《公司法》的规定，我国的股利分配

---

[1] 在我国，由于法律未明确规定封闭公司和公开公司的划分标准，因而对其各自范围多有争议，但一般认为，有限责任公司及部分人合性较强的股份有限公司属于封闭公司，而其他股份有限公司为公开公司，包括上市公司、非上市公众公司（如在新三板挂牌之公司）等。不过，这样的界定不够严谨和明确，易于为恶意公司钻空，例如部分股份可自由转让、部分股份转让受限的公司是属于封闭公司还是公开公司？若将其划为封闭公司，则可选择更为激进的种类股类型。为明确法律适用，同时强化对潜在投资者的保护，笔者认为，可借鉴日本法的经验，严格限定封闭公司之范围，根据《日本公司法》第2条第5项之规定，封闭公司是指全部股份转让受限之公司，而只要有一股可自由转让，公司即为公开公司。

第三章 种类股制度之静态调整研究：载体、适用范围和类型

实行的是"纯利润"分配原则，即"无盈利不分配"。[1]由于公司的盈利、纯利或者净利润是反映在损益表上的，这一标准又被称为"损益表"标准。[2]盈余分配权为股权之基本要素、股东之基本诉求，在性质上属于自益权[3]和非固有权[4]。盈余分配事项是股东关注的敏感事项，通过对它进行多元化设计可以满足不同类型股东之需求，进而保证公司在不同市场环境及经营条件下获得合理的融资。盈余分配事项应当成为种类股类型建构之最基本事项。

（二）子项之展开

盈余分配事项可以细分为不同的子项，通过子项类型的选取及组合，可以进行丰富的多元化设计。具体来说，包括三大子项，即分配之顺序、分配之额度或比率、分配之跟踪属性。

---

〔1〕 参见施天涛：《公司法论》（第2版），法律出版社2006年版，第212页。

〔2〕 这一标准是大陆法系国家普遍采用的标准。但在英美法系国家，由于不存在强制提留盈余公积金的制度，所以利润分配就意味着公司将经营活动实现的利润向股东分配的行为，对于利润分配的合法性就有各种不同的标准，例如，《美国标准商事公司法》第6.40条规定两个标准来决定分配是否合法：①Equity insolvency test，是指要求公司"能够支付正常营业过程中发生的到期债务"后才能进行分配；②Balance sheet test，是指在分配后，如果"公司的总资产少于其总负债"，则禁止进行分配。在美国，所有的州都采用"Equity insolvency test"来处理分配问题。在马萨诸塞州，该标准是唯一的标准。而在其他州，则将该标准与上述"Balance sheet test"结合在一起。参见施天涛：《公司法论》（第2版），法律出版社2006年版，第212页。

〔3〕 以权行使之目的为标准，可将股东权利分为自益权和共益权，前者行使之目的系专为该股东自己之利益，包括股息红利分配请求权、剩余财产分配请求权、新股认购权、股票过户请求权等；后者行使之目的不但及于股东自己之利益，亦兼及公司之利益，包括出席股东会之表决权、股东会之召集权、请求法院判决撤销股东会决议之权、章程及账簿查阅请求权等。参见赖源河：《实用公司法》，五南图书出版股份有限公司2014年版，第247页。

〔4〕 以可否以章程或股东会之决议予以剥夺或限制为标准，股东权利可分为固有权和非固有权，前者为非经该股东之同意，不得以章程或股东会决议予以剥夺之权利，共益权多属之；后者是指得依公司章程或股东会决议，予以剥夺或限制之权利，自益权多属之。参见赖源河：《实用公司法》，五南图书出版股份有限公司2014年版，第248页。

1. 分配之顺序

盈余分配之顺序可以分为优先分配、普通分配及劣后分配。除此之外，还有一种特殊的类型——混合股，即在盈余分配事项和剩余财产分配事项上配以不同顺位之股份，如在盈余上优先分配而在剩余财产上劣后分配等。

（1）优先分配。盈余优先分配权即优先于其他类别股东获得盈余分配之权利，是优先股的标准配置，是一种较为常见的类型。当然，优先分取盈余应建立在依法弥补亏损和提取公积金后有可供分配之利润且经董事会决议进行分配的基础上，上述条件缺一不可。

优先分配内部仍可进行细分。以是否具有累积性为标准，可分为累积优先股和非累积优先股，前者是指当优先股东某年度的盈余金分配未达到章程所规定的一定额度时，其差额应当累积到以后年度进行补充之类型；而对于后者，差额不能累积到以后年度予以补充，当年未分配，则该年度之请求权消失。综观各国立法，一般来说，除非章程另有规定，法律推定优先股为累积型。笔者认为，具体理由主要有：其一，累积型优先股更符合一般投资者之预期，更能保障投资者优先权益的落实；其二，累积型优先股更加契合优先股之性质，通常来说，优先股具有类债权之属性，就此而言，即使当期无盈余可供分配或者虽有盈余但决定不予分配，其所产生之债权理应累积至以后年度，而非消失；其三，非累积优先股易为董事会所滥用和操纵，造成优先股和普通股利益分配不均，例如，在有利润可供分配的情况下，董事会可以决议不分配，剥夺优先股之分配权；或者暂不分配，直到利润累积到较大规模时再行分配，此时，由于优先股优先分配之额度往往固定，普通股则有可能攫取远

第三章 种类股制度之静态调整研究：载体、适用范围和类型

远超过优先股之分配额。在此还有一个问题，如果章程明定优先股为非累积型，那么是否就意味着董事会可以任意取消优先股之盈余分配呢？显然这样是不公平的，我们仍应确保董事会裁量权之合理行使，否则，非累积型优先股有名存实亡之虞。美国法上的"新泽西规则"（New Jersey Rule）[1]可资借鉴，根据该规则，即使在非累积型优先股下，董事会之裁量权亦非毫无限制，若董事会滥用其权限为己私利保留盈余，或者保留当年之盈余虽系为公司持续经营、扩充设备等善意目的，但其程序显属不公平者，应认定董事会违反诚实信用原则，法院得命令董事会实施利益之分配，或者认定被保留之盈余仍归属于优先股东，于往后年度公司欲分配利益于普通股股东前应优先分配给优先股东。[2]不过，此一规则之界定有较大的伸缩性，举证亦有不小困难，应由法院个案审查，具体认定。

以是否具有参加性为标准，可分为参加型优先股和非参加型优先股，前者是指除了获得章程规定的优先分配外，如果还有剩余利益要分配给普通股东时，仍可与普通股东一起参加分配的优先股；而后者是指只能获得章定的优先分配而无法与普通股东一起另行参加分配的优先股。"参加型优先股的参加方式多种多样，如果对普通股东分配多于优先股份的优先分配时，一般要进行与普通股东相同的分配。对于非参加型优先股份而言，盈余金分配限于一定的额度或一定的比例，且该额度或比例范围内确切获得盈余金分配的可能性较大，所以与保证获得

---

[1] 该规则由新泽西法院于 Sanders v. Cuba Railroad Co. 案（桑德斯诉古巴铁路公司）中所确立。参见 Sanders v. Cuba Railroad Co., 120A. 2d 849 (1956).

[2] 参见张芩瑜：《特别股制度问题之探讨——法律与会计之交错》，台北大学2007年硕士学位论文。

一定利息支付的公司债很接近。"[1]一般来说，除非章程另有相反规定，优先股被推定为非参加型优先股，至于原因，笔者认为：一来这较为符合投资者之预期，和优先股之偏债属性相契合；二来这更有助于优先股东和普通股东之间的利益平衡，减轻公司利用优先股进行筹资的阻力，降低成本。

此外，优先股内部仍然可以分为不同的层级而具有不同的优先顺位，譬如公司可以发行甲种优先股、乙种优先股和普通股，其中甲种优先股优先于乙种优先股分配盈余，而乙种优先股则优先于普通股分配盈余。

盈余优先分配股作为最传统、最典型的种类股类型，对于种类股制度初创期的我国具有基础意义，而且我国也正在试点资本市场下的优先股制度，应当说，引入该种类股顺理成章。同时，结合我国之具体国情，优先股亦具有很大市场。首先，就股东而言，在很多人合性强的非公开公司中，小股东往往备受欺压，我国公司诉讼中的很大一部分即为有限责任公司下的小股东受害案件，即使给予其相应比例之表决权，亦无济于事，此时倒不如赋予其盈余分配方面的优先权，并通过法律和章程予以特别保护，似乎更加切实可行。其次，从我国资本市场的投资者结构来看，散户居多，其更加关注公司之股价及分红而非表决权，发行优先股也许更能契合散户之需求。再次，我国当前的中小企业普遍面临融资难、融资贵之困境，间接融资限制太多，而在当下经济下行之背景下，普通股直接融资亦难得投资者之青睐，此时，可通过发行优先股作为应急之策。我国台湾地区通过BOT方式修建高铁之实例值得借鉴，在经济不景

---

[1] 参见[日]前田庸：《公司法入门》，王作全译，北京大学出版社2012年版，第75页。

第三章　种类股制度之静态调整研究：载体、适用范围和类型

气及融资困难之际，台湾高铁筹建公司成功通过发行优先股保证了资金的到位。[1]最后，商业银行可通过发行特别股在不稀释表决权的情况下补足其一级资本充足率，降低财务风险，我国亦专门发布了《银行优先股意见》进行试点。

（2）劣后分配和普通分配。所谓盈余劣后分配，和优先分配正好相反，乃劣后于其他股东获得盈余分配，是对分配权的一种限制。不过，虽然顺序上劣后，但这并不意味着劣后股东获得的分配额一定更少，由于劣后股东往往在其他股东分配之后获得不受限制的兜底分配权，因此，在公司经营状况良好、盈余较多时，劣后股东甚至可以获得远超普通股东及优先股东的分配额。从法理上说，和优先股类似，劣后股内部仍然可以继续划分为不同的层级，不过，这在劣后股的情形下并不多见，因为劣后股本就被限制分配之顺序，往往补以兜底分配权来增加其市场吸引力，如果再进行内部分层，则劣后股将彻底失去投资价值。

和优先分配相比，劣后分配并不普遍，通常向特定主体如公司发起人及管理层发行，以激励其努力经营，或者在公司经营优良时通过发行劣后股降低融资成本。不过，对于我国来说，引入劣后股具有现实必要性：首先，我国现行法对于公司发起人及管理层持有之股份虽有限制，但未及于盈余分配之顺序，导致激励及制约不足。根据《公司法》第 141 条之规定，公司发起人持有之本公司股份，自公司成立之日起 1 年内不得转让，董事、监事及其他高级管理人员的持股在任职期间每年转让额不得超过持股总额之 25%，在上市交易之日起 1 年内不得转让，

---

[1] 参见公开咨询观测站，http://newmops.tse.com.tw/，最后访问日期：2015 年 4 月 18 日。

离职后半年内亦不得转让。笔者认为,仅仅从转让上进行限制稍显力度不够,如果配以劣后分配,则可予以更加有效之激励。该条后半段似乎也意识到了进行劣后分配之必要性,明确规定"公司章程可以对公司董事、监事、高级管理人员转让其所持有的本公司股份作出其他限制性规定"。其次,对于优质企业及经营预期良好的企业,发行劣后股可以降低成本,这更能体现市场化规则,符合我国改革之方向,仅允许优先股而禁止劣后股显然有顾此失彼之嫌,同时允许劣后股存在对于解决我国上市公司经营中普遍存在的短视问题具有现实意义。

普通分配乃分配的标准顺序,若章程无明确规定,则推定所有股权为普通分配,一视同仁。这也是我们最熟悉的分配类型,无需赘述。

(3)混合分配。所谓混合分配,其实并不是一种单独的分配顺序,而是结合盈余分配事项和剩余财产分配事项而进行的组合,而且组合的方向是相反的。[1]比如,混合股可以是在盈余上优先分配而在剩余财产上劣后分配,也可以颠倒过来,在盈余上劣后分配而在剩余财产上优先分配。应当指出,如果某一股份,在盈余分配上具有优先权而在剩余财产分配上为普通顺序,或者相反,那么此时,这种股份通常并不被视作混合股,因为只要不在章程中对剩余财产或者盈余分配顺序进行专门规定,法律便推定其为标准形态,此为法律之预设,无需章程的主动规定,当然没有必要将其作为一种不同类型之种类股。笔者认为,混合股在实践中并不常见,通常所见都是在盈余和剩余财产上对称之种类股,不过,既然承认盈余分配事项和剩余

---

[1] 参见[日]神田秀树:《公司法的理念》,朱大明译,法律出版社2013年版,第146页。

财产分配事项彼此独立,便无限制之必要及理由,权由公司自治便可。

2. 分配之额度或比率

所谓分配之额度或比率,即指各类股东可获得分配的特定额度或特定比率,当然也包括兜底性分配。分配之额度为盈余分配不可或缺之事项,直接决定了各类股东可获得分配额之多寡。当然,如果章程未明定分配额度,法律推定按持股数额(包括不同类型之股份)对所有可分配盈余进行整体分配。优先股需要明确分配额度,如此方能划清其权利界限,比如可规定优先股优先分配之额度为 10 万元或者定率为可分配盈余的 10% 等。当公司发行几种优先股时,例如甲种优先股和乙种优先股,若甲乙分配顺位不同,甲优先于乙,此时可以分别规定甲乙各自的优先额度;若甲乙分配顺位相同,此时亦可分别对其设定不同之额度。普通股也可安排不同的分配额度,这在现行《公司法》第 34 条[1]中已有体现。劣后股通常是兜底性分配,所以无需对其设定额度。

总的来说,通过分配之额度或比率之设定可以契合公司的多元化需求,有助于实现公司分配上的差异化,尤其是与分配顺序的结合,可以衍生出更加丰富的分配类型。应当指出,现代各国已发展出浮动额度或者浮动比率的盈余分配类型,如根据公司的经营状况及可分配额,公司董事会可定期对各类股东的分配额度按照事先确定的方法进行调整,以实现各类股东间的平衡。浮动额度或比例更加科学和精细,而且能维持股东间

---

[1]《公司法》第 34 条规定:"股东按照实缴的出资比例分取红利;公司新增资本时,股东有权优先按照实缴的出资比例认缴出资。但是,全体股东约定不按照出资比例分取红利或者不按照出资比例优先认缴出资的除外。"

的平衡，我国自无禁止之必要，权由公司自治便可。

3. 分配之跟踪属性

所谓分配之跟踪属性，又可称为联动属性，是指盈余之分配与公司的特定业务部门或者母公司的特定子公司的业绩或盈余分配相联动的性质。例如，某公司有A、B、C三大业务部门，发行a、b、c三类股票，a、b、c种类股分别跟踪A、B、C部门之盈余状况，如某年度，公司共获得盈余1000万元，其中A、B、C三部门各贡献500万元、300万元和200万元，若董事会决定分配所有盈余，则持有a、b、c股票之股东可分得之红利分别为500万元、300万元和200万元。再如，日本法上有如下实例："B公司是A公司的全资子公司，A公司发行a、b两种股份，其中，a股份与A公司的业绩联动，b股份仅与作为子公司的B公司的业绩联动。此时，就b股份B公司进行了盈余金分配时（接受盈余金分配的是全资母公司A公司），尽管是在A公司的可分配额范围内，但规定分配额与B公司的相同。在这种情况下，A公司即使有盈余并对a股份分配，只要B公司不进行分配，b股份就得不到分配。"[1] 通过这种方式可以将股东或者高管的利益与公司集团特定部分的经营状况相捆绑，使特定股东或高管更加关注公司某一部分的运作，保证大型公司或者集团不至于因庞大臃肿而致专注力下降，实现多元化下的专业和分工；同时，由于股份之表决权仍属于公司集团或者母公司，并未分散，公司经营之决策仍在整体下进行，所作决议对各业务部门或者各子公司均具有约束力，从而可以实现大型化、多元化下的集约、协同和整合，避免分裂。一般认为，跟

---

[1]　[日]前田庸：《公司法入门》，王作全译，北京大学出版社2012年版，第75页。

第三章　种类股制度之静态调整研究：载体、适用范围和类型

踪股对于大型公司包括集团公司具有较大的现实意义。应当注意，虽对跟踪股的盈余分配进行了联动处理，但这通常不及于表决权和剩余财产分配权。至于原因，笔者认为，若仿照盈余分配之跟踪而分割表决权，则不利于公司整体战略的实施，甚至可能导致分裂，而且即使不分配专属表决权也不会对业务部门或者子公司的经营造成太大影响，因为业务部门或子公司的经营决策通常是由部门的经理层或者子公司的董事会控制的；剩余财产分配上通常也不会进行跟踪处理，因为作为公司而非特定业务部门之股东、母公司而非特定子公司之股东，分担公司整体之风险乃其题中应有之义，而且在剩余财产分配阶段，法律较多考量债权人之利益，更加注重公平而非效率。

引入跟踪股对我国颇具现实意义：首先，我国经济发展到现阶段已经出现较多的大型企业及企业集团，涵盖股份有限公司和有限责任公司、上市公司和非上市公司，这些公司往往具有很多的业务部门和子公司，例如华为公司作为大型的有限责任公司，具有运营商业务、企业业务和消费者业务三大业务板块，而每个板块下面又可细分为多个业务部门，如消费者业务板块下包括华为品牌业务、荣耀品牌业务、海思芯片业务等；阿里巴巴公司作为大型的上市股份公司，旗下不仅有大量的子公司或者关联公司，如阿里健康、阿里影业等，母公司本身亦分为多个业务部门，如淘宝业务部、天猫业务部、物流事业部、阿里云事业部等，如此，引入跟踪股可以保证此类大型企业在集约化和专业化之间实现平衡，不致因臃肿而丧失活力。其次，在我国现阶段，很多企业为了保证公司利润的稳步提升，不断拓展业务范围，进入新领域，而这些领域往往与原先主业判若霄壤，如原来做地产的恒大集团，由于地产行业出现瓶颈，便

逐渐将其触角延伸至体育（足球）、娱乐（音乐）、食品（粮油、乳业）等产业，以求公司未来之长远发展，显然，借助跟踪股这一股权类型，有助于公司在多元化经营的同时保持各领域之专注，并实现协同效应。最后，引入跟踪股可作为公司分立以及子公司上市的替代手段，避免公司或集团分裂。对于和公司特定业务部门联动之跟踪股，其有助于在保持公司统一性的前提下，实现各业务部门经营及收益的相对独立，这可以达成类似公司分立之独立经营效果，却同时维持了公司形式上的统一，这对于我国众多仍处资本积累和规模扩张阶段的企业而言尤为重要；对于和特定子公司联动之跟踪股，其可作为子公司上市之替代手段，因为母公司可通过发行和子公司业绩联动的跟踪股，一方面迎合投资者的定向投资需求，另一方面为子公司筹集所需资金，同时也可继续维持母公司对子公司的绝对控制。

4. 小结

综上所述，笔者认为，我国在立法时，应当首先列出"盈余分配事项"这个一级项目，进而对分配之顺序、分配之额度或比率、分配之跟踪属性三个子项进行细化规定：对于分配之顺序，应规定优先分配、劣后分配和普通分配三种类型，由公司自行选择，若未作选择，则推定为普通分配。其中，优先分配作为特殊且典型之顺序，可予专门规制，包括进一步规定（非）累积型和（非）参加型优先股，并明确章程未规定时推定为累积而非参加型优先股；对于分配之额度及比率，允许章程自治，同时对于新近发展的浮动额度或比率允许公司自行选用；对于分配之跟踪属性应予认可，包括与特定业务部门联动之跟踪股及与特定子公司联动之跟踪股。对于上述子项，公司可进行自由选择和组合,以创设符合其需求的盈余分配类型。

三、剩余财产分配事项之展开

所谓剩余财产分配是指公司因法定或者约定原因而进行清算时,在偿付国家税费、职工薪酬、公司经营负债等之后而将剩余财产在股东间进行分配的过程。[1] 剩余财产分配和盈余分配在具体特征上具有较大的相似性,因而,关于剩余财产分配之子项可以参照盈余分配的规定,惟应注意以下两点:其一,分配之追踪属性一般不可适用于剩余财产分配,因为在公司存续阶段,通过盈余分配的跟踪处理,可以激励经营,使公司整体利益最大化,属公司自治之范畴,效率优先,而至剩余财产分配阶段,则更加注重公平,作为母公司之股东,理应承担公司或集团整体之风险;其二,分配之顺序及分配之额度比率在适用于剩余财产分配事项时应适当简化,就前者而言,一般不再涉及累积性和参加性的问题,就后者而言,一般来说不会再涉及浮动额度和比率的问题。总之,我国应引入"剩余财产分配事项",并参照"盈余分配事项"规定分配之顺序和分配之额度或比率两个子项,摒弃跟踪性子项,同时进行相应的简化处理。

四、表决权事项之展开

(一)概述

表决权是敏感而重要的事项,不同群体对于其有不同的诉求,例如,资本市场下的散户投资者通常对表决权缺乏兴趣,

---

[1] 参见[日]神田秀树:《公司法的理念》,朱大明译,法律出版社 2013 年版,第 147 页。

而公司之大股东、管理层等对于表决权尤为关注,有时甚至愿意以经济利益为代价换取公司之控制权,如美国很多科技上市公司的创业者宁愿以劣后分配或者持股转让限制为代价而换取更高比例的投票权。[1]因此,通过对表决权事项的多元化处理,可以充分满足不同群体之需求。

一般来说,表决权事项可细分为两个子项,即表决权之数量(有无及比例)和表决权行使所及之事项范围。

(二) 表决权之数量

表决权之数量是指每一股份所附带的投票权数量,包括无表决权股、单数表决权股(即一股一权)和复数表决权股(即一股多权)等。[2]单数表决权为表决权之标准形态,章程若未明确规定表决权之数量,则默认为一股一权。下文重点研讨无表决权和复数表决权的情形。

1. 无表决权

所谓无表决权股即每股附带的投票权数量为零,也就是说,持有该种股份之股东对普通股东会所决议之事项不享有投票权。因此,以表决权为前提之其他股东权利如股东提案权、股东大会召集请求权、股东大会决议撤销请求权、累积投票请求权、董事或者监事的解任请求权等,该股东亦无法行使。[3]当然,

---

[1] 参见邓峰:《普通公司法》,中国人民大学出版社2009年版,第305页。

[2] 其实,就所附带表决权之比例而言,还可以设定附带小于1的表决权之股份,但是,这种股份通过和其他有表决权股份之换算仍可成为复数表决权股或者单数表决权股,例如,公司发行A、B两种股份,A股一股享有0.5个表决权,B股一股享有1个表决权,此时,实质上B股单股表决权数量是A股的两倍,也就可以换算为A股一股享有1个表决权,B股一股享有2个表决权,因此从本质上说,股份之间的不同表决权比例最终都可以转化为单数表决权股和复数表决权股之间的关系。

[3] 参见[日]前田庸:《公司法入门》,王作全译,北京大学出版社2012年版,第78页。

第三章　种类股制度之静态调整研究：载体、适用范围和类型

如果公司章程认可上述权利，从章程自治的角度而言并无不可。

应当指出，持有无表决权股并不意味着绝对的永久的丧失表决权，有两项例外：其一，无表决权股在以其为投票团体的种类股东大会上可行使投票权，当所决议事项可能影响无表决权股的既存权利时，该类别股东大会对上述决议享有否决权；其二，表决权恢复制度，这主要针对的是无表决权的优先股，当公司无法兑现其优先分配承诺时，优先股股东自动恢复其表决权，直到其优先分配利益获得补偿。当然，在有些国家如日本，表决权是否能够恢复由章程自行规定，若章程未规定则排除表决权恢复制度的适用。不过，就我国而言，在种类股引入的初创期，法律应明确规定优先股的表决权恢复制度，且不允许章程予以排除，以强化对无表决权股东的保护。

考虑到无表决权股占比过高可能使公司的股权结构畸轻畸重，少量的有表决权股即可操纵公司，这在公开公司（包括上市公司）的情形下明显不合理。因此，各国一般会限制公开公司中可发行的无表决权股的比例，若超过该比例，公司应采取适当措施如赎回无表决权股或者增发普通股等降低占比，如根据《日本公司法》第115条之规定："类别股份发行公司是公开公司的，对在股东大会上可行使表决权的事项受限制的类别股份数超过已发行股份总数的1/2时，股份公司必须立即采取措施，使表决权限制股份数降至已发行股份总数的1/2以下。"我国亦应吸收借鉴该制度，惟应注意，日本法上的限制表决权股不但包括完全无表决权股，还包括下文将要讨论的在部分事项上丧失表决权之股份。除此之外，应当明确，公司之董事、监事及其他高级管理人员应当对公司之所有股东而非仅仅对有表决权的股东负有忠实勤勉义务——此乃法理之当然，有表决权

股东基于其对公司及无表决权股东之深远影响，应对后者负有相应的"信赖义务"。

引入无表决权股对我国具有现实意义：首先，发行无表决权股可以在筹集资金的同时防止股权稀释，保证创始人或管理层对公司的控制权，这在我国尤为重要，雷士照明控制权之争案、国美控制权之争案仍历历在目；其次，我国资本市场以散户居多，向其发行无表决权之优先股，不但更契合其需求，而且能减少公司支出，降低成本，如股东会议召集、通知、出席、材料印发等事务的成本支出；最后，发行无表决权股，合理分配投票权，可使具有经营能力及愿望的人稳定控制公司，实现公司的长期增值，这在我国公司经济逐步成熟、并购大潮渐起之际具有特殊意义。

2. 复数表决权

所谓复数表决权股，顾名思义，就是一股享有数个投票权。在资本市场下，复数表决权股和单数表决权股并存时可形成上市公司的"双重股权结构"，如 Google 公司、Facebook 公司等即采行这种结构。应当说，复数表决权股是一个在全球范围内颇具争议的话题，因为它极易被滥用，各国和地区的态度和做法也大相径庭。

在德国，过去曾允许在股份公司中设置复数表决权股，"但这导致了严重的滥用，自 1998 年的《有关增强企业控制和透明度法》之后，复数表决权股被一概禁止了，而不仅仅是针对上市公司。"[1] 我国台湾地区"公司法"亦不允许在股份公司中设置复数表决权股，该法第 157 条仅允许设定"特别股之股东

---

[1] 参见[德]格茨·怀克、克里斯蒂娜·温德比西勒：《德国公司法》（第21版），殷盛译，法律出版社 2010 年版，第 544 页。

第三章 种类股制度之静态调整研究：载体、适用范围和类型

行使表决权之顺序、限制或无表决权"，其经济事务主管部门也作出了明确的解释[1]：股份有限公司不得于章程中规定特别股每股享有数表决权。《日本公司法》并未明确规定复数表决权，但通过和其特有的单元股制度的结合，股份公司实质上可以实现与发行复数表决权股相同的效果，不过，日本最主要的证券交易所——东京证券交易所明令禁止发行复数表决权股，认为这可能损害广大公众投资者的利益。美国法和英国法对此则持相对开放的态度，只要公司愿意、投资者接受，法律并不禁止复数表决权股的发行。

对于该问题，笔者认为，我国不应禁止复数表决权股的存在，理由如下：其一，我国企业尤其是科技创业企业具有强烈的发行复数表决权股的愿望，我国赴美上市的众多科技公司中有相当一部分发行了复数表决权股，对于科技创业潮方兴未艾的我国而言，引入复数表决权股具有重要现实意义。其二，既然允许表决权有无上的分别——各国均承认无表决权股，那么为何不能容忍表决权比例上的分别呢？既然无表决权股都可以通过各种措施获得充分保护，那么双重或者多重股权结构下的单数表决权股又为何不能得到充分保护呢？其三，利益平衡是整体利益之平衡，而非局部利益的完全等同或对称，在部分事项上的利益倾斜或限制可以在其他事项上进行适当的反向操作，也就是说，在赋予某类股票复数表决权的同时可限制其经济上之权能，以实现整体利益之平衡。而且，在市场经济条件下，即使各类股份整体利益并不均衡，只要市场有需求、投资者接受，"你情我愿"，法律又何必强行禁止呢？其四，在有限责任公司下构造投票权不同比例之股份并无障碍，现行《公司法》

---

[1] 参见我国台湾地区经济事务主管部门 72.3.23 商 11159。

第34条即已明示，那么和有限责任公司并无本质区别的小型的人合性较强的股份有限公司——这在学界基本已达成共识，[1] 为何不能实现同样之构造呢？

总之，我国应当允许在股份公司（包括封闭公司和公开公司）中设置复数表决权股，惟应注意两点：

首先，应当设置必要的配套措施，以保证对其他股东的有效保护。具体来说，这些措施包括：其一，赋予复数表决权股对其他股东的忠实及信赖义务，如有违反应承担侵权责任。其二，严格创设之程序，如可规定公司在创立时发行复数表决权股的，应经其他股东之绝对多数同意；后来希望通过修改公司章程而创设复数表决权股的，亦应经其他股东之绝对多数同意。其三，限定复数表决权股持有人的身份属性，如创始人或者管理成员等，并限制其转让，包括转让之对象及转让之程序，还可规定复数表决权股的存续条件及回赎期限等。

其次，应当采取区分主义的策略，对于封闭公司适当放宽，允许其自由采用；对公开公司则宜进行更为严格之审查，甚至可考虑设定事前核准程序。尤其对于上市公司，笔者认为，虽然短期内我国难以容忍"双重股权结构"，但长远来看应当允许复数表决权股之存在，以迎合部分公司的特殊需求，但应经证券监管机关或者证券交易所的特别核准——即使未来采行注册制，并充分论证其采行之必要及理由，公示为防止不利后果发生所采取的具体保障措施。

---

[1] 参见周友苏、李红军：《现代化视野下中国公司法改革前瞻——以公司形态调整为主线》，载《社会科学》2012年第4期；叶林、段威：《论有限责任公司的性质及立法趋向》，载《现代法学》2005年第1期；刘小勇：《论股份有限公司与有限责任公司的统合——日本及其他外国法关于公司类型的变革及启示》，载《当代法学》2012年第2期。

(三) 表决权行使所及之事项

通过对表决权行使事项的特殊安排也可以实现表决权分配的多元化，满足各类群体之需求，具体来说，可以分为：①对股东会所有决议事项享有表决权之情形；②仅对特定事项享有表决权之情形；③仅对特定事项无表决权之情形；④对股东大会所有决议事项无表决权之情形。其中，情形①为标准形态，若章程未为相反规定，则推定为对所有事项享有表决权；情形②和③均为对表决权行使之范围有所限制的情形，只是规定的方式有别，并无本质不同；④情形实际即为无表决权之另外表述。

引入该子项具有重要意义：首先，通过对表决权行使事项之规定可以细化表决权的分配，更加精确地满足不同群体的需求，而且还可在一定程度上减轻表决权数量非等比例分配所带来的争议和阻力，此外，经由和表决权数量的组合和协调，可以使公司在表决权上实现更加多元的安排。其次，既然可以规定完全无表决权股，即对股东会所有决议事项不享有表决权之股份，那么为何不允许对决议事项进行限定的股份类型呢？最后，在当下创业大潮之背景下，允许对表决权行使之范围进行适当限制有其现实意义，譬如，对于风险投资者来说，虽然他们对公司的大部分事务兴趣索然，但事关其直接利益之事项如盈余分配、剩余财产分配、董事监事选举等，其仍然希望保持必要的话语权，因此，可向其发行表决权受限种类股，这也将为创业者腾出更大的施展空间。

(四) 小结

表决权事项对于股东来说意义重大，[1]法律应予细化规定

---

[1] 参见刘俊海：《现代公司法》（第2版），法律出版社2011年版，第186页。

和适度干预。在未来立法时,我们首先应在一级事项上明确列明"表决权事项",进而通过对表决权数量和表决权行使所及之范围两个子项的规定来划定范围。具体来说,①关于表决权之数量,法律应当提供单数表决权、无表决权和复数表决权等类型,其中单数表决权为标准及默认形态;对于无表决权之情形,法律应予必要限制,包括规定公开公司发行限制表决权股数量之最高比例、法定表决权恢复制度,并可通过判例明示有表决权股东对无表决权股东的"信赖义务";对于复数表决权股我们应当允许而非禁止,同时采取多种措施保证其不被滥用,包括严格创设及变更之程序、限定转让程序及对象等,尤其对于上市公司发行复数表决权股,未来可强制要求事前核准。②关于表决权行使之事项范围,包括对股东会所有决议事项享有表决权、仅对特定事项享有表决权、仅对特定事项无表决权及对股东大会所有决议事项无表决权四种情形。上述两大子项可进行组合演绎,由公司根据需要自行选择。

五、附否决权事项之展开

所谓附否决权股份,又称"黄金股",是指对于股东会所决议的特定事项,除普通股东大会表决通过外,尚需经受影响的种类股东团体的单独决议。该种类股东团体实际上被赋予了单独否决权。

否决权和表决权具有类似的属性,都是股东参与决议的形式,只是两者起作用的方式有所不同:表决权是通过积极的肯定的方式参与决议,而否决权则以消极的否定的方式参与决议。否决权,顾名思义,只能否决某项决议,而不能由其单独决定某事项的通过。应当说,虽然通过对上述表决权事项的特殊安

第三章 种类股制度之静态调整研究：载体、适用范围和类型

排已经可以实现较为丰富的构造，但这仍然无法替代否决权的作用。例如，对于持股数量很少但又极其重要的股东，即使赋予其复数表决权仍难以保证足够的话语权，此时便可通过向其发行附否决权股达成目的；显然，在这种情形下，通过强行限制或者剥夺所有其他股份对该特定事项之表决权，不但不合理，而且也可能因违反法律的强制性规定而被认定无效。因此，将表决权机制和否决权机制共同引入，相互配合，才能形成一套更加完整科学的决议机制。

附否决权股和复数表决权股类似，容易被滥用，各国对于是否采纳仍有争议，不过较复数表决权股阻力仍会小很多。我国台湾地区禁止民营公司发行附否决权股，但却允许公营股东在公私合营公司中持有附否决权股，例如，台湾中华电信公司依据我国台湾地区"电信法"第12条第8项及该公司章程第6条之1项规定，通过增资发行特别股二股，由台湾交通事务主管部门依面额10元认购，此特别股不得转让，自发行日起满3年到期，期满日该公司以面额收回后销除之。该特别股使台湾交通事务主管部门对于台湾中华电信公司经营上之决议，如变更公司名称、变更经营事业，或让与全部或主要部分之营业或财产行为，具有否决的权利，亦即公司所为变更公司名称、变更所营事业或让与全部或主要部分之营业或财产行为前应先经特别股股东之同意，否则所为之行为无效。[1]日本于2001年《日本商法典》修法时明确引入了附否决权股，允许各类公司运用附否决权股，而不限于公私合营公司。[2]英美法对此也相当

---

[1] 张芩瑜：《特别股制度问题之探讨——法律与会计之交错》，台北大学2007年硕士学位论文。

[2] 参见［日］前田庸：《公司法入门》，王作全译，北京大学出版社2012年版，第85页。

宽容，并未过多限制公司运用附否决权股。可见，附否决权股在当今世界范围内还是广为接受的，至少在公私混合经济中如此，而这也是它蓬勃发展的最初原因，在20世纪八九十年代西方国家国有企业的民营化浪潮中，附否决权股于其中起到了重要作用。

引入附否决权股对我国而言意义重大：首先，我国正在如火如荼地推进以混合所有制为方向的国企改革，那么，如何在发挥民间资本活力和激情的同时保持国有资本必要的控制力是一个不可回避的问题，国家持有附否决权股是个可行的选择；其次，我国存在大量的中外合资合营企业及联营企业，在双方进行磋商协调时，往往有必要赋予一方否决权，促成合作的同时实现利益保障；最后，公司可以将发行附否决权股作为反收购的手段，例如，发行对董事选任解任事项附否决权的黄金股，可能会打击潜在收购人的收购意愿。

基于其易为滥用的特质，笔者认为，我国在引入时虽不宜限定可运用附否决权股的公司类型，但应细致设定配套措施，加强监管，防止滥用：其一，应规定黄金股持有人善意行使权利之义务，赋予其对其他股东之"忠实义务"；其二，应明确限定可以赋予否决权的事项范围，仅重大事项如"公司合并、分立、营业转让、董事监事之选任及解任、发行股票、公司债券等"上可设置否决权，防止过度扩张而影响公司的日常经营；[1]其三，限定其转让程序、转让对象及转让效果，如可规定如欲转让须经股东会绝对多数表决通过，转让对象限于特定政府部门或者母公司等，转让后若无相反规定，否决权自动消失等；其四，可以限定附否决权股的存续时间和条件，并可明确回赎条件。

---

[1] 参见李海燕：《建立我国种类股制度的构思》，吉林大学2014年博士学位论文。

第三章　种类股制度之静态调整研究：载体、适用范围和类型

六、转让受限事项之展开

（一）概述

所谓转让受限种类股，是指股份转让受到限制的股份类型，这种限制包括转让须经其他股东过半数之同意或者公司董事会的认可等。应当指出，这里的转让限于意定转让，如果是法定的转移如司法判决所确认之转移、因继承而发生之转移等则不受上述限制。股份之转让性是股权的要素之一，理应可进行多元化处理。惟应注意，此处的转让受限乃种类股意义上的转让受限，也就是说，它是附属于股份而非特定人的，之所以限制是基于持有股份之特定类型而非持有人之特定身份，因此，我国现行《公司法》第141条对公司之发起人、董事、监事及高级管理人员所持股份的转让限制并不属于转让受限种类股。

一般来说，转让受限种类股只能以记名股的形式存在，因为根据现行《公司法》第139条之规定，记名股须记载股东名称，其转让须经背书，转让后由公司将受让人的姓名或者名称及住所记载于股东名册，如此，公司具有限制股份转让之可能及手段，而对于无记名股票，根据《公司法》第140条之规定，无记名股票的转让，由股东将该股票交付给受让人后即发生转让的效力，公司显然难以进行干预。应当强调，股份之转让只能是"受限"，而不能完全"禁止"，股份转让权乃股东之基本权利，完全禁止转让有违股份之财产属性；而且，限制转让只能是例外而非原则，尊重股东之股份转让权，是各国和地区所坚持的基本原则，如《日本公司法》第127条规定："股东可转让其持有的股份。"我国台湾地区"公司法"第163条则干脆直接禁止对公司股份的转让性进行限制："公司股份之转让，不得

· 181 ·

以章程禁止或限制之。"

通过设定转让受限事项可以保证公司必要的封闭性，因此，一般而言，所谓转让受限是指对外转让受限，而不包括对内转让的限制。虽然这种机制在现行有限责任公司下可以实现，但股份有限公司仍有进行封闭性设计的必要和空间。作为大陆法系典型国家，日本于2005年修订《日本公司法》时破天荒地废除了有限责任公司形式，而将其整体机制（尤指股权转让受限机制）转移于股份公司框架下，从而使股份公司亦可限制其股份之转让，并将转让受限股作为种类股的一种重要类型，转让受限事项乃《日本公司法》第108条规定的种类股构造九大基本事项之一。[1] 此外，根据《日本公司法》的规定，如果股份公司将其全部股份设定为转让受限，则该公司为封闭公司；如果仅将部分股份设定为转让受限，则该公司为公开公司。

(二) 我国引入之必要性

引入转让受限种类股对我国具有重要意义，理由如下：

第一，股份公司仍有进行适度人合性设计之必要，尤其是小型的、股东人数较少的股份公司，在本质上和有限公司区别不大，允许其发行转让受限股可以使股东间的信赖关系得以稳固。即使是大型的、股东人数较多的股份公司，在特定情形下仍有必要发行转让受限股，例如通过章程规定，对公司创始人及管理层发行转让受限种类股，而非仅仅依据《公司法》第141条从期限和数量上限制其股份转让权，可能更有助于激励其努力经营。

---

[1] 参见 [日] 神田秀树：《公司法的理念》，朱大明译，法律出版社2013年版，第128页。

第三章 种类股制度之静态调整研究：载体、适用范围和类型

第二，可能有人会产生这样的疑问，如果有人想限制股权之转让，那么去选择有限公司形式便可，何必在股份公司中引入转让受限种类股呢？这样的疑问看似有理，实则经不起推敲：首先，现行《公司法》第71条默认了有限公司股权转让受限的属性，同时允许公司章程作出另外之规定，但这是否意味着我们可以仅对部分股权设定转让限制呢？现行法并未给出明确回答，而实践中工商管理机关通常不允许这么做，而通过引入转让受限种类股则可以实现上述目标。其次，根据笔者的检索及观察，股份公司形式较之有限公司具有天然的优势——这在学界已有部分共识，[1] 在股份公司下实现股权转让受限的机制，更有助于保障公司之长久繁荣，避免纠纷和矛盾。"有限公司自其产生之初便有无法回避的劣根性，包括资合性和人合性分配上的不伦不类、人格独立障碍、融资渠道狭窄、与股份公司区分的模糊化、股权描述得不精确等，而且在我国又经历着后天的畸形发展，包括基本定位的偏差、对中小股东保护不利等，造成了很多弊端，而在股份公司下则可以较好地回应上述难题。"[2]

第三，引入转让受限事项，并和其他事项综合运用，可以对易为滥用的股权类型进行更加有效的规制，例如，对于复数表决权股和附否决权股等股权类型，对其附以转让受限事项，可以在一定程度上防止优势股份之任意转让、损害其他股东之

---

[1] 参见周友苏、李红军：《现代化视野下中国公司法改革前瞻——以公司形态调整为主线》，载《社会科学》2012年第4期；叶林、段威：《论有限责任公司的性质及立法趋向》，载《现代法学》2005年第1期；刘小勇：《论股份有限公司与有限责任公司的统合——日本及其他外国法关于公司类型的变革及启示》，载《当代法学》2012年第2期。

[2] 李润生：《有限责任公司废除论》，载《安徽大学法律评论》2014年第1期。

合理预期、确保公司之安全运行。

（三）笔者的观点及建议

第一，我国应当在股份公司下引入转让受限种类股，作为种类股设计的基本事项，有限公司可予参照适用。

第二，公司可以将全部股份设定为转让受限，亦可仅将部分股份设定为转让受限。

第三，应明确不可绝对禁止股权之转让，股份公司下的转让受限只能是例外而非原则。

第四，转让受限股份应为记名股，应于股东名册上记载股东姓名及持股数量，并于股权凭证上载明"转让受限"字样。

第五，为与现行有限责任公司机制顺畅对接，应规定：股份公司股东对外转让其受限股份应经其他股东过半数同意，股东应就其股份转让事项书面通知其他股东并征求同意，其他股东自接到书面通知之日起满30日未答复的，视为同意转让。其他股东半数以上不同意转让的，不同意的股东应当购买该转让的股权；不购买的，视为同意转让。同样，应承认其他股东同等条件下的优先购买权。

七、转换事项之展开

（一）概述

所谓附转换事项之种类股，简称转换股，是指在符合特定条件时可转换为其他类型股份的股份类型。转换股本身是一类股份，只是可以由一种股份转换为另一种股份，不同于可转换债券——由股份转换为债券。惟应注意，这里的转换对象均为公司自身之股份——虽为不同类别，而不包括公司所持有之其

第三章 种类股制度之静态调整研究：载体、适用范围和类型

他公司股份，如对价设定为其他公司之股份，则成为偿还股而非转换股。转换权，从本质上来说是一种选择权、期权，是双方当事人关于未来的安排。如果从金融工具定性的角度来说，转换股应归属于金融衍生产品而非基础金融产品，它是由基础股份和期权叠加而成的。只不过，作为种类股之一种，转换股之转换权是附属于股份的，不可脱离股份而单独存在，这不同于可单独发行或交易的权证。

应当说，作为一种带有期权性质之种类股份，转换股天然地具有避险和套利的功能，可以帮助公司和投资者应对未来风险，详述如下：

对公司而言，转换股是一种重要的调整工具，由于发行特别股如优先股、复数表决权股等通常为公司的应急方案，如长期允许此类股份存在，不但成本较高，且易生风险，运用转换股则可在未来必要时拆除上述特别股。应当指出，拆除特别股还有一个解决方案，即发行偿还股，但股份偿还可能会导致公司资产外溢，降低公司整体信用，因而可能受到外部债权人的较大阻力，转换股则不会发生上述问题；对投资者而言，转换股为其提供了灵活的投资工具，在特定条件下，既可借之获取更大收益，又可借之降低损失、规避风险。

对于转换股而言，其转换权既可为公司享有，亦可为股东享有，前者一般被称为强制转换股，后者则被称为任意转换股，日本法则称前者为附取得条款股份，后者为附取得请求权股份。此外，转换权也可以同时为公司和股东享有，这并不冲突。但无论如何，公司应于章程中明确规定公司或者股东行使转换权的具体条件及转换对价，尤其是转换对价如转换目标、转换比例、转换价格等应进行细化规定，预防纠纷。当公司因转换而

发行新股时——实质上是以新股换旧股，其发行价格若与转换前的股份价格不一致，便有可能损害现有股东之利益，法律有必要对此时的发行价格予以适当干预。[1]

此外，就转换方向而言，有向下转换和向上转换之分：向下转换是指级别较高、权利较优势之股份转换为级别较低、权利较劣势之股份，如优先股转换为普通股，向上转换则正好相反。但关于级别高低和权利优劣的判断并无明确、单一的标准，它往往是复合多元的，需综合考察，既可能仅涉及经济上的权利，例如普通分红股转换为优先分红股为向上转换，顺位在先的优先股转换为顺位在后的优先股为向下转换；也可能仅涉及管理上的权利，例如复数表决权股转换为单数表决权股为向下转换，可对全部事项行使表决权之股份转换为仅可对特定事项行使表决权之股份为向下转换；但有时也可能涉及方向相反的多种权能，此时便需综合分析，不过通常认为经济上的考量更具重要性，比如普通分红但附带表决权的普通股转换为优先分红但无表决权的优先股属于向上转换。由于向上转换容易被滥用，并导致新的利益失衡，因而很多国家及地区明确禁止向上转换。[2]通过转换权主体和转换方向的组合叠加可以构造丰富多元的转换种类股。

作为一种极端复杂且易为滥用的股份类型，各国对于转换股的态度都较为慎重。例如，在美国，"一些州的法律禁止创制可以转换为拥有更高权利并且在分红或者清算时有优先权的股票的优先股。换句话说，一个普通股是不可以转换为优先股或

---

[1] 参见李海燕：《建立我国种类股制度的构思》，吉林大学 2014 年博士学位论文。
[2] 参见 [美] 罗伯特·W. 汉密尔顿：《美国公司法》（第 5 版），齐东祥等译，法律出版社 2008 年版，第 155 页。

第三章　种类股制度之静态调整研究：载体、适用范围和类型

债券的，并且低级的优先股也不可以转换为更高级的优先股。"《韩国商法典》虽未明确禁止向上转换，但由于其规定只能由种类股转换为普通股，普通股却无法转换成种类股，因此在韩国，实际上也只能进行向下转换。我国台湾地区"公司法"第159条之一明确规定特别股可转换为普通股，但普通股能否转换为特别股，法未明定；既未明定，依据我国台湾地区对"公司法"强行法属性的界定，当解为禁止。此外，根据我国台湾地区经济事务主管部门的解释，公司章程中不可明定特别股得按一股换数股比例转换为普通股；即使规定，亦属无效条款。[1]《日本公司法》对于转换的方向似乎并未有太多限制，转换比例亦无硬性规制，只是《日本公司法》规定，作为转换的对价财产，其账簿价额不得超过该请求日的可分配额，即所谓的"财源规制规则"，从而兼顾了对债权人的保护。

（二）我国引入之必要性

笔者认为，我国有必要引入转换股，理由如下：

首先，作为重要的配套制度，转换股可以在未来必要时消除作为应急或者特别处理方案的种类股，从而统一股权类型。诚如上述，虽然设定偿还股也可达成类似效果，但显然股份偿还更有利于股东而非债权人，而转换股则可有效保护债权人，二者具有不同的定位和功能，互不可替代。

其次，引入转换股这一具有期权属性之种类股类型，可以增强公司的避险能力，科学规划未来，尤其可以调整财务结构，应对财务风险。不同类型之股份虽均表现为股权，但在财务记账时则可能被划归不同项目，例如，虽同为优先股，若为参加

---

[1] 参见我国台湾地区经济事务主管部门90.5.22商9002095540。

型优先股则一般于账簿上记载为股东权益,而非参加型则记载为负债;若为累积型优先股通常记载为负债,而非累积型则记载为股东权益等,总之,会计处理更加注重经济实质而非法律形式。综观我国现阶段,可以实现类似效果的财务工具很少,常见如可转换债券,但一方面,这仅限于将债券转换为股份,而无法实现不同类型和层级之间股份的转换;另一方面,可转债通常只能为上市公司所利用,范围有限。引入转换股可以丰富公司的财务调整工具,增强公司应对财务风险的能力。

最后,转换股在我国正在进行的国企改革中可以发挥一定的作用。可将国有股设定为转换股,并规定在将来条件成熟时,如企业已步入平稳经营阶段,逐步将国家持有的表决权股转换为无表决权股或者将附否决权股、黄金股等转换为普通股,以拓宽社会资本发挥作用的空间。

(三) 笔者的观点及建议

笔者认为,我国作为种类股制度的初创国家,在引入转换股时,应借鉴国际经验,进行细化规制,具体来说:

首先,应明确规定转换股之转换权既可由公司享有,亦可为股东享有,也可为公司和股东同时拥有,惟应细致规定各自行使之条件。

其次,我国现阶段应禁止上游转换,以保证公众的预期和安全。关于转换之标准,诚如上述,涉及单一权利类型时较好判断,而涉及多种权利时,则需全面分析、综合判断,但一般认为经济上的考量更具重要性。此外,我国虽应禁止上游转换,但无必要像韩国或者我国台湾地区一样,只允许种类股转换为普通股,而不允许普通股转换为种类股以及种类股之间的转换,应当说,普通股向种类股的转换以及种类股之间的转换亦存在向下转换的可能性,如普通股转换为劣后股或者无表决权股、复数表决权种类股转换为无表决权种类股等。韩国即因为原先立法上的疏忽,而引起了解释上的分歧,[1]我国应予避免。

再次,对于上市公司应进行更严格之规制,以保障公众投资者的利益,尤其在我国现阶段尚未大范围开放金融衍生品市场之背景下,更应慎之又慎。

最后,公司通过发行新股进行转换时,应确保新股发行价不低于转换前之股份价格,避免因转换而损害既存股东之利益。同时,应引入裁判机制,赋予当事人诉权,允许其在转换对价上发生争议时诉诸司法。

八、偿还事项之展开

(一) 概述

所谓附偿还事项种类股,简称为偿还股,是指在章程所定条件成就时,由公司决定或者应股东之请求以公司之财产(包括现金、持有的其他公司的债券、股票等各种财产形式)赎回股东持股之股份类型。从本质上说,偿还权和转换权一样,亦为期权之一种,有助于公司或者股东对未来之安排。而且,偿还权和转换权本属同宗,如果我们把转换权行使的对价设定为公司自身股份外之其他财产如公司之现金、公司所持其他公司之债券、股票等,那么行使转换权和行使偿还权的效果便大体相同了。甚至可以说,偿还权为转换权之特殊类型。日本法即是将偿还股和转换股进行合一规定,而通过对价的区分予以细

---

[1] 参见[韩]安修贤:《韩国公司法上股份法制的几个热点问题——以种类股份为中心》,金艳译,载《中韩商法高峰论坛:公司金融法制的现代化与韩国的经验》2014年5月。

化规制的。日本法并未将对价作为划分偿还股和转换股的依据，而是着眼于权利行使主体之不同分别规定了附取得请求权事项种类股和附取得条款事项种类股，前者选择权行使之主体为股东而后者为公司，但无论行权主体为谁，其对价既可为公司之其他类别股份，亦可为公司自身股份外的其他财产。

不过，偿还股和转换股虽然只是将对价设定为不同类型，但却代表了两种不同的价值取向，亦会产生不同之影响。在转换之情形下，一般不会导致公司资本减损，不至于威胁债权人债权之实现，因为公司资产并未外溢，即使公司通过发行新股的方式完成转换，而新股发行价低于转换前股份之价格，也只涉及股东间的利益分配；而在偿还之情形下，由于直接涉及公司资产的外拨，影响公司的整体信用状况，因而不但涉及股东间利益的协调，亦不可避免地影响到外部债权人的利益。因此，区分偿还事项和转换事项、分别规定偿还股和转换股仍有其必要性。

作为种类股之一种的偿还股，应注意与法定股份回购制度[1]的区分。总的来说，作为种类股的偿还股和股份回购制度有以下区别：其一，偿还股之偿还权是附属于特定股份的，而股份回购制度下的回购权并不附属于特定股份，而是一项独立的权能，面向公司之所有股东，[2]只要符合法定条件，各类股

---

〔1〕 股份回购（share repurchase），又称股份的回赎（share redemption），是指公司依照法律规定从股东手中买回自己股份的行为。根据我国现行《公司法》第142条第1款之规定，公司原则上不得收购本公司的股份，除非符合以下情形：①减少公司注册资本；②与持有本公司股份的其他公司合并；③将股份奖励给本公司职工；④股东因对股东大会作出的公司合并、分立决议持有异议而要求公司回购其股份。参见施天涛：《公司法论》（第2版），法律出版社2006年版，第264页。

〔2〕 参见［日］前田庸：《公司法入门》，王作全译，北京大学出版社2012年版，第92页。

第三章　种类股制度之静态调整研究：载体、适用范围和类型

东均可运用股份回购制度。其二，偿还股是由公司在章程中主动设定的，属公司自治之范畴，而股份回购制度为一项法定制度，无论公司章程是否规定均可援引，属法律强制之范畴。其三，偿还股之偿还条件由公司在章程中规定，具体条件由公司设定，而股份回购制度之回购条件及情形由法律明确规定，不由当事人选择。其四，公司赎回偿还股后，一般会将其注销，这也契合偿还股之本旨及功能，而基于股份回购制度回购之股份，区分情形，既可注销，亦可转让，如根据我国现行《公司法》第142条之规定，公司为将股份奖励给本公司职工而回购股份的，应当将股份在回购后3年内转让给职工或注销；公司为减少注册资本而回购股份的，应当自回购之日起10日内注销；对于第142条第1款第2项、第4项这两种情形，公司则应在回购之日起6个月内转让或注销。作为偿还股，除依章程所定之具体条件行使偿还权外，若符合法定回购制度之适用条件，亦可依法行使股份回购权，二者并不冲突。

完全放任偿还股之运用可能有损公司之资产信用，进而削弱对外部债权人之保障，各国对偿还股均有所限定。例如，在美国，"以偿还股之形态发行特别股，占有发行量之相当比例；其中又以偿还选择权归属公司者为多数。由于偿还之实行，系将公司之资本分配于股份持有人，此种公司资本之减少，间接地侵害公司债权人之权益。若公司非以发行新股方式取得偿还资金，而系以公司资本进行偿还时，即为直接侵害公司债权人之利益。因此，美国早期判例曾反对偿还股之发行，其后由于许多州明示承认公司取得自己股份而逐步放开。有数州之公司法规定，以法律有特别规定者为限，公司始能以资本偿还特别股；但公司已有支付不能之情事，偿还后剩余资产不足以支付

公司债务时，不得实行偿还。纽约州及特拉华州公司法规定，公司限以剩余金（surplus）收回特别股。"[1] 总的来说，美国各州现在基本均承认偿还股，但除非通过发行新股募集资金进行偿还外，一般有财源之限制，这和盈余分配之规则基本相同，即只要通过破产测试（Bankruptcy Test）和衡平偿付不能测试（Equity Insolvency Test）的测试便可。[2] 日本对偿还股偿还权之行使亦有财源规制规则，"附取得请求权股份的股东对公司可请求取得该股东所持有的附取得请求权股份，当对价为现金等时[3]，此时若偿还所需资金超过该请求日的可分配额，不得认可该请求。"对于附取得条款种类股份亦有类似规定。不过，由于日本法设有法定盈余公积金提取的规定，加之只能在公司资产减去资本金及公积金等的差额内进行分配，其偿还之财源规制较之美国更为严格。除此之外的其他国家和地区，基本都有类似的财源规制规则，只是财源规制的程度和形式因各自资本制度的不同而略有不同。

循此逻辑，具体而言，用以偿还之资金，如是通过增资（包括现金增资如发行新股筹集资金和非现金增资如盈余或者公积金转增股本等）方式筹集，则自不必再有财源之限制，因为公司之资产状况并未有恶化；而如果是以增资外之财产进行偿还，则应设有财源限制，即所运用之资产须为超过公司已发行资本及法定公积金之部分，不得减损公司资本及变相抽逃

---

[1] Crandall et al. v. Lincoln et al., 52 Conn. 73 (1844). 转引自张芩瑜：《特别股制度问题之探讨——法律与会计之交错》，台北大学2007年硕士学位论文。

[2] 美国的资本制度是相当灵活开放的，注册资本概念之意义已非常淡化，资产大于负债之部分均可用于偿还股之偿还。关于破产测试和衡平偿付不能测试标准的具体规定，参见邓峰：《普通公司法》，中国人民大学出版社2009年版，第338~339页。

[3] 实际上即为偿还股。

出资。

(二) 我国引入之必要性

偿还股和转换股之功能、定位较为类似,关于转换股引入之理由基本可转用于偿还股,那么为何在转换股之外仍需引进偿还股呢?笔者认为,偿还股仍有其不可替代之独立价值。诚如上述,偿还股较之转换股,在价值取向上更偏向于公司股东,偿还权行使之结果为股东获得资产返还,而且用于偿还之资产多为现金、债券等流动性较强之资产,股东实质上获得了兑现的效果,这在公司本身之股份流动性不强时更能凸显其价值。因此,对公司来说,发行偿还股可能更乐为股东所接受,在公司急需资金时便于资金筹措。此外,各国均有法定股份回购制度之实施,公众对于股份偿还已经破除心理之障碍,这也是不容忽略的比较优势。[1]

(三) 笔者的观点及建议

我国应引入偿还股,同时对其进行细化规制,具体而言:

第一,应明确偿还股之定义,将偿还之对价限定为公司之现金及所持有之其他公司的股份或债券等,以与转换股相区分。若对价为本公司之股份,则成为转换股;若对价为本公司之债券,则股份转换为债券,涉嫌向上转换,应予禁止。

第二,明确偿还股之偿还权既可为公司享有,亦可为股东享有,也可为公司和股东同时享有,惟应在章程中载明各自行使之条件、对价等关键事实。

第三,偿还权行使之对价为偿还事项中最敏感之事实,因

---

〔1〕 参见朱庆:《论股份回购与操纵市场的关联及其规制》,载《法律科学(西北政法大学学报)》2012年第3期。

而对于偿还对价之标准不但应于章程中载明,当发生争议时,应允许诉诸司法。

第四,应设定财源规制规则,公司只可以净资产中超过注册且已缴纳资本(还包括法定公积金)之部分进行偿还。当然,如果公司以增资方式(包括现金增资和非现金增资)筹集偿还资金,则无此限制。

第五,鼓励替代性机制之运用,如以其他替代性工具可达成与股份偿还类似之效果,而负面影响又较少,应尽量避免偿还股之运用,毕竟股份偿还有减损公司信用能力的负面效果。

九、附董事监事选任解任权事项之展开

(一)概述

所谓附董事监事选任解任权之种类股,是指就章程规定之特定数量的董事或监事由该种类股东大会予以单独选任之股份类别。应当指出,选任权和解任权通常是相伴的,解任权可以保障选任权行使之效果,二者缺一不可;董事选任解任或者监事选任解任可以由公司自行选择,既可明定某类股份仅附带董事或者监事的选任权,亦可同时附带董事和监事的选任权。董事选任和监事选任并无太大不同,只是在选任监事时,须注意与法律强制性条款之协调,如对于有国资背景之公司需由职工选出特定数量的监事,而且一般来说,董事选任之重要性远远大于监事选任,因此,下文主要以董事选任权为例进行探讨。

运用附董事选任权之种类股,"可以制度性地保障联营者向董事会输送董事,在合资企业关系中各出资企业可以根据出资比例以及对事业的参与程度选任出依据股东间协议确定的合理

第三章　种类股制度之静态调整研究：载体、适用范围和类型

数量的董事"[1]。举例而言，如果公司董事会由 11 名董事组成，则可发行 A、B 两类股份，其中，章程规定由 A 类股份选举 5 名董事，而由 B 类股份选举 6 名董事，如此，分别持有 A、B 股份之 a、b 股东可确定地分别向公司输送 5 名和 6 名董事，而不受持股数额及比例等因素的影响。[2] 当然，如果 a、b 两类股东势均力敌，为了更加平衡且公平地选出董事也可以这样安排，即由章程规定：由 A、B 类股份先分别选出 5 名董事，再由 A、B 类股份合并而共同选出最后 1 名董事。[3]

该种股份实际上具有保护中小股东之功能，有助于保障持股人输送确定数量的董事，即使其持股数额可能并不足以支撑。这似乎比累积投票制度更具吸引力，因为，在累积投票制下，由于投票策略及持股数额等各种因素之限制，小股东可能最终无法选派自己中意的董事，或者即使能够选出也无法精确地保证数量，而在附董事选任权种类股下，上述不确定性均可排除，正如美国学者所论述的那样："通过设置附董事选任权之股份，可以确保少数派利益在董事会上的代表权。当企业计划让在公司中的少数派利益的持有人能够取得在董事会中的代表权时，比起依赖于累积投票，企业通常更乐于使用不同类别之股票——累积投票可能会有一些欺骗性和不确定性。"[4]

不过，正因如此，如果在公开公司中认可附董事选任权之

---

[1] 参见［日］前田庸：《公司法入门》，王作全译，北京大学出版社 2012 年版，第 86 页。

[2] 参见［日］前田庸：《公司法入门》，王作全译，北京大学出版社 2012 年版，第 87 页。

[3] 参见［日］前田庸：《公司法入门》，王作全译，北京大学出版社 2012 年版，第 87 页。

[4] ［美］罗伯特·W. 汉密尔顿：《美国公司法》（第 5 版），齐东祥等译，法律出版社 2008 年版，第 202 页。

股份，则有可能出现没有合理根据，仅部分股东滥用董事选任权的危险，从而造成不公平而又无法挽回之情形，因而，通常将该类股份之适用范围限于封闭公司。[1] 如日本法明确排除公开公司发行附董事选任权之种类股。美国法的态度亦是如此，"仅紧密持股公司可以通过股份的不同分类——即使这些不同类别的股票有着同样的经济权利，在选定特定人数的董事时，作为各个类别被授权分别进行投票，这可以确保少数派利益在董事会上的代表权"[2]。惟应注意，即使是在封闭公司下由不同类别股东选派之董事，该董事亦应对公司所有股东而非仅对选出他的股东负有忠诚勤勉义务——此乃法理之当然。

此外，在设定附董事选任权之种类股时，应于章程中明确若发生特殊情形而致类别选举无法实施时的解决办法，譬如某类股份由于偿还而消失时，应如何选出本应由其选出的董事。章程若未明定，法律应予兜底，一般来说，若发生股份偿还及类似之情形，应推定由所有股东组成之股东会选出剩余之董事。

（二）我国引入之必要性

我国有必要引入附董事监事选任权之种类股，理由如下：

首先，董监选任股具有制度性地保障各方输送特定数量之董监事的功能，而该功能是其他种类股份及制度如累积投票制所无法替代和实现的。就此而言，引入董监选任股将使我国的种类股体系更加完备。

其次，董监选任股对于国企混合所有制改革具有重要意义。

---

[1] 参见 [日] 前田庸：《公司法入门》，王作全译，北京大学出版社 2012 年版，第 86 页。

[2] [美] 罗伯特·W. 汉密尔顿：《美国公司法》（第 5 版），齐东祥等译，法律出版社 2008 年版，第 202 页。

除上市国企外，我国大部分国企为封闭性企业，主要采用有限责任公司形式。这些公司在进行混改时，可以通过向社会资本发行董监选任股来保障其对公司的参与权，同时也可以更加充分地发挥社会资本的活力，助力国企效率的提升。

再次，我国存在大量的中外合资合营企业及联营企业，如果允许其设定董监选任股，将有助于双方的协调合作，降低抵触情绪，预防潜在冲突。

最后，在当下的创业大潮下，创业企业及其创始人往往对董监选任股具有强烈的需求。对于初创企业之创始人来说，最重要的莫过于掌控企业，将其经营理念及创业梦想融入其一手创办之企业。但是，在多轮融资之后，其股份可能被严重稀释，此时，可向创始人发行董监选任股，保证其对公司必要的控制，而且，这相对于复数表决权股而言，可能更易为外部投资人所接受，因为前者仅涉及董监事选任事项，而后者通常覆盖股东会决议之全部事项。

(三) 笔者的观点及建议

我国应引入董监选任股，并进行细化规定：

第一，若设定董监选任股，需在章程中载明不同类别股份应选派之董事或者监事之数量。此外，关于监事之选任应注意和现行法律强制性规定的协调，如国有企业关于职工董事派遣的规定。

第二，选任权和解任权密不可分，解任对于选任具有重要的保障作用，我国在立法时应将二者捆绑，即使章程仅有关于选任之约定，法律亦应推定其准用于解任事项。

第三，应明确将董监选任股之适用范围限定于非公开公司，包括有限责任公司以及封闭性的股份有限公司。

第四，应明确董监选任股选出之董监事对公司及全体股东负有忠诚勤勉之义务，这无需在立法中重复，但最高人民法院可在其公示案例中予以明示。

第五，应作引导性规定，引导公司于章程中载明若因股份偿还等原因而致董监选任股不存在时之解决方案，若未明定，法律可推定由全体股东共同选出剩余之董监事。

十、属人性种类股之展开

（一）概述

所谓属人性种类股，是指由章程规定的、依据股东特定身份而享有特殊权利的股份类别。[1] 属人性种类股是相对于属物性种类股而言的。这种股份的着眼点在于股份持有者的身份而非股份的内容，权利内容依附于特定的人而非特定的股票，因而是属人的而非属物的。正因为具有明显的属人性，因而在某种意义上是和股份的一般属性相冲突的。因而，各国通常将属人性种类股作为股东平等原则之例外。以《日本公司法》为例，该法第109条第1款首先厘清了股东平等原则之内涵——"股份公司对股东必须按照其持有股份的内容及数量平等对待"，紧接着又于第2款规定，公司可于第1款之外在章程中对不同股东给予不同对待，认可属人性种类股之例外适用。

循此逻辑，属人性种类股当然可以基于主体身份的不同进行更加开放、多元和激进的构造。以《日本公司法》为例，属物性种类股下通常无法设计复数表决权股，除非和单元股制度

---

〔1〕 参见 [日] 神田秀树：《公司法的理念》，朱大明译，法律出版社2013年版，第104页。

第三章 种类股制度之静态调整研究：载体、适用范围和类型

相结合，然而，在属人性种类股下则可直接构造复数表决权股。应当说，这便是属人性种类股存在的重要价值之一。

当然，为防止作为例外的属人性种类股被滥用，必须明确其适用条件，并予必要限制。[1] 综观各国立法，具体来说，主要有以下几点：首先，一般来说，属人性种类股仅适用于封闭性公司。封闭性公司之闭锁性及一定程度之人合性正好与属人性种类股相契合，同时，封闭性公司通常具有更加多元和激进的需求，属人性种类股之构造正好与之呼应。其次，属人性种类股之特别权利专属于特定人，其转让受到限制。也就是说，对于持有属人性种类股之股东，其若转让股份于其他人，则原有之特殊权利并不随之转移，受让人受让之股份转换为普通类型之股份，除非公司通过修改章程将该特殊权利授予受让人。最后，对于属人性种类股，一般应限定其可变通的事项范围，以防过分扩张所引发的不确定性及股东间的利益失衡。《日本公司法》第109条第2款即规定属人性种类股的变通范围仅限于盈余分配事项、剩余财产分配事项、表决权事项。

当然，属人性种类股与属物性种类股作为种类股家族并行的两个成员，亦具有很多的相似性。同为种类股，同为股份多元化的实现形式，因此属物性种类股之相关规定如种类股东之特别保护等，若与属人性种类股之性质不相冲突，则可参照适用之。如《日本公司法》第109条第3款规定："章程中规定前款规定（即属人性种类股）的，同款股东持有的股份视为与同款权利相关事项内容不同类别的股份，适用本编及第五编的规定。"

---

[1] 参见［日］前田庸：《公司法入门》，王作全译，北京大学出版社2012年版，第296页。

(二) 我国引入之必要性

对于我国来说，引入属人性种类股具有现实必要性：其一，在我国实践中，有限责任公司之数量占公司总体之绝大部分，而有限责任公司基本为封闭性公司，其具有利用属人性种类股的天然冲动，此外，股份有限公司中的相当数量亦具有封闭属性；其二，在现行法下，有限责任公司可进行股权多元化构造之事项极其有限，而即使未来构建完整的属物性种类股制度，仍可能无法满足封闭性公司之个性化需求，引入属人性种类股制度可最大限度地拓宽封闭公司的自治空间；其三，我国的公司向来人治色彩浓厚，公司经营状况往往与公司的领导人息息相关，当然，这在一定程度上契合了中国的传统文化，具有一定的合理性，引入属人性种类股可以将这种紧密联结关系制度化，同时通过限定主体条件及具体适用范围，可防止滥权，实现效率与安全的统一。

(三) 笔者的观点及建议

第一，我国应当引入属人性种类股，在具体立法时，应于属物性种类股条款之外专列一条单独规定，以明示其与属物性种类股间的并列关系。

第二，应当厘清股东平等原则的现代内涵，即股东之平等是建立在股东所持股份之数量及内容上的平等，属物性种类股为股东平等原则的应有之义，而属人性种类股为股东平等原则之适法例外。

第三，应将属人性种类股的适用范围主要限定于封闭性公司中，包括有限责任公司和封闭性的股份有限公司。此外，不应绝对禁止在公开公司中设置属人性种类股条款，但法律应予严格管制，如强制公司论证设定之必要性及合理性，且须经主管机关事前核准等。

第四，应将属人性种类股之灵活处理事项限定于盈余分配事项、剩余财产分配事项、表决权事项，以防过度扩张所可能引发的滥用；待条件成熟时，亦可将其逐步扩展至其他事项。

第五，应限制属人性种类股所附带之特殊权利的转让，股东转让其属人性种类股，并不伴随所附带之特殊权利之转让，一般来说，受让人所受让之股份自动转换为普通股份，除非公司通过修改章程将该特殊权利转授予受让人。

第六，属人性种类股之特别保护等相关事项可参照适用属物性种类股之规定。

十一、现有优先股试点之评述及与种类股制度之衔接和整合：种类股类型之视角

（一）优先股试点方案关于种类股类型之规定及评述

2013年11月底，国务院发布了《指导意见》，共16条，从宏观上对优先股的基本问题进行了界定。2014年3月，证监会发布了《管理办法》，共9章70条，对《指导意见》进行了细化，成为我国现行关于优先股制度最为全面详细的规范性文件。[1] 此外，2014年4月，银监会和证监会联合发布了《关于商业银行发行优先股补充一级资本的指导意见》，2019年6月，银保监会和证监会对前述文件进行了修订，发布了《银行优先股意见》，将前述文件废止。不过，这只是在《管理办法》的基

---

[1] 参见刘胜军：《类别表决权：类别股股东保护与公司行为自由的衡平——兼评〈优先股试点管理办法〉第10条》，载《法学评论》2015年第1期。

础上对关于银行利用优先股的特殊问题进行的规范。[1] 本书主要以《管理办法》为蓝本进行探讨。

《管理办法》仍然以普通股和优先股的传统二元划分为基础进行股权多元化构造。而且，此为证监会发布之文件，乃针对资本市场下之公司（包括上市公众公司和非上市公众公司），是证券法层面的特殊规定。既为证券法层面之规范，一般应理解为强制性规范，未明确授权则为禁止。

应当说，《管理办法》下优先股之具体事项受到较多限制，类型有限。总的来说，《管理办法》第2条规定："本办法所称优先股是指依照《公司法》，在一般规定的普通种类股份之外，另行规定的其他种类股份，其股份持有人优先于普通股股东分配公司利润和剩余财产，但参与公司决策管理等权利受到限制。"由上可知，所谓之优先股为标准形态之优先股，在赋予股东盈余和剩余财产分配优先权的同时限制其表决权，强调权利义务之对称。

具体来说，就盈余分配事项和剩余财产分配事项而言，二者相互捆绑，不可分割，而且《管理办法》第6条第1款规定："试点期间不允许发行在股息分配和剩余财产分配上具有不同优先顺序的优先股，但允许发行在其他条款上具有不同设置的优先股。"也就是说，同一公司不能发行两种以上不同顺位的优先股，如某公司发行A、B两类优先股，A类优先股优先于B类优先股获取分配，这是《管理办法》所明令禁止的。不过，第6条第2款也指出："同一公司既发行强制分红优先股，又发行不含强制分红条款优先股的，不属于发行在股息分配上具有不同

---

〔1〕 参见刘胜军：《类别表决权：类别股股东保护与公司行为自由的衡平——兼评〈优先股试点管理办法〉第10条》，载《法学评论》2015年第1期。

第三章 种类股制度之静态调整研究：载体、适用范围和类型

优先顺序的优先股。"此外，根据《管理办法》第9条，第11条之规定，优先股可以是参加型也可为非参加型，但若章程未作另外规定，则推定为非参加型优先股；可以是累积型亦可为非累积型，上市公司公开发行之优先股须为累积型优先股。[1]而且，对于优先股之股息率，根据《管理办法》第16条之规定，既可为固定股息率，亦可为浮动股息率。

就表决权事项而言，《管理办法》所规定之优先股在普通股股东大会上并无表决权，但于种类股股东大会上当然具有表决权，一股一权[2]；此外还规定了表决权恢复制度[3]，恢复之后享有普通股东大会之表决权。

就偿还事项而言，根据《管理办法》第13条之规定，优先股可以设定为偿还股，包括发行人要求赎回之偿还股和投资者要求回售之偿还股。

就转换事项而言，《管理办法》第33条中有规定："上市公司不得发行可转换为普通股的优先股。"由此可知，该办法暂时禁止转换股之存在，不过，商业银行可根据《银行优先股意见》发行特定情形下强制转换为普通股的优先股。

除此之外的其他事项，《管理办法》并未涉及，如附否决权事项、董事监事选任权事项等。

另外应当注意，对于上市公司公开发行的优先股，《管理办法》第28条明确规定其必须采取固定股息率，有盈余时必须向优先股股东分配股息（强制分红条款），且为累积而非参加优先

---

[1] 参见《管理办法》第28条。
[2] 参见《管理办法》第10条。
[3] 参见《管理办法》第11条。

股，不过，商业银行可根据《银行优先股意见》作变通规定。[1]

(二) 现有优先股类型与未来种类股制度的衔接及整合

首先，从公司法层面而言，笔者认为，我国未来在构建种类股制度时应打破普通股和优先股的二元划分，而应以股权内容要素分割及组合的方式，全面系统构建种类股制度。同时，基于优先股的典型意义及高频使用率，应当对优先股进行专门集中规定，不过这些规定宜定性为引导性规定。《管理办法》中规定的优先股主要是针对资本市场设计的，因而有很多局限，公司法层面之优先股规范理应更加开放和多元。具体而言，其一，应在盈余分配事项和剩余财产分配事项上对优先股进行细化规定，包括分配之顺序、分配之额度及追踪性等维度，且不强制二者捆绑，准由章程自治；其二，在确定了优先权的基本形态后，允许在此基础上结合种类股之其他构造事项进行更加复杂的组合，例如，通过与表决权事项的结合，既可构建标准形态的无表决权优先股，亦可构建有表决权的优先股。

其次，从证券法层面而言，对种类股的类型应予适当限制和干预，保证一定的标准化和可预见性。同时，应当明确，资本市场不过是公司股权交易的一种特殊场所，二者在股份类别上的逐步靠拢应当是一种可期的趋势。因此，根据资本市场的发展阶段，逐步放宽资本市场下种类股之类型，应当是合理的路径。具体来说：其一，就现阶段而言，《管理办法》作为有效力的法律文件，其所规定的优先股是当下我国资本市场上除普通股外唯一合法的种类股类型，我们应承认并立足于这一现状，

---

[1] 参见刘胜军：《类别表决权：类别股股东保护与公司行为自由的衡平——兼评〈优先股试点管理办法〉第10条》，载《法学评论》2015年第1期。

第三章　种类股制度之静态调整研究：载体、适用范围和类型

完善并发展《管理办法》下的优先股制度，取消各种限制，拓展优先股的具体形态；其二，根据资本市场的发展状况，在时机成熟时打破普通股和优先股的传统二元划分，并在股权元素拆分及组合的基础上拓宽证券法视野下的种类股类型。此外，基于优先股的典型意义，即使在打破普通股和优先股的二元划分后，仍应对优先股予以集中专门规定，以引导公司充分利用优先股制度。

第四章 CHAPTER 4
种类股制度之动态调整研究：外部互动和特别保护

种类股制度之动态调整是以动态的视角描绘和调整种类股运行过程中的权利义务变化关系，涉及种类股制度的外部互动以及种类股东的特别保护两大领域，其中，种类股制度的外部互动是种类股制度与公司资本制度和治理结构之间的双向互动、动态调整关系，是保证种类股制度顺畅运转、有序运行的重要前提，而对种类股东的特别保护则是对作为少数群体的种类股东予以动态的倾斜保护，从根本上保障种类股制度的有效推广，二者紧密结合，协同运作。

第一节 种类股制度与公司资本制度和治理制度的外部互动研究

一、种类股制度与公司资本制度、公司治理制度的三元联结

种类股制度本身即为公司资本制度的重要组成部分，而且愈来愈成为其核心的部分。正是由于种类股的出现，公司资本制度变得更加多元、更趋复杂、更富弹性，可以说，多元股份制度是公司资本制度自我进化的直接体现。公司资本制度也为种类股制度的产生和发展提供了母体和温床，直接影响着种类

第四章 种类股制度之动态调整研究:外部互动和特别保护

股制度的发展方向和实施效果。

种类股制度的运行有赖于公司机关的具体操作,不同的机关设置、不同的职权分配直接影响着种类股制度的实施。是恪守传统的以股东会为万能机关之理念,还是构建现代式的"董事会中心主义"甚至"经理人中心主义"的治理机制?是参考英美式的一元制模式还是借鉴大陆式的二元制模式?在二元制模式下,是选择日法式的二元并联式还是德国式的二元串联式?不同的路径选择将产生很大不同。反过来,种类股制度也将促使公司治理机制更加丰富和多元,推动其不断发展和革新。

公司资本制度和治理制度同为公司法之基本制度,共同构筑了公司法的骨架。[1] 二者亦是紧密联结、相互影响的:法定资本制和授权资本制区分之重要依据即为股份发行决定权归属机关的不同[2];公司资本制度的不同也深刻影响着公司的组织架构和职权分配,如在授权资本制下,董事会明显将获得更大的自主权。

总之,种类股制度、公司资本制度和公司治理制度是相互联结、相互贯通的。而且,这是一种双向的互动关系。我们尤其不应低估种类股制度的"鲶鱼效应",随着互动之广度、深度的加强,公司资本制度和治理制度本身亦将不断革新、逐步进化。

二、比较法上的考察和趋势总结

各主要国家和地区的种类股制度都是和其整体的公司资本

---

[1] 参见郭富青:《公司资本制度:设计理念与功能的变革——我国公司资本制度立法观念的转变与路径选择》,载《法商研究》2004年第1期。

[2] 授权资本制下,董事会在授权额度内享有股份发行的决定权,当然,超过授权额度仍需经由股东会的决议;法定资本制下,股份发行的决定权由股东会控制。

制度及治理结构相呼应的，并且连带资本制度和治理结构共同演进。

(一) 美国

美国种类股制度的"底线规制"模式是与其公司法上的资本制度和治理机制相衔接的。

美国实行的是最彻底最纯粹的授权资本制，在授权之额度内，董事会获得股份发行之决定权。之所以对其冠以"最彻底"之名号，主要有以下理由：其一，美国最先尝试取消"面值系统"，而完全以资产信用作为债权人之保障，美国很多州已取消股份面额之强制规定，采行无面额股，允许股份自由定价；其二，美国法并无强制提留法定盈余公积金之规定，这便使债权人淡化了对公司资本金、公积金等静态额度的信用依赖，也扩大了公司灵活运用资产之范围；其三，美国法关于盈余分配、股份回购等条件的规定非常灵活，放弃了以往以资本金和公积金为基准的测试标准[1]，转而采取"RMBCA（Revised Model Business Corporation Act，简称RMBCA）标准"[2]和"加利福尼亚标准"[3]。通过采行上述标准，公司拥有了更加灵活的分配

---

[1] 这一标准要求公司必须保证公司之总资产减去负债之部分即净资产应当在弥补亏损以及提留法定公积金之后，在多于资本金额度的范围内实施分配。

[2] "RMBCA标准"又称"破产标准"，即只要通过测试不符合"不能清偿到期债务"和"资不抵债"的破产情形，公司就可以在资产超过负债的范围内进行分配，这样就等于彻底废除了以一个固定数额来保证债权人利益的法定资本概念。参见邓峰：《资本约束制度的进化和机制设计——以中美公司法的比较为核心》，载《中国法学》2009年第1期。

[3] "加利福尼亚标准"采取了另外的思路，要求分配须满足两个条件：其一，盈余分配的数额不得超过留存盈余；其二，如果留存盈余不足，或者如果公司前两年的经营收益没有超过利率成本，公司进行分配之后必须保证公司总资产超过1.25倍的负债。参见邓峰：《资本约束制度的进化和机制设计——以中美公司法的比较为核心》，载《中国法学》2009年第1期。

第四章 种类股制度之动态调整研究：外部互动和特别保护

权利，提高了资金使用效率。种类股制度同样遵循上述彻底的授权资本制规则，而且，在美国法上甚至可以授权董事会发行"空白种类股"——"公司章程可以授权董事会在不经股东会同意的情况下，发行由董事会创制的种类股，任何条件都没有规定在创设该种股票的规定当中，而由董事会根据不断变化的市场条件具体确定价格、红利、清算优先、偿债基金条款或者其他条款等。"[1]

不过，须知美国公司资本制度的演进也经历了一个长期的过程。在最初的阶段，美国实行的亦是法定资本制，遵循严格的"面值系统"，比如，著名的斯托里（Story）法官总结的"托管资金"（Trust Fund）理论即强调法定资本的信用保障作用，并成为当时法院所持的主流观点。[2]"直到20世纪50年代的MBCA[3]开始，美国法上才逐步开始废弃对法定资本的要求。1975年，加利福尼亚州第一个彻底放弃法定资本。1979年版本的MBCA彻底废除了关于面值和法定资本的条款。1999年，美国30个州采纳了RMBCA[4]。"[5]而且，即便如此，美国法上至今仍带有法定资本的遗迹，比如，"部分州包括比较重要的经济大州如特拉华州、纽约州、内华达州等仍然保留了面值规则——虽然只是出于会计处理的需要"[6]；美国法仍然保留了资本金的概念，虽然资本金之数额已经和股份面额脱钩而可在股东缴纳

---

[1] [美]罗伯特·W.汉密尔顿：《美国公司法》（第5版），齐东祥等译，法律出版社2008年版，第158页。

[2] 参见邓峰：《普通公司法》，中国人民大学出版社2009年版，第310页。

[3] MBCA, 即 Model Business Corporate Act,《美国标准商事公司法》。

[4] RMBCA, 即 Revised Model Business Corporate Act,《美国修订标准商事公司法》。

[5] 邓峰：《资本约束制度的进化和机制设计——以中美公司法的比较为核心》，载《中国法学》2009年第1期。

[6] 邓峰：《资本约束制度的进化和机制设计——以中美公司法的比较为核心》，载《中国法学》2009年第1期。

款范围内以任意比例提取。[1]这些历史遗迹当然也会在种类股制度的实施中予以体现。

就公司治理制度而言，美国法采取了区分主义的态度，即区分公开公司和封闭公司而有不同。对于公开公司，一般坚持传统模式，即由股东选举出管理公司事务的董事，选出执行董事会决议的高级职员，董事会是公司的执行机关和代表机关，享有兜底性权力——相反股东会仅在法定和章定范围内拥有权力，经理及其他管理人员亦是董事会控制下的从事具体经营活动的业务机构，即所谓的"董事会中心主义"模式。[2]这一模式曾被认为具有普适性和强制性，不允许公司予以变通和修改。然而，随着公司规模越来越大、股权越来越分散，这种传统安排显然已无法完全适应大型公众公司的特点。"在大型公众公司中，管理和控制的权利实际上既不是掌握在股东会手中，也不是掌握在董事会手中，而是落在了通常被称为'经理层'的全职专业经理人及其他管理人员身上。公司的实际决策权往往掌握在 CEO 手中，他决定谁当董事，并决定公司政策。"[3]正如学者所指出的："实际上，公司企业的成长和发展过程，也是一个权力流失的过程，即权利从股东会流向董事会，并进而流向经理及其他管理人员。"[4]美国法亦逐步承认了这一趋势，对大型公众公司尤其是上市公司的治理机制作出了调整，主要是承认了经理层权力的扩张和董事会权力的萎缩，确认了"经理层

---

[1] 参见［美］罗伯特·W. 汉密尔顿：《美国公司法》（第5版），齐东祥等译，法律出版社2008年版，第130页。

[2] 参见［美］罗伯特·W. 汉密尔顿：《美国公司法》（第5版），齐东祥等译，法律出版社2008年版，第173~175页。

[3] 施天涛：《公司法论》（第2版），法律出版社2006年版，第293页。

[4] 施天涛：《公司法论》（第2版），法律出版社2006年版，第293页。

第四章　种类股制度之动态调整研究：外部互动和特别保护

中心主义"之理念，董事会仅保留有限的决策权，董事会的主要任务转变为对经理层进行监控——这通常通过引入独立董事及各种专门委员会机制予以实现。根据不同的模式，种类股发行及运作权力的归属也迥然不同，比如，在普通的公众公司下，这属于董事会的专属权力，而在大型的公众公司下，则可能被经理层揽入怀中。

对于封闭公司，传统模式也有很大的不适应性。"除了股东的独立责任外，在内部管理以及程序的非规范化等众多层面，封闭公司与合伙并无太大区别。"[1] 美国法顺应了这一趋势，逐步放松了对封闭公司的规制并形成了两种模式：一为特拉华模式，即通过为封闭公司制定特别法律规则，承认封闭公司是一种"公司型合伙"，并将有关合伙之规则有选择地适用于封闭公司，以使其更具灵活性；二为 MBCA 模式，即允许封闭公司内部签订更加灵活的控制权协议，通常称之为"股东协议"，这些协议可以出现于公司章程、公司细则中或者以单独的形式存在，这类协议甚至可以废除董事会而由股东进行直接管理。[2] 封闭公司的这种治理模式也是和其股权多元化的巨大空间和需求相适应的，保证了封闭公司下种类股制度运用的灵活自由。

（二）日本

日本法以股权要素拆分列举和自由组合之方式构建其种类股制度，虽然公司只能在法律明确列举的股权事项范围内进行选择，但由于罗列事项相当宽泛，且各事项内部又予分类分层，因此可以说，日式的"折中模式"虽遵循"法定主义"却已相

---

〔1〕［美］罗伯特·W. 汉密尔顿：《美国公司法》（第5版），齐东祥等译，法律出版社2008年版，第258页。

〔2〕参见施天涛：《公司法论》（第2版），法律出版社2006年版，第286~287页。

当自由，而这也是和其公司资本制度及治理结构相呼应的。

日本法原先采行严格的法定资本制，资本制度较为僵化，早期种类股制度亦受此影响，发行和变动均较为不易。但战后，日本受美国法影响明显，转采授权资本制，后来更是实行了无面额股制度，取消了股票面额对股份发行及资本计算的限制。不过，日本的授权资本制仍附带若干限制，带有折中和妥协的印记，通常被称为"折中的授权资本制"。根据日本学者的总结，所谓"折中"[1]主要表现在两点：其一，在公司设立的时候，至少要发行授权股份数的1/4；其二，因公司章程变更而增加既存的授权股票数量时，其增加的上限为已发行股票总数的四倍。[2]也就是说，日本法通过对首次发行额度以及后续增资额度的限制对授权资本制进行了部分改造。

此外，根据笔者的研究，日本的授权资本制在以下方面仍然受到"法定资本"概念的较大影响，而非美国式的彻底的授权资本制：其一，虽然日本采取了无面额股制度，但公司仍然要从股东缴纳股款中提取资本金，而且必须超过股东缴纳款的1/2，剩余价款纳入公司资本公积金；其二，虽然为了迎合授权资本制改革，公司资本金无需登载于公司章程中，但仍然需要依据《日本商业登记法》的规定进行公示登记，而且资本金作为公司债权人的重要偿债保障，对公司的盈余分配、股份回购等具有现实的制约作用，例如，公司盈余分配只能在净资产额超过资本金的范围内进行，否则即构成违法分配；其三，日本法仍然要求公司强制提取法定盈余公积金，直至达到公司资本

---

[1] 应当指出，这种"折中"主要系针对公开公司，作为例外，非公开公司不受此约束。

[2] 参见[日]神田秀树：《公司法的理念》，朱大明译，法律出版社2013年版，第121页。

第四章 种类股制度之动态调整研究:外部互动和特别保护

金的1/2,而且公司只有在依法弥补亏损和提留公积金之后方可进行分配,也就是说,在日本,资本金和公积金共同构成了公司对债权人的保证,而该合计数额则达到了资本金的1.5倍,限缩了公司自由运用资产之范围。基于上述,我们可以清晰地瞥见历史惯性对日本法的深刻影响。当然,日本法的上述选择虽然牺牲了一定的效率和灵活度,却提高了公司运营的稳定和安全,这和其种类股制度中所贯彻的思想是一致的,种类股的发行、运作当然也要遵循上述规则。

在治理结构方面,日本法秉承了大陆法系传统二元并联式结构,即一般而言,公司由股东组成股东会,进而由股东会选出董事会和监察人,后两者为平行机构,互不隶属。当然,日本法顺应国际潮流,针对公司的性质和规模发展出多元丰富甚至让人眼花缭乱的公司治理结构,公开性的大公司、公开性的非大公司、非公开性的大公司和非公开性的非大公司各备有不同的可选模式。[1] 总的来说,日本法采取了区分主义的态度,对公开公司[2],坚持"董事会中心主义"之理念,主要由董事会行使公司职权并代表公司;而且,对于规模较大及有特定需求之公司,日本吸收了美国式的一元制模式,即在董事会中引入独立董事,下设审计、提名、薪酬等委员会,并设置执行官,赋予其广泛而强大的职权,主要由执行官负责公司事务的运作,凸显"经理层中心主义"之理念,而董事会及各委员会主要负责对执行官的监督。显然,在不同模式下,种类股之具体运作迥然有别,例如,在传统模式下,种类股的发行及运作权主要

---

〔1〕 参见 [日] 神田秀树:《公司法的理念》,朱大明译,法律出版社2013年版,第61页。

〔2〕 依日本法之规定,公开公司必须设立董事会,而不可仅设董事。

由董事会掌控，而在现代模式下则转由执行官掌控。此外，对于非公开公司[1]，若其不设立董事会，则承认其所有和经营未完全分离之现实，视股东会为"万能机关"，保留未明确转授之权力，包括种类股发行权等在内的职权默认由股东会享有。总的来说，在日本，非公开公司具有较灵活之机制，不过相对美国仍略显不足，例如，日本法仍强制设置董事会或董事，而不可完全废除之；不允许以股东协议进行职权分配等。

（三）德国

德国法上的种类股制度较为保守，严守"法定主义"。当然，这也是和其整体的公司法风格相契合的。

就公司资本制度而言，德国法在历史上和其他大陆法国家一样，奉行严格的法定资本制，通过创设复杂的出资等规则，借以维持注册资本的公示公信，而且股份发行权始终掌握在股东会手中。面对激烈的国际竞争以及授权资本制的国际潮流，德国法也逐渐转变了态度，不过其并没有完全转采授权资本制，而是在法定资本制之基础上，通过于后端对董事会进行适当授权，以增加资本制度的灵活性和适应性，这通常被称为"认许资本制"。[2]具体来说，经过改良之后的德国法规定：在设立阶段，公司仍然要发行所有股份，不得分次发行，也不得对董事会进行授权，但在增资阶段，德国法引入了"核准资本"的概念，即公司章程可以授权董事会自行决定通过发行新股的方式来提高基本资本，这样，公司就可以随时发行适当数额的股份了。德国学者认为，"核准资本的目的是让股份资本筹集更具灵

---

〔1〕 依日本法之规定，非公开公司既可设立董事会，亦可不设董事会而仅设立董事。

〔2〕 参见赵旭东：《公司法学》（第2版），高等教育出版社2006年版，第84页。

第四章 种类股制度之动态调整研究:外部互动和特别保护

活性,该制度的本质是将发行股份的决定权从股东大会转移到董事会,其重大的经济意义表现在大量的德国上市公司都有一个核准资本。"[1]不过,即便如此,德国式的"认许资本制"仍有许多限制:其一,关于核准资本的授权,必须在公司章程中明确规定或通过事后的章程修改(3/4的资本多数通过)而添入,而且各次授权的期限不得超过5年,核准资本必须规定一个确定的数额且不可超过授权时存在的基本资本的一半;其二,德国法传统上坚持面额股制度,不得折价发行,股份面额之总和构成公司之注册资本,且该固定之数额应记载于章程中,"在章程未被修改的情况下不可以改变它"[2],此外尚需提取公积金,注册资本和公积金构成公司对外信用的基础。当然,应当指出,德国法从1998年起已允许公司发行无面额股,但即使在无面额股的情况下也应当明确注册资本的数额,而其每股额度可以从发行的股份数量与基本资本的关系中推导得出,应当说,准许发行无面额股,"这主要是为了防止因禁止低于票面价发行造成的不利影响"而作出的变通,[3]但这并未动摇其基本资本制度。而且,德国法只允许在面额股和无面额股中二选其一,而多数公司仍选择发行传统的面额股。由上可知,德国式的资本制度仍然带有强烈的法定资本制的烙印,这既有历史惯性的因素,也与德国人更加注重安全的民族性格有关,"认许资本制"下的种类股制度亦由于上述因素的制约施展空间有限,

---

[1] [德]格茨·怀克、克里斯蒂娜·温德比西勒:《德国公司法》(第21版),殷盛译,法律出版社2010年版,第629页。

[2] [德]格茨·怀克、克里斯蒂娜·温德比西勒:《德国公司法》(第21版),殷盛译,法律出版社2010年版,第402页。

[3] [德]格茨·怀克、克里斯蒂娜·温德比西勒:《德国公司法》(第21版),殷盛译,法律出版社2010年版,第403页。

以德国法兰克福股市为例,鲜见普通股外的股份类别。[1]

就公司治理制度而言,德国法采取了区分主义的态度,区分股份有限公司和有限责任公司而有不同政策。对于股份公司,德国法实行了较为独特的二元串联式模式,董事会是由监事会而非股东会选举产生的,监事会是董事会的上位而非平行机构,因此,监事会可以对董事会进行强有力的监督,而且,根据德国法的规定,监事会之职权不限于对业务执行的事后监督,还可向董事会提供咨询意见和参与重要业务政策的制定,章程甚至可规定,董事会在实施特定业务时须事先征得监事会的同意,例如,"在股份发行问题上,董事会应征得监事会的同意,而在确定其发行条件时,则必须征得监事会的同意。"[2]可见,在此模式下,董事会的权力受到较多制约,董事会的运作效率受到一定影响。不过,由于强力监督之存在,安全得到保障。受二元串联式模式之限制,德国也并未引入美国式的一元治理模式。德国模式下种类股制度之具体运作亦受到同样之影响,例如优先股之发行,即使核准由董事会决定发行之具体事宜,仍须经监事会的事先审查和同意。

对于有限责任公司,德国法则采取了相对灵活的态度。作为有限责任公司的创始国,德国一开始便将其设定为股份公司之"简化版"。基于所有和经营未完全分离之现实,一方面,虽然在理论上实行"第三人机关原则",但业务执行人和股东的身份通常是重合的;另一方面,贯彻"股东会中心主义"之理念,主要权力掌控在股东会手中,当然它也可以向下授权,只要它

---

〔1〕 参见 [德] 托马斯·莱塞尔、吕迪格·法伊尔:《德国资合公司法》(第3版),高旭军等译,法律出版社2005年版,第428页。

〔2〕 参见 [德] 格茨·怀克、克里斯蒂娜·温德比西勒:《德国公司法》(第21版),殷盛译,法律出版社2010年版,第629~630页。

愿意这么做，而且，监事会的设置是任意的。值得注意的是，在术语上，股份公司下的"公司章程"在有限公司下被表述为"公司合同"，足见法律对于有限公司之定性。种类股制度在有限公司下也相对更加自由，无论在种类股的类型等静态层面，还是在种类股的发行运作等动态层面。

(四) 我国台湾地区

我国台湾地区的种类股制度是建立在普通股和特别股二元区分之基础上的，特别股为"较诸普通股处于有利或不利之待遇状态之股份"[1]。但就模式而言，我国台湾地区关于特别股的规制模式与日本类似，即以股权要素分割、列举及组合的方式予以规范，我国台湾地区"公司法"第157条[2]对此有明确规定。不过可以明显看出，我国台湾地区所列举之事项较少，虽以兜底条款扩张想象之空间，我国台湾地区法律事务主管部门解释称："'公司法'第157条第8款所称之其他事项，应不以盈余分配请求权、剩余财产分配请求权及表决权有关之事项为限"，[3]但是，我国台湾地区经济事务主管部门的其他众多解释又明显限缩了特别股运用之空间，如"股份有限公司不得于章程中规定特别股每股享有数表决权"[4]，"章程中不可明定特别股得按一股换数股比例转换为普通股"[5]等。我国台湾地区种类股的自由度也是和其公司资本制度和治理制度相适应的。

---

[1] 赖源河：《实用公司法》，五南图书出版股份有限公司2014年版，第219页。
[2] 该条规定：公司发行特别股时，应就左列各款于章程中定之：①特别股分配股息及红利之顺序、定额或定率。②特别股分配公司剩余财产之顺序、定额或定率。③特别股之股东行使表决权之顺序、限制或无表决权……⑧特别股权利、义务之其他事项。
[3] 我国台湾地区法律事务主管部门79.12.26法18888。
[4] 我国台湾地区经济事务主管部门72.3.23商11159。
[5] 我国台湾地区经济事务主管部门90.5.22商9002095540。

我国台湾地区的公司资本制度经历了一个长期的发展过程，最初采行大陆法系典型的法定资本制度。1966年，我国台湾地区参照日本立法例，改采折中授权资本制。2005年，我国台湾地区又删去折中式资本制中的首次发行限制，转变为所谓的完全授权资本制。不过，根据笔者之考察，我国台湾地区之完全授权资本制仍有很多不彻底之处，具体表现如下：其一，台湾仍实行严格的面额股制度，尚未引入无面额股，股份总数与股份面额之乘积即为公司之资本额，而不像日本法那样规定可在股东缴纳款之一定比例内自由提取；股份只得平价或者溢价发行，超过面额之部分计入公司之资本公积；公司之资本额构成对盈余分配、股份回购等的强行限制。其二，公司需提取法定盈余公积金，而且提取之比例颇为严格，根据我国台湾地区"公司法"第237条之规定，公司于完纳一切捐税后，分配盈余时，应先提出10%为法定盈余公积，而且只有当所提取之法定盈余公积达到公司之资本总额时，方可不再提取。其三，我国台湾地区"公司法"对于出资之种类、出资之形式、出资之确认等出资事项进行了细致繁琐的规定，公司前端资本信用之规制相当严格。由上可见，我国台湾地区的授权资本制有很多"法定资本制"之遗留，除对董事会于授权额度内自主发行之授权外，其他规定似乎更接近"法定资本制"之理念和体系。我国台湾地区之特别股制度当然也受到上述规则之约束，特别股之发行及运用明显受到"法定资本"理念之制约。

关于公司治理制度，我国台湾地区顺应了国际大势，采取了区分主义之态度。具体来说，就股份有限公司而言，我国台湾地区"公司法"坚持了传统的大陆法系二元并联式治理模式，股东会、董事会、监察人三权分立，董事会与监察人互不隶属，均由股东会产生；秉承"董事会中心主义"之理念，"公司业务之执行，除本法或章程规定应由股东会决议之事项外，均应由董事会决议行之"[1]。此外，对于上市之股份公司，我国台湾地区"证券交易法"于2007年引入了美国式的一元制治理架构，供公司自由选择，即不再另设监察人，而通过在董事会中引入独立董事并设立审计、提名、薪酬等单独委员会，来构建公司的监督体系。不过，应当指出，即便如此，由于我国台湾地区实行了法定、单一、强制的董事长代表制[2]，带有明显的"家长制"和专制色彩——这和中国大陆的"法定代表人制"较为相似，这无疑会对其看似完美的治理机制产生冲击，尤其可能和董事会集体决策机制相冲突。对于有限责任公司，我国台湾地区采取了相当灵活之态度，其内部治理机制准用无限公司之规定，股东具有对公司的绝对控制权，虽仍设董事，但董事必须从股东中选任，这也顺应了逐步放松对有限公司之管制及治理合伙化的趋势。应当说，我国台湾地区之多元化公司治理机制为特别股制度在不同类型公司下之运作创造了良好的条件，其可控而自由之特别股模式也基本适应了公司治理机制的要求。

（五）趋势总结

通过比较法上的考察可知，各国及地区的种类股制度均与各自的公司资本制度和治理体系紧密结合在一起，受到后者的深刻影响，且共同植根于各自的法律和文化之中。更重要的是，各国及地区的公司资本制度和治理体系都在有意或无意地朝着

---

[1] 我国台湾地区"公司法"第202条。
[2] 我国台湾地区"公司法"第208条第3款规定："董事长对内为股东会、董事会及常务董事会主席，对外代表公司……"

一个确定的方向演进。[1]

就公司资本制度而言，由法定资本制向授权资本制演进的趋势应当说是确定无疑的。英美法系国家在历史上也经历过法定资本制阶段，并率先卸下包袱，转向授权资本制；大陆法系国家及地区也或多或少地吸收了授权资本制的有益因素：德国在保留法定资本制框架的基础上通过在后端引入"核准资本"的概念增进灵活性；日本在全面引入授权资本制的基础上进行了若干限制；我国台湾地区亦渐进式地演变为授权资本制。不过，大陆法系的授权资本制改造都带有明显的"法定资本制"印记。但无论如何，逐步放松资本管制尤其是出资管制，赋予董事会甚至经理层更多的股份发行自主权，淡化"面值系统"，应当说，是确定的趋势。

就公司治理制度而言，各国或地区均坚持区分主义之策略，尤为强调契合公司灵活经营和快速变动的需要。具体来说，对于公开性公司，各国均坚持"董事会中心主义"之理念，但不同模式又带有自身的特点，比如，德国式的二元串联式相对强化了监事会的监督和参与功能，董事会受到牵制较多；相对而言，在日本的二元并联模式下，董事会更加强势，职权更加广泛。应当指出的是，对于上市公开公司而言，各国或地区大多发展出以经理人为中心之治理模式，美国最先承认了首席执行官制度，日本和我国台湾地区也先后引入了该模式。对于封闭性公司，各国均承认所有和经营未分离之现实，给予公司更大的自主权，各国基于各自法律传统，自由度各有不同。其中，美国最为自由，甚至允许股东"协议自治"，取消董事会；德国、日本则只在传统模式的基础上予以适当松绑等。

---

[1] 参见邓峰：《普通公司法》，中国人民大学出版社2009年版，第30页。

各国或地区的种类股制度亦伴随着上述公司资本制度和治理制度的演进而演进,总体朝向自由、多元和灵活的方向发展。

三、我国公司资本制度和治理体系的现状及种类股制度建构的主动适应

(一) 我国公司资本制度之现状

我国在 2005 年之前实行的是最严格的法定资本制,2005 年的修法进行了适当松绑,但仍较为严格。2013 年底,为配合工商登记制度改革,《公司法》进行了较大修改,主要涉及公司资本制度,包括以下修改要点:其一,实行完全的认缴制,取消验资制度;其二,取消最低注册资本制;其三,取消年检制,实行年度报告制;其四,构建市场主体信用信息公示系统;其五,完善信用约束机制。[1] 应当说,通过这次改革,我国的公司资本制度更加宽松,公司设立门槛大幅下降,有力地推动了"双创"[2] 大潮,而且,本次修法之精神在于淡化公司之资本信用,强化资产信用,吸收了若干"授权资本制"的先进理念和元素,这是一次在我国既定法律背景下的大胆尝试和改革,值得肯定。但总体而言,我国现行资本制度仍属于法定资本制的范畴:首先,虽然公司出资已适用完全认缴制,但公司仍须一次发行全部资本并认足,改变的只是资本的缴纳方式而非发行机制,而且新股发行权仍掌握在股东会手中,董事会仍未获得发行授权。其次,仍然坚守"面值系统",实行面额股制度,公

---

[1] 参见李润生、史飚:《论我国现行公司资本制度的变迁、定位及未来发展——以 2013 年〈公司法〉修改为视角》,载《湖南社会科学》2015 年第 6 期。
[2] 即"大众创业,万众创新"。

司只得以不小于面额之价格发行股票,面额与股份总数之乘积即为公司之注册资本,溢价部分计入公司资本公积账户,公司还需依法提取法定盈余公积金,直至注册资本额之50%。再次,公司的注册资本(在认缴资本制下主要指实缴资本)及公积金构成对公司盈余分配及股份回购等的绝对限制,只有在净资产超过资本及公积金的合计额度内方可进行。最后,我国仍然实行较为严格的出资制度,限制出资的形式、种类和对价,严防"资本弱化",只允许"可以用货币估价并可以依法转让的非货币财产"出资,诸如劳务、信用、商誉、特许经营权、设定担保的财产等仍不可作为对公司的出资。

(二) 我国公司治理体系的现状

我国在公司治理制度方面也坚持了区分主义的态度,不过,《公司法》并未以公开性为标准,而以公司形式(股份有限公司/有限责任公司)为依据予以区分。这不可避免地会导致公开属性相同而形式不同之公司获致不同待遇,比如有限责任公司和封闭性的小型股份有限公司。而且,根据现行法之规定,股份公司和有限公司的区分并不明显和彻底,例如两类公司组织机构之职权以同样条文表述,而且由前者准用后者之规定,在逻辑和法理上似有颠倒之嫌。

关于股份公司,我国仍坚持传统的二元并联的"三会模式",即股东会、董事会、监事会三会并举,董事会和监事会由股东会产生并对其负责,不过,监事会的监督作用历来饱受质疑。"而且,谁是公司的默认权力机关,无法确定。"[1] 不过,

---

[1] 参见邓峰:《普通公司法》,中国人民大学出版社2009年版,第555页。

第四章　种类股制度之动态调整研究：外部互动和特别保护

至少可以明确的是，我国尚未确立"董事会中心主义"之模式[1]，《公司法》中亦未出现明确体现"董事会中心主义"的立法语言[2]。此外，我国实行的是独任的法定代表人制[3]，这种高度集权的个人独裁式的代表机制明显和公司的集体决策机制相冲突，并常常会导致董事会乃至公司治理的失衡。[4] 总之，我国关于股份公司的治理制度，包含着深层次的矛盾和冲突。

我国对于上市的股份公司也有专门的规定，包括引入了独立董事、董事会秘书等制度。但是，在引入这些制度的同时，我国仍然要求上市公司设置传统模式下的监事会，这造成了叠床架屋、权责不明的乱象。诚然，《公司法》第49条在列举公司经理职权时于第2款规定，允许公司章程对经理职权作出变通。但在股东会、董事会等职权强制列明的情况下，我国很难

---

[1] "其他法治发达国家中的融资（包括股票和债券发行等）、经营方针、投资方针等配置给董事会的职权在我国被赋予了股东会，但是作为一个会议性质的消极的批准机关，股东会显然在实际上无法运用上述职权。"参见邓峰：《普通公司法》，中国人民大学出版社2009年版，第127页。

[2] 譬如，《美国标准商事公司法》第A分章第8.01节第b款的表述："公司所有权力应由董事会或者在董事会授权下行使，公司的经营和事务应由董事会管理或者在其指导下管理，除非公司章程或者经第7.32节授权签订的协议另有限制。"或者我国台湾地区"公司法"第202条的表述："公司业务之执行，除本法或章程规定应由股东会决议之事项外，均应由董事会决行之。"

[3] "法定代表人集对内管理、对外代表、向下监督、向法律负责等各种功能于一体，这一制度的内涵在于：一个法人只能有一个自然人作为唯一的法定代表人，他是对外签订合同的最终授权者，他是公司财务的最后控制者；他对企业的全部行为负有责任。"参见邓峰：《普通公司法》，中国人民大学出版社2009年版，第126页。

[4] 正如学者所言："如果董事长是法定代表人的话，为什么承担责任的主要是董事长，但是要由董事会投票决策呢？如果总经理是法定代表人，为什么承担责任的人还要服从另外一个集体机关（董事会）的指挥呢？在独任制下，积极决策和消极决策混为一人，实体判断和程序维护融于一身，导致公司容易丧失社团性质。这还造成了资本市场中国际接轨的困难，比如在纳斯达克上市的中国公司，按照SOX法案应当由CEO和CFO对财务报告的真实性承担个人责任，但在我国，这两个职位从属于独任的法定代表人。"参见邓峰：《普通公司法》，中国人民大学出版社2009年版，第127页。

实行美式 CEO、日式执行官等强势经理人制度。

我国法对有限公司的治理机制略有松绑，例如，股东人数较少或者规模较小的有限公司，可以设一名执行董事，不设董事会，而且，执行董事可以兼任公司经理；可以设 1~2 名监事而不设监事会。这在一定程度上承认了所有和经营未完全分离之现实。[1] 不过，这显然只是略微地放松管制及对原有机制的小修小补，作用有限：其一，这种变通规定仅适用于"股东人数较少或者规模较小"的有限责任公司，而且，"人数较少""规模较小"等概念无法精确界定；其二，仍然坚持标准的"三会模式"，股东会、董事会（或者董事）、监事会（或者监事）缺一不可，且职权法定，更为蹊跷的是，其职权界定竟然和股份公司相同，似乎在职权分配上遵循相同的理念；其三，有限公司仍然受到我国独裁式法定代表人制的不良影响。总之，与其他国家和地区相比，我国赋予有限公司的自治空间仍显过于狭窄。

（三）我国种类股制度构建的自我调适和溢出效应

我国在构建种类股制度时应主动适应现行的公司资本制度和治理结构。

具体来说，种类股制度应主动适应完全认缴式的法定资本制：其一，种类股之类别及数额须记载于公司章程中，并于公司设立时一次全部发行，当然，认股人可以依法分次分期缴纳股款，对于实缴数额及承诺缴纳期限等内容应于市场主体信用信息公示系统中公示；其二，种类股东以认缴之额度而非实缴

---

〔1〕 参见蒋大兴：《公司法的观念与解释Ⅱ：裁判思维 & 解释伦理》，法律出版社 2009 年版，第 49 页。

第四章 种类股制度之动态调整研究:外部互动和特别保护

之额度承担有限责任;其三,承袭"面值系统",种类股之发行应当标明面额,并以等于或高于面额之价格向外发行,面额与种类股数(主要指实缴股数)之乘积计入公司注册资本,溢价部分计入公司资本公积账户,公司还应依法提取法定盈余公积金直至注册资本之50%;其四,种类股份发行权掌握在股东会手中,无论是初次发行还是增资发行,均须经股东会决议之。

种类股制度亦应适应现行公司治理制度:其一,无论股份公司抑或有限公司,上市公司或非上市公司,均应坚持"三会模式"(符合条件的有限公司可只设执行董事和监事而不设董事会和监事会),种类股的发行决定权由股东会享有,当然,具体执行由董事会以及经理人负责;种类股发行的监督由监事会负责。其二,坚持"独任的法定代表人制",由公司的董事长、执行董事或者经理担任,由其统一对外代表公司、对内控制公司,并对企业的全部行为负责。

当然,应当指出,种类股制度在引入之后亦将不可避免地对现有资本制度及治理体系产生积极影响,推动其变革。就资本制度而言:其一,不同类别股份往往会标以不同面额,从而使股票面额更加多元和个性化,而且由于股权内容之不同,面额所代表之意义通常无法通过简单的数字来体现,这将逐渐淡化面额与信用之简单匹配,打破社会对于"面值系统"之迷信;其二,种类股之一种——转换股将因转换条件之触发而转换为其他类型之股份,这将涉及公司资本之调整,冲击现有资本结构;其三,种类股之一种——偿还股将因特定条件之成就而发生股份偿还,引发公司资本额之变动。就治理制度而言:其一,种类股东大会制度的引入将丰富既有的公司组织机构,亦会使股东决议机制更加科学和多元;其二,普通股东大会将因不同类型股份表决权之不同而更加复杂和多元，无表决权股东无权享有以表决权为基础之股东权，复数表决权股东每股享有复数表决权，仅针对特定事项享有表决权股之股东仅有受限的表决权，附否决权股之股东则对特定事项享有否决权，以上都需要对股东会议机制进行更加精细化的处理，在计算投票权基数时尤其应予考量；其三，附董事监事选任股将冲击现有董事监事提名选举机制，客观要求对董事会、监事会的运行机制进行更加科学的设计，以防治理僵局及董监事的失信行为。总之，随着种类股制度的引进，其"鲶鱼效应"必将逐渐显现。

四、现行公司资本制度和治理体系对种类股制度的制约因素分析

应当说，在现行公司资本制度及治理机制之背景下，种类股制度功用之发挥仍会受到各种制约。

第一，在法定资本制下，董事会及经理层并未获得种类股份发行之授权，不论事由、额度均需经股东会决议，这削弱了公司的快速反应能力。[1]更为重要的是，股份的增发、权利变动等直接牵涉种类股东利益之事项，除需普通股东大会之决议外，尚需种类股东会的单独决议，这于法定资本制下将加剧程序的拖延，而且，由于现实存在的利益冲突，通过此类决议并不容易。此外，在完全的认缴制下，资产信用机制和理念尚未完全确立，种类股制度又使公司的股权结构和信用形式更加复杂，这无疑将增加社会的交易成本和风险。

第二，法定资本制其实就是一个复杂的"面值系统"，通过

---

〔1〕 参见蒋大兴：《公司法的观念与解释Ⅱ：裁判思维 & 解释伦理》，法律出版社2009年版，第52页。

第四章 种类股制度之动态调整研究：外部互动和特别保护

一个确定的数额来为债权人提供一个抽象而非具象的担保。这在单一普通股结构下可能矛盾尚浅，但在引入种类股后很可能使矛盾激化。

首先，不同类别之股份，即使面额相同，其实际的信用功能却可能不同；不同股权结构之公司，即使注册资本相同，其所代表的信用能力却可能不同。试举一例。M公司的注册资本为10万元，其中普通股10万股，每股面额1元；N公司的注册资本亦为10万元，其中普通股5万股，每股面额1元，优先股5万股，每股面额也是1元，该优先股具有按年3%的累积且不可参加的股息优先分配权。此时，虽然M公司和N公司的注册资本同为10万元，但是，N公司中有5万元的资本是由优先股充抵的，而该优先股具有3%的股息优先分配权，并且按年累积，这不但对于公司是一个较沉重的负担，对于公司债权人亦会有不利影响，因为优先股的存在将使公司的财产确定地向外流出而非保留在公司内部，这会削弱公司的偿债能力。也就是说，优先股和普通股的面值即使相同，但信用能力却可能不同。优先股东的利益和公司债权人的利益在一定范围内是冲突的，这也是我们通常将优先股定性为"偏债证券""混合证券"的原因。同样，就M公司和N公司而言，虽然注册资本相同，但公司资本信用的真实状况却有不同，同等条件下，债权人可能更喜欢M公司而非N公司。除此之外，其他类型种类股如转换股、偿还股等都有可能造成公司信用状况的复杂化。

应当说，种类股的引入将不可避免地使"注册资本"这一概念趋向符号化，这也将促使外部人交易时更加看重公司的资产状况，推动信用理念的向前发展。

其次，对于不同类型之股份，以何种标准来确定一个合理的面额是困难的，因为内容不同之股权往往是难以量化比较的，而面额的随意确定则可能导致利益分配的失衡。试举一例。假设某公司发行有三类股份即 A、B、C 类股，其中 A 类股为无表决权的优先股，可获得优先于其他两类股份的按年 4% 的累积不可参加的盈余分配权；B 类股仅对特定重大事项如重大资产处置、经营范围变更等享有表决权，一股一权，且享有在 A 类股之后、B 类股之前 20% 的不可累积不可参加的优先分配权；C 类股则享有完全的表决权，一股一权，但在分配上则劣后于 A、B 类股。那么，在这种情况下，就表决权而言，A<B<C，但是，三类股份的表决权本身是难以量化的，比如，对特定事项的表决权和对所有事项的表决权实际上难以进行量化对比。就盈余分配之顺序而言，则正好相反，A>B>C，然而，抛开分配顺序，由于分配比例上的不同，三类股的量化也相当困难。那么，我们又如何将表决权事项和盈余分配事项统合在一起予以量化而确定一个公平的面额呢？由于在"面值系统"下，股票面额将直接影响各类股东的股权占比，是一个敏感且重要的问题。如果主观地将三类股的面额均确定为 1 元，各发行 1 万股，这种形式上的均等真的能代表利益分配上的真实状况吗？

最后，"法定资本制"和"面值系统"往往是和面额股紧密相连的。当然，这并不绝对。德国就在其"认许资本制"下创造性地引入了无面额股制度，供公司选择，不过在德国，即使是发行无面额股的公司仍然被要求确定一个固定的资本额，而每股的隐性面额实质上可以通过反推的方式确定，其本质仍然强调面额之作用。[1] 在传统法定资本制的面值系统下，比如

---

[1] 参见［德］格茨·怀克、克里斯蒂娜·温德比西勒：《德国公司法》（第 21 版），殷盛译，法律出版社 2010 年版，第 435 页。

第四章 种类股制度之动态调整研究：外部互动和特别保护

我国，是严格禁止折价发行的，这看似有助于保障公司资本之充实，但是，对于种类股的发行往往会造成很大障碍：其一，新型种类股往往缺乏市场基础，很难保障以某个最低价格向外发行；其二，种类股的发行往往具有特定目的和背景，比如，公司发行优先股往往是于经营困难期筹集救急资金，此时，公司通常选择以较低的价格发行以增强其吸引力；再如，公司基于激励员工目的而发行的种类股如赎回股、无表决权股等通常也需折价发行。可见，严格的面额股制度可能会制约种类股制度的实施效果。

第三，在法定资本制下，按照通常的实践，公司在发行股份时往往受到原有股东优先认购权的限制。例如，根据德国法的规定，股份有限公司进行一般增资时，"现有股东对于与其股份参与相对应的新的'年轻'的股份拥有一个法定的优先认购权，在没有股东同意的情况下，通常不应该改变其股份参与关系，虽然优先认股权可以被完全或者部分的排除，但仅能在增资决议本身中作出，这就至少需要一个3/4的资本多数，并且章程只能规定一个比其更严格的要求，因而，排除实质上是非常困难的。"[1]法定资本制对于种类股融资亦存在类似限制，只是，某个特定类别的股份只对该类别的新股发行享有优先认购权，比如优先股东仅享有按比例的优先股认购权；而在授权资本制下，在授权的额度内，一般认为，董事会决定发行的股份不受原有股东优先认购权的限制，因此，董事会可以基于特定需要向特定主体发行股份，跳过繁琐的程序，实现快速融资。

---

[1] [德]格茨·怀克、克里斯蒂娜·温德比西勒：《德国公司法》（第21版），殷盛译，法律出版社2010年版，第623~624页。

同样以德国法为例,以核准资本[1]方式授权董事会增资时,"授权时就已经可以排除股东优先认股权,但也可以将排除优先认股权的决定留给董事会"[2],优先认股权对股份发行的影响实质上已经很弱。再如,在美国法上,"通常将优先认购权规定为任意性的而非强制性的,所以公司可以较为便利地通过在公司章程当中规定适当条款来限制或否决优先认购权"[3],而且,"根据普通法和许多州的法律的规定,优先认购权通常并不适用于原来获得授权但没有发行的股票,这个例外背后的原理就是在原始认购人之间存在着一个默示的合意,根据该合意,他们同意出售剩余的已授权股份以获得必要的资本。"[4]应当指出,我国当下仅于有限公司下规定了老股东的优先认购权,股份公司下则无类似规定。根据国际立法通例及潮流,我国未来也不太可能强制规定股份公司下的优先认购权。但是,出于吸引投资者的考量,尤其是对于持股比例较为敏感的战略投资者而言,优先认购权仍然是重要的,在未来,公司仍然会较为普遍地选择承认优先认购权,种类股份亦是如此。总之,在我国,现行的法定资本制无疑将制约基于特定需要、面向特定主体的种类股的快速发行、便捷融资。

第四,由于尚未确立"董事会中心主义"的治理结构——

---

[1] "核准资本"为德国吸收借鉴授权资本制理念而于增资阶段进行的资本制度改造,其核心特征为授权董事会自行决定通过发行新股来提高基本资本。参见[德]格茨·怀克、克里斯蒂娜·温德比西勒:《德国公司法》(第21版),殷盛译,法律出版社2010年版,第629页。

[2] [德]格茨·怀克、克里斯蒂娜·温德比西勒:《德国公司法》(第21版),殷盛译,法律出版社2010年版,第629页。

[3] [美]罗伯特·W. 汉密尔顿:《美国公司法》(第5版),齐东祥等译,法律出版社2008年版,第149页。

[4] [美]罗伯特·W. 汉密尔顿:《美国公司法》(第5版),齐东祥等译,法律出版社2008年版,第150页。

遑论"经理人中心主义",导致种类股发行和运作的效率受到较大限制;另一方面,个人独裁式的法定代表人制度,导致权力高度集中,不但与集体决策机制相冲突,而且易引发关于安全的担忧;软弱无力的监督机制更是导致决策的随意和任性。[1]因此,在现行公司治理机制下,种类股的运作既无法实现高效,又无法保障安全,这是最大的问题!此外,我国施行之"区分主义"是以公司形态而非公开属性为标准的,这将导致公开程度相似、性质相同之公司的不同对待,有违公平和正义,而且,由于区分度并不明显,无法满足不同类型公司的个性化需求,这亦制约了种类股制度功能的充分发挥。

五、我国公司资本制度和治理制度的未来发展——以种类股制度的引入和推进为契机

为了消除上述制约因素的影响,我国应当在引入种类股制度之后,充分发挥"种类股"的鲶鱼效应,推动公司资本制度和治理体系的向前发展。

就资本制度而言,总的来说,我们应积极推动法定资本制向授权资本制的转变,虽然 2013 年的修法已有所松绑,但尚未完成过渡。具体而言,我国应当赋予董事会更多的股票发行决定权;应逐步淡化面额的意义,直至最终实行无面额股制度;应当逐步淡化资本金和公积金的意义,逐步由以资本金和公积金为底线的静态测试标准,转变为美式的动态测试标准如破产标准,提高公司资产的利用效率。当然,短期内实现如此大的跨度不太现实,因此笔者建议,我国可先考虑将资本金与面额脱钩,由公司在股款缴纳范围内按一定比例(如 1/2 以上)提

---

[1] 参见邓峰:《普通公司法》,中国人民大学出版社 2009 年版,第 275 页。

取资本金；法定盈余金的提取比例也可适当降低。

就公司治理结构而言：首先，我国应采取"区分主义"之策略，且应以公司之公开性为区分标准。对于公开公司，我国首先应确立"董事会中心主义"的体系，除法律或者章程明确规定由股东会行使的职权外，公司的业务执行和决定权由董事会享有，即董事会拥有兜底性的权力；对于公开程度很强的公司如上市公司甚至可确立"经理人中心主义"的机制，完善独立董事制度，董事会主要负责监督和战略管理职能，主要的业务执行和决策职能由执行官等行使，同时，独立董事制度和监事会制度只需二选其一，不必叠床架屋。对于封闭公司，则应赋予其更大的自主权，不必恪守"三会模式"，不必进行僵化的职权列举，股东会享有概括性权力，并可进行广泛的授权。其次，我国应当对现行的个人独裁式的法定代表人制进行改良。公司的代表人不应局限于某个单一的自然人，公司可以赋予多个自然人以代表权，甚至实行集体代表制。当然，公司的代表权可以继续向下授权，通过章程或者其他授权性文件予以表征，但是，一般来说，公司的代表权应当和业务执行权相匹配——业务执行和业务代表通常是结为一体的，代表权的享有是和公司的层级决策机制相对应的，是和公司的章程行为而非个人行为相适应的，代表和代理在相当程度上无法也无必要严格区分。不可否认，公司通过章程可以对代表权的范围进行相应的限制，但这种限制不可对抗善意第三人，也就是说，最后的判断标准不应该是"抽象名义标准"[1]，而应是"具体标准"，即在具体个案中判定和公司进行交易的外部第三人是否知悉或者应当

---

[1] 我国司法裁判中长期所坚持的即是"名义标准"，即以是否有法定代表人的签字盖章作为法律后果是否可归属为公司的标准。

知悉公司人员有无对外代表权,亦即第三人是否有过错。

第二节 种类股东的特别保护研究

一、我国种类股东特别保护体系构建的宏观要领——比较法的视角

(一) 比较法概述

一般来说,种类股东为公司中的少数派和弱势群体,为种类股东提供特别保护为各主要发达国家之共同选择。诚如我国台湾地区学者所言:"特别股保护制度之健全是投资大众选择特别股作为投资标的之前提,过去实务上甚至有对无表决权之特别股不分发每年股东常会议事录之情形,显然有违'公司法'第183条之规定,且有损投资大众对投资特别股之信心,因此,对特别股股东作专门且适度之保护,在法制上实属必要。"[1]

1. 英美法系

(1) 美国。美国法尤为注重对种类股东予以特别保护。关涉种类股东利益之事项,除普通股东大会决议外,尚需种类股东投票团体的单独决议,否则不生效力。单独决议的通过比例通常为持股数额的过半数,当然,章程可以规定更高的比例。[2] 有必要指出的是,《美国标准商事公司法》使用了"集团表决"的概念,这一概念和类别表决的含义大体相同但更加精确。"1984年《标准商事公司法》在某些情况下允许某些系列或类别的股

---

[1] 张芩瑜:《特别股制度问题之探讨——法律与会计之交错》,台北大学2007年硕士学位论文。

[2] 参见《特拉华公司法》第242条第2款第4项。

份单独参加表决［§10.04（b）］，但在其他情况下却要求两个或两个以上的类别或系列联合作为一个单独的集团表决［§1.40（26），7.25，7.26］。'集团表决'这一术语从语言学上来说同样也是比较少引起歧义的。"[1]而且，美国法对"有损种类股东的情形"进行了细致的列举，严丝合缝，以《美国标准商事公司法》为例，该法第10.04节第（a）条分8项全面列举了须经种类股东投票团体单独决议的情形，基本涵盖了所有可能涉及的情形。此外，美国法非常重视行政权对种类股制度实施的监督和保障作用，涉及种类股东的决议和章程修改通常需报经行政主管机关备案并接受审查。对于无表决权的优先股，美国法最早发展出表决权恢复制度。此外，若符合特定情形，种类股东还可通过股份回购制度退出公司，以减少损失。最后，美国法通过判例制度逐步拓展了信赖义务的范围，除董事、监事等高管外，控股股东对于中小股东、普通股东对于种类股东、有表决权股东对于无表决权股东、优势股东对于弱势股东等均负有一定的信赖义务，从而协调各群体之间的利益冲突。

（2）英国。英国作为英美法系另一代表国家，亦构建了完善的种类股保护制度，在很多方面与美国法相似，但亦有其独特之处，主要表现在：首先，英国法对于种类股制度的设计理念为"弱化前端规制，强化后端保护"，通过后端完善的保护体系，保证前端自由之实现。其次，基于类别权利和类别股份循环定义的独特方式，英国法通过"类别权利"这一独有的概念来框定种类股东的保护范围，只要有损害"类别权利"之虞，则需经类别股东之单独会议通过，而且，英国判例法上一般坚

---

[1] ［美］罗伯特·W.汉密尔顿：《美国公司法》（第5版），齐东祥等译，法律出版社2008年版，第463页。

持以宽泛的标准来解释类别权利及其变动,这便保证了对类别股东的周延保护。[1] 再次,英国法将类别股东团体的单独表决通过比例设定为 3/4,公司只可提高而不可降低这一标准,不得不说,这个标准是相当高的。最后,根据 2006 年《英国公司法》第 633 条、第 634 条之规定,法定比例(15%)的类别股东对于损害其类别权利的公司决议可自同意被作出或者决议被通过之日起 21 日内向法院提出异议,申请撤销,阻止其生效。

2. 大陆法系

(1)德国。德国是大陆法系的代表国家,也是对种类股东保护力度最大、最全面的国家之一。德国法分阶段为种类股东提供了严密的保护:在前端,德国法规定,涉及种类股东利益之决议,除普通股东大会通过外,尚需种类股东会的单独决议通过;未经此流程,则决议尚未完成、不生效力。须注意,这里法律效果是法律行为尚未完成,而非决议可撤销以及决议无效,德国法对此进行了严格区分。而且,德国法将种类股东会议的表决通过比例设定为 3/4,公司章程只可设定相同或者更高之比例。在中端,德国法针对无表决权的优先股规定了表决权恢复制度,包括暂时的表决权恢复制度和永久的表决权恢复制度,当优先股的优先权利被暂时或者永久地排除时,其表决权亦相应地暂时或者永久的恢复。在后端,与前端的保护措施相呼应,对于影响种类股东权利而未经其单独同意的决议,种类股东可向法院提起决议未成立的确认之诉,应当注意,是决议未成立的确认之诉,而非决议无效的确认之诉或者决议违法的撤销之诉。此外,若符合股份回购之条件,种类股东亦可通过股份回购退出公司,收回投资。

---

[1] 参见葛伟军:《英国公司法要义》,法律出版社 2014 年版,第 113 页。

（2）日本。作为大陆法系另一代表国家，日本构建了折中式的种类股制度，也极为重视对种类股东的特别保护。在前端，借鉴德国的做法，日本法规定，可能对种类股东造成不利影响的事项，除普通股东大会的决议外，尚需种类股东的单独决议，否则，决议不生效力。[1] 应当指出，日本法上的决议事项不但包括涉及章程修改的事项，如《日本公司法》第 322 条第 1 款第 1 项规定的关于股份类别的追加、股份内容的变更、可发行股份总数或可发行类别股份总数的增加等事项，而且包括无关章程修改但可能对种类股东产生消极影响的其他事项，如《日本公司法》第 322 条第 1 款第 2~5 等项规定的股份无偿分配、股份分配的股份募集等事项，如此，需要种类股东单独决议的议事范围更加宽广、更加周全。[2] 与此相对，不同性质的种类股东会的决议标准亦有不同，并与前端的普通股东大会的决议标准相对应，于是，种类股东大会的决议标准也分为三种类型，即普通决议、特别决议和特殊决议。[3] 此外，根据《日本公司法》第 321 条之规定，须经种类股东单独决议的事项，除法律明确规定的事项外，尚包括法律未规定但章程明定的事项，这便给予了公司进行个性化设计的空间。而且，法律对于由其明定的事项进行了细致的列举，共计 13 个条目。[4] 在中端，日本法亦设定了针对无表决权优先股的表决权恢复制度，不过，2001 年修改后的《日本商法典》"将这种表决权复活条款包括

---

[1] 参见《日本公司法》第 323 条。
[2] 参见 [日] 前田庸：《公司法入门》，王作全译，北京大学出版社 2012 年版，第 89 页。
[3] 参见 [日] 前田庸：《公司法入门》，王作全译，北京大学出版社 2012 年版，第 91 页。
[4] 参见《日本公司法》第 322 条第 1 款。

第四章 种类股制度之动态调整研究：外部互动和特别保护

在有关表决权受限股份的内容中，而有关在何种情况下表决权复活的条款，由章程作出规定；如果章程不对这种情况作出规定，一般认为表决权不复活，法律不作强制要求。但是一般认为，现实中不会有人认购这种股份，所以这种股份的发行受到现实因素的制约"[1]。在后端，日本法构建了完善的股份回购制度，反对股东包括种类股东在符合回购条件时可请求公司予以回购，但须知，并不是所有须经种类股东单独决议情形下的反对股东均可请求回购，种类股东的回购制度应置于整体的回购制度之下，以维持公司内部股东和外部债权人之间的利益平衡。

（3）我国台湾地区。我国台湾地区的特别股保护制度与日本相似，不过亦有其独特之处，殊值研讨：首先，我国台湾地区将种类股称为"特别股"，并与普通股相对应，因此，其特别股是与普通股平行的概念。其次，我国台湾地区"公司法"规定，可能对特别股东造成不利影响的事项须经特别股东会的单独决议，但是，关于未经此流程之决议的法律效果，法院通常将之认定为可撤销之决议，而非未成立或者无效之决议。[2] 最后，我国台湾地区"公司法"特别注重从具体细节处着手对种类股东予以切实保护。例如，为了更好地从程序上保护特别股东，法律规定特别股东会不可与普通股东会同时召集，而应待普通股东会形成决议之后另行召集，特别股东会以普通股东会已做成之决议为基础，如此，特别股东便可有充分的时间和动力来考量相关决议可能对其造成的影响。正如学者所言："法条

---

〔1〕 ［日］前田庸：《公司法入门》，王作全译，北京大学出版社2012年版，第77页。
〔2〕 张芩瑜：《特别股制度问题之探讨——法律与会计之交错》，台北大学2007年硕士学位论文。

设计之原意,系在强调于变更章程议案经普通股东会通过后,应再行召集特别股股东会,并且将普通股股东会之决议载入召集事由,通知特别股股东,以使各特别股股东了解普通股股东会所变更章程之内容,俾其因利害而踊跃参与特别股股东会,以及于不能或不适亲自出席时为委托出席之授权决定,如此方足达本条方法之意旨。"[1] 另,关于特别股的收回,我国台湾地区"公司法"第158条明确规定"公司发行之特别股,得收回之。但不得损害特别股股东按照章程应有之权利",明确限定特别股收回阶段之特别保护。

(二)我国构建种类股东特别保护体系的宏观要领

在比较法研讨之基础上,笔者认为,我国在构建保护体系时应坚持以下要领:

第一,须明确种类股东特别保护体系建构之重要性,"稳固后方,打牢根基",方能充分施展,我国作为后发国家,首先便应构建全面有效的保护体系。

第二,我国须逐步贯彻"弱化前端规制,强化后端保护"之理念,未来须以牢固的保护体系为基础,逐步实现种类股制度的自由化。

第三,我国须建立全方位、细致明确的保护体系,可仿照发达国家,从前端、中端和后端三个维度全面构建保护体系。

第四,切忌过犹不及,防止保护过度。须知,对种类股东的保护应是适度的,否则物极必反。日本法的处理值得我们思考,为了防止动辄经由种类股东单独决议而致公司踌躇不前,《日本公司法》第322条第1款在较为全面地列举了须经种类股

---

[1] 赖源河:《实用公司法》,五南图书出版股份有限公司2014年版,第221页。

东会决议之情形外，又于第 2 款作出例外规定，即种类股发行公司可在章程中明定部分事项不需经种类股东之同意，即使可能有损其利益，但也只可通过事后补偿的方式予以救济。不过，在"某类别的股份发行后，变更章程拟对该类别的股份设置依第 2 款规定的章程条款时，必须得到全体该类别的种类股东同意"[1]。此外，对于第 322 条第 1 款第 1 项而言，鉴于其重要性，不允许借由章程排除。[2] 由上可见，日本法对于种类股东的保护处处体现着妥协和平衡的智慧。

二、种类股东前端保护体系的构建

前端保护体系是种类股东的第一道防线，也是保护最有效、防损效果最明显的阶段。总的来说，前端保护体系主要是围绕种类股东的单独决议制度来构建的。

（一）明确须经种类股东单独决议的事项范围

第一，应当指出，该事项之范围既非越大越好，亦非越小越好，而应适度和平衡：过小则保护不力，过大则保护过度而影响公司效率。

第二，观诸各国，美国和日本在其成文法中明确列举了该特定事项之范围，如《美国标准商事公司法》第 10.04 节第（a）款详细列举了八种情形，《日本公司法》第 322 条第 1 款也总计列举了 15 种情形；而德国、英国及我国台湾地区并未进行细致列举，而是以笼统概括之方式进行规范。笔者认为，对于

---

[1] 参见《日本公司法》第 322 条第 4 款。
[2] 参见［日］前田庸：《公司法入门》，王作全译，北京大学出版社 2012 年版，第 86 页。

制度初创期的我国来说，应对该事项之范围予以明确细化的列举，以增强可操作性和可预见性。

第三，我国应遵循既往之立法惯例，设置兜底条款，可笼统表述为"可能有损种类股东利益的其他情形"，立法及司法机关对此应予审慎、必要而合理的解释。

第四，就比较法而言，美国、德国的成文法中仅关注了章程类的可能有损种类股东利益的情形，而日本法则兼顾了章程修改类和非章程修改类两种情形，更加周延全面。我国应借鉴日本法的经验，将事项区分为涉及章程修改的事项和无涉章程修改的事项两大类，并分别予以细致列举，其中，章程类事项主要包括股份种类的增加、股份内容的变更、可发行股份数量的变更等需要进行章程修改的情形，而非章程类事项主要包括股份的无偿分配、新股预约权的无偿分配、股份合并及分割、股份交换、因股份交换而取得其他股份公司已发行的全部股份以及股份转移等无需经由章程修改的情形。

第五，应当赋予公司章程适当的自治空间：一方面，法律未明定之事项可通过章程予以补充规定；另一方面，虽为法律明定之事项，但根据公司需要仍可通过章程予以排除，省略种类股东单独决议之流程。关于后者有两点应予明确：其一，公司法列举之基础性事项不可排除，如股份类别的追加、股份内容的变更等，这是应当恪守之底线；其二，某种类股份发行后而通过章程排除其单独决议流程，应经该种类股东团体全体一致同意。如此，张弛有度，松紧适中，方为平衡。

（二）设置合理的种类股东会的表决通过比例

种类股东会表决通过比例之设定应科学合理。就法理而言，涉及种类股东利益之事项应经受影响之种类股东一一同意，亦即全数决,然而,为提高效率,各国均采行多数决。正如日本学者所言:"可能损害种类股东利益的事项,本来需要取得受损害的各股东的认可,但变成了只要有该种类股东大会的决议即可,可将该规定视为一种缓和的规定。"〔1〕德国学者亦有类似观点,"假如存在多个股份种类,比如普通股和优先股,并且各个股份种类相互之间的现有关系将因为章程修改而发生改变,由于这涉及一个缩减优先权的问题,如果依照《德国民法典》第35条处理的话,则要求相关股份种类的所有股东同意,但由此将使章程修改变得非常困难,因此,法律进行了缓和的规定,仅要求遭受不利的股份种类的股东以3/4的资本多数表决通过便可。"〔2〕笔者认为,我国亦应坚持多数决,而且应是绝对多数决,毕竟这关涉种类股东利益之处分,只能是一种适当的缓和,切不可矫枉过正,同时,应区分章程修改类事项和非章程修改类事项而略有不同,例如,前者可为3/4之绝对多数决,而后者为2/3之绝对多数决。

(三) 厘清应经而未经种类股东会单独决议之法律效果

对于应经而未经种类股东会同意之决议,各国和地区主要有两种立法例:日本、德国将其认定为尚未生效之决议,而美国、英国、我国台湾地区则将其认定为可撤销之决议。美国法、英国法由于未明确区分法律行为成立、生效、无效和可撤销等大陆法系民法上的概念和术语,其处理方式更加灵活,而最后的处理效果可能与德日大同小异。因此,主要的分歧在于同属

---

〔1〕 [日] 前田庸:《公司法入门》,王作全译,北京大学出版社2012年版,第90页。
〔2〕 [德] 格茨·怀克、克里斯蒂娜·温德比西勒:《德国公司法》(第21版),殷盛译,法律出版社2010年版,第615页。

大陆法系的德日和我国台湾地区。

根据德国学者的总结，股东会决议的瑕疵状态包括三种，即无效、可撤销及悬而未决的不生效力三种情形。无效决议是指违反法律的强制性规定且侵害公司法上的最重要价值的决议，决议的无效可由任何人以任何方式予以主张，无效之诉为其程序法上对应的诉的形式。可撤销决议通常也是违反法律的强制性规定，但其违法性相对较轻，没有必要径直认定为无效，而可由相关人在法定期限内决定是否予以撤销，若未撤销而期限届满则转化为确定有效之决议。当然，无效和可撤销之间的划分有时是模糊的，理论上也存在很多的争议。[1] 不生效力主要是指这样的情形，"即如果一个股东大会决议就其自身而言虽没有瑕疵，但其生效还必须有其他因素的介入，尤其是一定股东（特别权利的所有人）或被特别涉及的股东的同意，或者必须要有参与其中的特殊股份类型股东的一个或多个特别决议。"[2] "不生效力的股东大会决议既不是无效，也不是可撤销，它将随着欠缺部分的介入而完全有效，在此之前，不能登记于商事登记簿。"[3] 对于未生效力之决议，若有需要，相关股东可以提起决议未生效之确认之诉。

笔者认为，无论从法理还是实效的角度，将应经而未经种类股东会同意之决议认定为尚未生效之决议，都更为科学合理：

首先，就法理而言，尚未生效是指法律行为因欠缺相关要

---

[1] [德] 格茨·怀克、克里斯蒂娜·温德比西勒：《德国公司法》（第21版），殷盛译，法律出版社2010年版，第616页。

[2] [德] 格茨·怀克、克里斯蒂娜·温德比西勒：《德国公司法》（第21版），殷盛译，法律出版社2010年版，第557页。

[3] [德] 格茨·怀克、克里斯蒂娜·温德比西勒：《德国公司法》（第21版），殷盛译，法律出版社2010年版，第558页。

第四章 种类股制度之动态调整研究：外部互动和特别保护

件而未成立未生效，是行为之未完成状态；而可撤销是指法律行为已成立且生效，只是因为触犯法律的强制性规定而可由当事人予以撤销之状态；无效则指已成立的法律行为因严重违法而当然、自始、确定无效之状态。涉及种类股东利益处分的决议，当然须经种类股东的参与和表决，而种类股东往往在普通股东会上无表决权，典型如优先股东，或者作为少数群体仅有很少的表决权，无力充分保护其类别权利，因此需要另外的单独表决机制予以强化。正如债务转让须经可能遭受损害的债权人同意一样，涉及种类股东利益之事项只有经种类股东团体之单独决议方可生效。作为团体决议，种类股东可以自行选择放弃其投票权，但法律却不可强制剥夺。将应经而未经种类股东会同意之决议认定为尚未生效之决议充分体现了上述理念。此外，针对特定事项的普通股东会和种类股东会虽然在形式上是分开的，但却指向共同的目标，二者共同构成一个连续的整体性行为，应予整体而非割裂的对待。从某种意义上说，普通股东会是种类股东会的前提和基础，而种类股东会则是普通股东会的归宿和终点，是程序前端的自然延伸和最终裁断。总之，在未经种类股东会同意前，将涉及种类股东利益的股东会决议设定为未生效是合乎法理的。

其次，从实效的角度而言，若将上述决议认定为可撤销，则会对种类股东构成较大压力：若不申请撤销则经法定期限而转变为确定有效；若申请撤销则会产生相应的维权成本（时间和金钱），且承担裁判结果的不确定性。若将上述决议认定为无效，则虽自始、当然、确定无效，但法律行为已然成立，成立本身即产生相应的法律后果，如对作出行为之个人或机构产生拘束力，不可随意变更；而且，若种类股东不主动提起无效确认之诉，公司则可借由形式上合法的股东会决议径自执行，而可致不可挽回之损失，这实质上将压力置于种类股东一方。与此不同的是，若将上述决议认定为尚未成立、尚未生效，将时间节点延后至种类股东会决议通过之时，则种类股东会之同意将具有决定性意义，公司在此之前无法执行决议的内容，这便解除了种类股东的压力，必将大大提高保护之实效。

（四）小结

对于前端防护体系的构建，首先，我国应坚持适度原则，以列举加兜底的方式明确须经种类股东会单独决议的事项范围：列举时应区分涉及章程修改之事项和无涉章程修改之事项，并配以不同的决议标准，末端则以"可能损害种类股东利益之其他情形"兜底。其次，应赋予公司章程一定的自治权：既可将法律未列举之事项补充规定为须经种类股东会之单独同意，亦可将法律明定之事项排除在外，但是，涉及种类股东基础权利的事项如股份类别的追加、股权内容的变更、股份数量的增加等不可排除，而且，公司若拟变更章程取消已发行种类股份的单独决议权，则须经该类别股东之全体同意。最后，我国宜将须经而未经种类股东会表决同意之决议认定为未成立未生效之决议。

三、种类股东中端保护体系的构建

中端保护体系是在公司的日常运作过程中给予种类股东的常规性保护。这一阶段主要通过忠实勤勉义务范围的拓展和表决权恢复制度的构建提供保护。

第四章 种类股制度之动态调整研究：外部互动和特别保护

（一）拓展忠实义务之范围

传统上，忠实勤勉义务是指董事、监事等高管对公司及股东所负有的一种信赖义务，是基于现代公司所有与经营相分离之状态而施加于公司高管的管理义务，适用于"委托-代理"关系下所发生的"代理人"对"委托人"的管理责任。[1] 我国法上所称的忠实勤勉义务亦限于此。经过长期的发展，尤其在英美法国家，信赖义务的范畴已经有所扩展，不仅包括董事等高管的受信义务，而且包括大股东、控股股东对于中小股东的受信义务（主要指忠实义务），并在此基础上逐步演化出优势股东对于弱势股东的受信义务以及种类股东和普通股东之间的受信义务等。我国学界近来也在关注"一股独大"背景下控股股东对于中小股东的信赖义务，这确是有益的探讨。此外，现行《公司法》第 20 条[2]之规定也暗示了股东（一般指大股东）的诚信义务，并为普通股东与种类股东之间信赖义务之构建铺开了道路。

应当说，在引入种类股而致股权类型及结构多元化后，信赖义务范围之拓展对于保护种类股东具有重要意义，应当指出的是，在某些情况下，具有优势权利的种类股东亦应对公司及其他股东负有受信义务，如此，方能实现公司的良性运转及不同股东群体之间的利益平衡。具体来说，在引入种类股制度之后，对忠实义务的理解应明确以下几点：

---

[1] 参见刘俊海：《现代公司法》（第2版），法律出版社 2011 年版，第 504~508 页。
[2] 《公司法》第 20 条规定："公司股东应当遵守法律、行政法规和公司章程，依法行使股东权利，不得滥用股东权利损害公司或者其他股东的利益；不得滥用公司法人独立地位和股东有限责任损害公司债权人的利益。公司股东滥用股东权利给公司或者其他股东造成损失的，应当依法承担赔偿责任。公司股东滥用公司法人独立地位和股东有限责任，逃避债务，严重损害公司债权人利益的，应当对公司债务承担连带责任。"

第一，传统的董监事等高管的忠实勤勉义务仍是诚信义务之主要内涵，惟应注意，公司高管是对包括种类股东在内的所有股东负有诚信义务，而非仅针对某一类股东群体如普通股股东，更不是仅对派遣他的股东负有义务。日本学者即明确指出，即使是由持有附董事选任权股之股东派遣的董事，他也是公司的董事，理应对全体股东而非仅对派遣他的股东负责。[1]

第二，控股股东、大股东应对中小股东负有信赖义务——这在美国等英美法国家的判例中已有体现，在此基础上，对于种类股东，通常作为公司中的少数派和弱势群体如无表决权的优先股，应通过适当赋予普通股东以忠实义务，来保护其类别权利。

第三，在个别情况下，种类股东也可能成为公司中的强势群体，甚至可能成为控股股东，例如持有复数表决权股之股东，虽持股比例不大，但却可能支配公司；附董事监事等选任权股的股东，可通过派遣特定数量的董监事深刻影响公司的运作；附否决权股之股东对特定事项具有单独否决权，对公司影响重大。在上述情况下，种类股东亦不得滥用其权利而损害公司及其他股东之利益。

（二）构建科学的表决权恢复制度

针对无表决权的优先股这一种类股之典型构建表决权恢复制度是各国的通行做法。以德国为例，《德国股份法》专辟一节集中规范无表决权的优先股，并于该节第 139 条构建了表决权恢复制度："如果并且只要在一年中没有分配优先股息，并且拖

---

[1] 参见 [日] 前田庸：《公司法入门》，王作全译，北京大学出版社 2012 年版，第 219 页。

第四章　种类股制度之动态调整研究：外部互动和特别保护

欠的部分在下一年中也没有在完全支付该年的优先股息的同时予以补足，则他们恢复其表决权；如果优先股的优先股息获取权被永久地排除，则其表决权永久地恢复。"[1] 相对而言，日本法上的表决权恢复制度[2]适用对象更加宽广，不仅适用于完全无表决权的优先股，还适用于表决权受限如对特定事项排除表决权的优先股。此外，关于表决权恢复制度是否适用，日本法不作预设，权由章程自治，若章程未明确规定则排除表决权恢复制度之适用。[3]

我国在构建表决权恢复制度时应借鉴上述经验，具体来说：其一，应构建针对无表决权优先股的表决权恢复制度，包括优先权利暂时未被满足之表决权暂时恢复制度和优先权利被永久排除之表决权永久恢复制度。其二，拓展表决权恢复制度的适用空间，将所有类型的表决权受限优先股囊括其中，而不限于完全无表决权的优先股。其三，在优先股制度引入初期，我国应构建强制适用的表决权恢复制度，不允许章程排除，以强化对优先股东的保护，助力制度推广；当然，条件成熟时，亦可逐步放开表决权恢复条款，允许章程自治。其四，应当明确，种类股东（包括优先股东）在种类股东大会下当然享有表决权。

（三）小结

在种类股东特别保护体系的中端，首先，我国应拓展受信义务之范围，构建更加完整之体系，包括传统的董监事等高管对股东的忠实勤勉义务，控股股东、大股东对中小股东的忠实

---

[1] [德] 格茨·怀克、克里斯蒂娜·温德比西勒：《德国公司法》（第21版），殷盛译，法律出版社2010年版，第542页。

[2] 日本法通常称之为表决权复活制度。

[3] 参见 [日] 前田庸：《公司法入门》，王作全译，北京大学出版社2012年版，第77页。

义务，普通股东对种类股东的忠实义务及特定情形下拥有特殊权利之种类股东对其他股东的忠实义务等。其次，我国应构建完整且强制适用的表决权恢复制度，包括暂时的表决权恢复制度和永久的表决权恢复制度，适用对象既包括无表决权的优先股，也包括表决权受限的优先股。

四、种类股东后端保护体系的构建

后端保护体系位于整体防护网之最末端，是最后一道防线，往往在前端和中端无法实现充分"滤净"或者章程有排除性规定时予以最后救济。这一阶段主要围绕股东会决议尚未生效的确认之诉制度和种类股东的股份回购制度而展开。

（一）构建股东会决议未成立未生效的确认之诉制度[1]

诚如上述，应经而未经种类股东同意的股东会决议宜定性为尚未成立未生效之决议。与此相适应，若公司及其管理层不顾该事实而径自执行决议，种类股东自可提起确认之诉以维护自身利益，应予强调的是，此处所提起为未成立未生效的确认之诉，而非无效的确认之诉或者撤销决议的形成之诉。而且，根据其尚未成立生效之特性，比之法律行为无效之状态拘束力更弱，举重以明轻，任何股东（不论持股类型及数额）于任何

---

[1] 应当指出的是，除股东会决议未成立未生效的确认之诉制度外，若股东会决议符合《公司法》所规定的可撤销或者无效的情形，自可依法提起相应的撤销之诉或者无效确认之诉，否定决议之效力亦维护自身利益。我国现阶段的决议可撤销事由主要包括召集程序瑕疵、决议方法瑕疵、显失公平、决议内容违反章程规定等情形，决议无效事由主要是决议内容违反法律强制性规定的情形。此外，关于种类股东会决议之效力可参照适用普通股东会决议的相关制度，如无效制度、可撤销制度以及未成立未生效制度等，这在其他各国法上均有体现，如根据《日本公司法》第325条之规定，关于种类股东大会，就其召集通知、有关自己股份表决权的排除、议事录、效力等，准用有关股东大会的规定。

时间内均可提起上述确认之诉。我国应依照上述原理构建我国的确认之诉制度，以与前端保护体系相呼应。

(二) 构建合理的种类股东股份回购制度

股份回购或偿还从本质上说是一种资本减持退出的机制，[1]有可能减少公司信用资产，影响债权人债权之实现，因而，各国均通过立法明确限制股份回购制度之适用情形，以期在公司运营效率和债权人保护之间达成平衡，如根据我国现行《公司法》第142条之规定，公司原则上不得收购本公司股份，除非符合以下几种情形：依法减少公司注册资本、与持有本公司股份的其他公司合并、将股份用于员工持股计划或者股权激励、股东因反对股东大会作出的公司合并分立决议而要求退出公司等。

诚如前述，对种类股东之保护切忌过度，笔者认为，种类股份之回购制度应定位为一种补充性、防御性的制度，具体来说：

第一，种类股份的回购制度应立足于通常的股份回购制度之下，遵循现行法规定的各种限制性规则如财源规制规则，即只能用公司盈余金部分进行股份回购，而不可侵蚀公司之资本金及公积金。

第二，一般来说，可以请求回购的种类股东限于"反对股东"，即在种类股东会上投了反对票或者因无表决权而未投票之股东，对于有表决权而投了赞成票或者弃权票的种类股东，自无允许其请求回购之道理。

第三，种类股份回购制度之适用应以"可能损害种类股东

---

[1] 参见刘俊海：《现代公司法》（第2版），法律出版社2011年版，第272页。

的类别权利"为前提,若无损害类别权利之虞甚至有益于其权益之增进,自无允许回购之必要。对于可能损害其类别权利的章程修改类事项及无涉章程修改类事项,"反对"之种类股东均可请求回购而退出公司。不过,为避免事项范围过于宽泛,我国于立法时可择其中之重要事项而为规定,避免种类股制度引入初期而发生动辄回购等不利于资本稳定之现象。

(三) 小结

在后端,首先,我国应构建股东会决议尚未成立生效的确认之诉制度,允许种类股东于必要时主动防御;其次,我国应构建种类股份回购制度,须遵循财源规制规则,将可请求回购之种类股东限于反对股东,且以"可能损害种类股东之类别权利"为前提。

CHAPTER 5 第五章
证券市场下种类股法律制度之特别调整研究

第一节 证券市场下种类股制度特别调整之必要性研究

一、证券市场的概念及限定

根据金融学上的解释,"证券市场是指股票、债券、投资基金等有价证券发行和交易的场所"[1]。依照不同的标准,证券市场可以有不同的分类[2],为与论题契合以便于研究,本书特将"证券市场"概念作如下限定:首先,本书研究对象为种类股制度,"证券市场"当限定为股票市场;其次,为与纯粹公司法下的种类股制度相区分,"证券市场"宜限定为集中交易市场,例如,在我国主要指主板市场、中小板市场、创业板市场、

---

[1] 中国证券业协会编:《证券市场基础知识》,中国财政经济出版社2011年版,第3~4页。

[2] 就证券进入市场的阶段和顺序而言,证券市场可分为发行市场和交易市场;就上市公司的规模、监管要求及市场层次而言,证券市场可分为主板市场、创业板市场、新三板市场等;就证券品种而言,证券市场可分为股票市场、债券市场、基金市场、衍生品市场;就证券交易的场所而言,证券市场可分为场内市场和场外市场;就证券交易的集中程度而言,证券市场可分为集中交易市场和分散交易市场。参见中国证券业协会编:《证券市场基础知识》,中国财政经济出版社2011年版,第5~8页。

科创板市场、新三板市场[1]等，其他市场形态如区域性股权交易市场、店头市场等仅于偶尔情况下涉及。不过应当指出的是，集中交易市场和分散市场之间的界限并非泾渭分明，很多分散市场甚至逐步演化成集中市场，例如美国的纳斯达克就是从店头市场演化而来的，我国台湾地区的柜台买卖中心（本质上为店头市场）就其交易形式、市场集中度而言与我国台湾地区证券交易所（集中市场）已无太大差别。

二、证券市场之特性及其对种类股制度之影响：特别调整之必要性

证券市场是价值、财产权利和风险直接交换的场所，其所具有的部分特征客观上要求种类股制度于《证券法》下作适当调整。

（一）证券市场上的公司应是公众性的股份有限公司

首先，通常来说，只有股份有限公司才能利用证券市场，有限责任公司若想利用证券市场一般需先改制为股份有限公司。由此，在公司法下覆盖适用于有限公司和股份公司的种类股制度，在证券市场中则被限定于股份公司；某些主要适用于有限公司的种类股类型在证券市场下则受到限制，如附董事监事选任权种类股、属人性种类股等。

其次，一般来说，只有公众公司才能利用证券市场，封闭公司被排除在外。虽然，到目前为止，关于公众公司和封闭公

---

[1] 关于新三板市场是否能够作为集中交易市场素有争议。就当下实际的交投情况来看，新三板主要以做市商交易为主，且成交额和换手量并不高，具有明显的店头市场色彩；但从长远来看，新三板的发展趋势应是更加活跃和集中的交易市场，尤其是分层措施（基础层和创新层）于2016年初实施后，这一发展趋势正明显加快，而新三板也被国人寄望以"中国版之纳斯达克"。而且，就本书而言，新三板是一个重要的着眼点和讨论对象，因此，权将新三板视作集中交易市场，以便于论述的全面和深入。

第五章 证券市场下种类股法律制度之特别调整研究

司的区分学界多有争论,各国立法亦不统一:美国学者汉密尔顿教授认为,"公众持股公司可以被定义为拥有一定人数股东且股票在已经建立的活跃的市场交易的公司。存在着一个股票交易的活跃市场的意思是指投资者有在这个公开的交易市场上以买入或卖出的方式来进入或退出的权利,这是它与紧密持股公司间最为重要的区别。"[1]但教授也坦陈,公众公司和封闭公司之间无法精确区分,"有很多处于'中间地带'的公司,它们有着一些公众持股公司的特征,但它们的股票交易却不频繁或者说是很少的。"[2]美国各州公司法和1984年《美国示范公司法》的规范通常是一并适用于两种公司的,因此并不需要严格区分,它们"所赖以建立的公司模型是一个理想化的公司模型,它既不是专为公众持股公司也不是为紧密持股公司而设计的,它是一个非常宽泛和一般化的模型,以至于它的大部分无论是对公众持股公司还是紧密持股公司来说都是合适的"[3]。日本法对公开公司的界定与美国法不同,范围明显扩大,2005年《日本公司法》第2条第5款规定"公开公司是指对转让取得其发行的全部或者部分股份,没有在章程中规定需要公司同意的股份公司",除此之外的公司均为封闭公司,也就是说,只要有一股转让不受限制,该公司即为公开公司。我国立法近年来也引入了公众公司[4]的概念,国务院发布的《指导意见》和证监会发布的《管理办法》中都写入了"公众公司"这一名词,依上述文

---

[1] [美]罗伯特·W.汉密尔顿:《美国公司法》(第5版),齐东祥等译,法律出版社2008年版,第2页。
[2] [美]罗伯特·W.汉密尔顿:《美国公司法》(第5版),齐东祥等译,法律出版社2008年版,第2页。
[3] [美]罗伯特·W.汉密尔顿:《美国公司法》(第5版),齐东祥等译,法律出版社2008年版,第3页。
[4] 公众公司和公开公司的概念类同。

件,"公众公司"包括上市公众公司和非上市公众公司;《证券法修订草案》(2015年4月20日人大审议版)第145条第3款对公众公司进行了明确定义:"本法所称公众公司是指股东人数达到或者超过两百人的股份有限公司",直接以人数为标准予以界定,与美日的做法明显不同。不过,通过以上分析,我们仍然能够窥见公开公司的一些共同特征,比如,股份一般可自由流动,至少有流动性不受限制的股份存在;存在一个集中的市场供股权交易且交投较为频繁;公司的规模一般较大、股东人数较多等。基于此,种类股制度须因应公众公司的上述特质作相应调整,例如,对于转让受限种类股,除非符合交易所的特定条件并经特定流程,一般应予禁止;属人性种类股由于与特定主体绑定,流动性受到限制,一般应予排除等。

(二)证券市场是一个反复、多次、高效的集约化交易场所:以交易成本和监管成本为视角

首先,集约化交易市场要求交易对象具备一定的标准化特征,从而保证交易的快捷高效。也就是说,市场上交易的股票应具有大体相同的内容和特征,以便于进行标准化交易。试想,如果每个公司的股票都具有不同的内容,如A公司发行优先分配但无表决权的股票,B公司发行劣后分配但有表决权的股票,C公司发行普通分配但在董事选任事项上表决权受限的股票,D公司、E公司……如果真的出现上述情形,那么购买股票时必须分别辨别每个股份的个性化内容,那标准化交易将很难实现或成本极高,这和集中市场的本旨似有背离。因此,公司法上无限纷繁的种类股制度在证券市场下应作适当的限缩和标准化处理——适当的限制是为了保证效率。我们所看到的交易市场也确实是这么做的:香港联合交易所中交易的主要是普通股,

第五章　证券市场下种类股法律制度之特别调整研究

"一股一权"外加普通分配,联交所明确禁止"一股多权"的 B 类股份,[1]但允许发行优先分配但无表决权的标准优先股,香港市场基本是以普通股和优先股为框架而运行的;我国证券市场在 2014 年之前只允许标准化的普通股上市交易;美国相对来说较为自由,股票类型更加丰富,普通股、优先股、B 类股份等任由公司选择,但总的来说,美国市场仍以普通股为主,其他类型较少,美国各大交易所的上市规则还有普通股发行最低额度的要求,例如纽约证券交易所要求美国本土公司若拟上市,其普通股的发行额按市场价格测算不少于 4000 万美元,[2]而且即使是特异类型的股票也往往于其后因触发赎回或转换条款或者因转让而复归普通股;我国台湾地区证券市场基本是以普通股和特别股的二元结构搭建的,其中特别股只占很小一部分,且基本都是优先股,我国台湾地区允许政府持有上市公司之"黄金股",但只是应急之策,通常附设期限。

其次,证券市场的监管需要投入大量的人力、物力等以维持秩序,这亦要求证券产品必要的标准化,否则将使监管成本无限扩大。证券违法行为具有很强的隐蔽性,需要专业而繁琐的调查和分析,发现成本极高。即使是在单一普通股的市场结构下,证券监管机关也往往会力不从心,我国便是适例。美国是世界上证券监管最有效的国家,但美国证券交易委员会(SEC——the U. S. Securities and Exchange Commission)主要是通过确保信息之充分披露及完善的民事责任制度将主要的违法揭露任务加诸市场,由市场力量予以制衡,其自身的工作负担十

---

[1]　参见《香港联合交易所主板上市规则》第 8.11 条和《香港联合交易所创业板上市规则》第 11.25 条。

[2]　参见黄山、张中正、韩捷编著:《中小企业境外及香港上市融资实务》,机械工业出版社 2006 年版,第 170 页。

分有限，正如罗斯福（Franklin D. Roosevelt）总统所言："我们的任务只有一个，就是坚持每种在州际新发售的证券必须完全公开信息，并且不允许与发行相关的任何重要信息在公开前遗漏，这一信条，将提供真实信息的义务赋予发行者，使其成为诚信发行证券和公众对市场建立信心的动力。"[1] 这是最有效的监管方式，但前提是高度发达的市场机制。即便如此，如果股权类型极端丰富，每种证券都需区别对待，以不同的模型判别虚假陈述、操纵市场、内幕交易等违法情形，那么，即使市场已自行消化大部分违法行为，SEC也难以以其有限的资源确保种类股发行及运作的公平有序。因此，证券产品必要的标准化、证券类型的适当控制是有效监管的基本条件之一。

但是，证券品种一定程度的标准化绝不意味着拒绝种类股制度的创新：所谓之"标准化"是适度的"标准化"，而非单一化。应当说，交易监管成本和股份类型在证券市场下处于一种微妙的平衡关系中，并且随着市场的逐步成熟和发展而不断调整以达成新的平衡。一言以蔽之，当市场成熟度提高时，同样成本所能容纳的股份类型也在逐步增加，成熟市场的自我调整功能一定程度上抵销了监管和交易成本。例如，作为最成熟的证券市场，美国三大全国性交易系统（纽约证券交易所、美国证券交易所、纳斯达克市场）给予了种类股制度最大的生存空间，像阿里巴巴这样独特的股权架构[2]和治理结构在纽交所也获得了认可；中国证券市场在逐步走向成熟的过程中亦在不

---

[1] 美国前总统罗斯福语。转引自杨志华：《证券法律制度研究》，法律出版社2010年版，第64~65页。

[2] 阿里巴巴公司的公众持股在一定程度上被剥夺了董事提名权这一重要的权利，半数以上的董事的提名权被一群特别的股东即"合伙人"所掌控，这实质上形成了同股不同权的局面。

断丰富自己的产品线,2014年试点推出的优先股便为适例。

(三) 投资者尤其是中小投资者保护是证券市场的重中之重

"在诸多市场主体中,投资者无疑是最重要的,也是最需要获得特别保护的,各国无一不把投资者保护作为建设证券市场的重中之重。"[1]不断满足投资者的需求、使股市真正普惠大众,这是保证证券市场长盛不衰的良方。因此,一方面,证券市场应当逐步提供更加丰富的产品以满足股东多元化的需求;另一方面,则应确保股票类型一定程度的标准化和简约化以利于投资者保护。[2]因此,种类股制度于证券市场下应予适当收缩、必要限制。

有人说,可以通过提高特定市场的投资门槛、限制中小投资者进入而保其不受损害。但是,于股票市场内进行人为切割而设定投资门槛,一则有侵犯投资自由之嫌;二则股票类型的内部切割较难实现,且不同类型股票的风险差别往往没有想象中那么大——这不像股票市场和股票衍生品市场那般界限分明;三则限制潜在资金入市,不利于股市繁荣。虽然,逐步培育机构投资者、引导资金向专业投资机构集聚是证券市场的发展方向,但这并不意味着我们可以简单粗暴的方式拔苗助长。

说到底,投资者保护和股份类型多元化亦处于动态平衡关系中,随着市场的发展而不断发展:当市场逐步成熟,投资者包括中小投资者更趋理性,机构投资者资金占比逐步增加,市场的自我调整和纠偏机制日趋健全时,市场可以在确保投资者保护的基础上容纳更多的股份类型。

---

[1] 叶林:《证券法》(第4版),中国人民大学出版社2013年版,第54页。
[2] 这看似矛盾,实则统一:前者立足长远而面向全部投资者,后者着眼当下而针对中小投资者,二者应在博弈中寻求平衡。

三、证券市场下种类股制度特别调整的宏观方向

综上所述,种类股制度应作如下宏观调整:

第一,对于部分不适宜在证券市场下运作的股份类型应予限制甚至取消,例如转让受限种类股、属人性种类股、附董事监事选任解任种类股等。

第二,种类股制度应予适当的标准化、简约化处理,应受更加严格之管控,以降低市场运行成本并保护投资者。

第三,应坚持对种类股制度予以动态调整,根据市场的发展程度而调适,以与市场交易监管成本及投资者保护不断建立新的平衡关系。证券市场下种类股制度的发展趋势应是不断扩充类型、扩大自治空间。

第二节 证券市场下种类股制度特别调整之展开

诚如上述,种类股制度在证券市场这一特殊环境下应作适当调整,以契合证券市场之特性,包括限制甚至取消部分股份类别的运用、对发行的种类股作适当的标准化简约化处理、坚持对种类股制度作动态调整以与市场发展程度相适应。但是,这显然还不够,针对不同类型的股份构造事项如经济性事项(盈余分配事项)、管理性事项(表决事项),针对不同的运行阶段如发行阶段和上市阶段,针对不同的市场层次如主板市场、新三板市场等,种类股制度应予区别对待而进行更加细化的调整。

一、种类股制度调整依事项类型的展开

以权利行使的目的为标准,股权内部可以划分为经济性权

利如盈余分配权、管理性权利如投票表决权和附属性权利如账簿查阅权等。[1]其中,在种类股制度上,只有经济性事项和管理性事项可作为种类股构造的单元,而附属性权利只是作为前两种权利的保障手段而存在,具有兜底救济功能,其本身不便作出差异化安排。下文主要就经济性事项和管理性事项展开讨论。

(一) 经济性事项展开之探讨

可以进行种类股构造的经济性事项主要包括盈余分配事项、剩余财产分配事项、转换事项、赎回事项、优先认购事项以及股权转让事项等。总的来说,以经济事项上的差异化安排而构造的种类股在证券市场下具有较大的自由度,限制较少,例如,以分配顺序不同而构造的优先股、劣后股、混合股甚至追踪股,以是否可转换而构造的转换股和非转换股及以是否可赎回而构造的赎回股和非可赎回股等,在证券市场下均有其适用性。这一策略也得到了各国的广泛认可。

1. 历史和比较法上的证据

从优先股的发展历史来看,在早期,英美法国家发行的优先股只是在盈余和剩余财产分配等经济事项上区别于普通股,而在表决权等事项上则和普通股相同,也就是说优先股亦附带表决权。"优先股"只有"优先"的元素,而无"表决权受限"的元素。[2]日本种类股的发展历史进一步佐证了这一点,1899年《日本商法典》即已规定了优先股,但此时的优先股不但在盈余和剩余财产分配上享有优先权,也和普通股一样附有表决

---

[1] 参见赵旭东主编:《公司法学》(第2版),高等教育出版社2006年版,第316页。

[2] 参见任尔昕:《关于我国设置公司种类股的思考》,载《中国法学》2010年第6期。

权,直到1938年,为了解决企业融资难题,日本才从美国引入了无表决权的优先股这一股份类型。此外,"在20世纪90年代之前,日本法不允许发行只对部分事项行使表决权的股份即限制表决权股,只允许发行为了实现企业融资多样化的优先股和劣后股等。"[1] 由此可见,经济事项的多元化安排是"单一股权类型"的突破口,也是最易为公众所接受的种类股类型,这也暗示了将其引入证券市场的必要性和可能性。

美国证券法并未对经济事项上不同之种类股作特别限制,只要有市场,公司可自主决定发行;《日本金融商品交易法》亦未明确限制经济事项多元化之种类股的发行和交易;我国台湾地区"证券交易法"所允许发行的特别股在经济事项上也无太多限制,实践中发行的特别股主要是在经济事项上进行差异化安排,如我国台湾地区高铁建设公司在修建高铁过程中为解决资金短缺难题,先后发行了甲种、乙种和丙种三种记名式可转换特别股,[2] 而这三种特别股的区别主要在股息率、分红条件、转换条款等经济事项上,在表决权事项上则基本相同;我国现阶段进行的优先股试点,在经济事项上也有较为广泛的构建空间,公司可以在盈余分配、剩余财产分配、赎回条款、转换条款等事项上进行差异化安排,但在管理事项上只能是完全无表决权。

2. 原因分析

那么,为什么证券市场下的种类股制度在经济事项上遇到的阻力较小而更容易获得认同呢?笔者认为可能存在以下原因:

---

[1] 平力群:《日本公司法修订及其对公司治理制度演化的影响——以种类股制度和股份回购制度为例》,载《日本学刊》2010年第5期。

[2] 参见廖婉君、蔡佳真、蔡振宏:《台湾高铁发行特别股筹资》,载《企业筹资法务研究》2010年第2期。

第五章　证券市场下种类股法律制度之特别调整研究

（1）经济事项上的变动比较容易量化，比如优先股息率由1%提高到2%、分配顺序由普通变为劣后、转换比例由1∶1变成2∶1等，较容易通过价格机制传导给市场和投资者，市场调节功能可以充分发挥。

（2）通常来说，投资者有能力理解相对直观的经济上的不同规定，可以根据自身偏好、经济状况等作出理性的投资选择，而且，平心而论，多数投资者对经济利益更加敏感，会仔细掂量、反复考虑、慎重决定。

（3）在经济利益受到威胁或不公正对待时，股东尚可依靠相对均衡的表决权予以制衡：表决权是股东实现自我防御之利器，虽然平时不用，但于攸关时刻，它确是悬在"敌人"头上的利刃。

（4）发行经济事项多元化的种类股不会影响股东公平退出公司的权利，若公司经营不当，股东自可"用脚投票"，给管理层施压，这时的转让价格也更能反映股份的真实价值。相反，如果公司内部表决权结构失衡，则可能压低劣势股份的转让价格，限制其"用脚投票"的权利。[1]

3. 关于"转让事项"的特别说明

各国证券市场多要求股份须可自由转让，否则公司不得上市，因此，转让受限种类股一般不为证券市场所接纳，有些国家或地区如我国台湾地区甚至直接在"公司法"中明令禁止股份公司发行转让受限种类股[2]。

不过，"转让受限事项"能否被视作经济性事项其实是值得商榷的：首先，虽然转让的直接对价为经济性权利，但受让的

---

〔1〕参见陈若英：《论双层股权结构的公司实践及制度配套——兼论我国的监管应对》，载《证券市场导报》2014年第3期。

〔2〕我国台湾地区"公司法"第163条第1项规定："公司股份之转让，除本法另有规定外，不得以章程禁止或限制之。"

却是包括经济性权利、管理性权利和附属性权利在内的"一揽子权利",转让事项具有跨界属性。其次,学者多将转让权视为股权固有之属性,是其作为财产权所不可或缺之属性——"不可转让,遑论财产",也就是说,它是财产权利的基础和保障而不能简单地将其视作其中的一部分。[1]因此,以"转让事项"否定上述论点是无法成立的。

此外,虽然我们说证券市场下一般禁止发行转让受限种类股,但原则之下亦有例外。在特定情形下,经过特定的限制,转让受限种类股仍可作为上市公司股权结构中的特殊存在,例如家族控股的上市公司,若家族持有复数表决权股如 B 类股份,则可于章程中限制该类股份的转让对象和效果,如只可向家族成员转让,或者向外部第三者转让时特权自动消失等。而且应当指出,无论如何,对于转让事项,公司只能进行相对限制,而不可绝对禁止,否则有违股权之本旨。

4. 必要的限制

虽然证券市场对经济事项上有不同规定的种类股持相对宽容之态度,但仍受到证券市场发展程度的限制:种类股的类型应与交易监管成本及投资者保护相协调,并随证券市场的发展而予动态调整,逐步放宽。

(二) 管理性事项展开之探讨

可以进行种类股构造的管理性事项主要包括表决权事项、附否决权事项、附董事监事选任解任权事项等。实质上,后两类事项本质上均由表决权派生而来,只是侧重点有所不同而已:否决

---

[1] 参见赖源河:《实用公司法》,五南图书出版股份有限公司 2014 年版,第 218 页。

第五章　证券市场下种类股法律制度之特别调整研究

权是以否定的形式来行使自己的表决权利，而董监事派遣权则是为保证特定群体的经营参与权而设置的分类表决机制。比之于经济性事项，表决权多元化构造的种类股在证券市场上的推行阻力很大，各国或地区或多或少都会对其予以限制甚至直接禁止。

1. 历史和比较法上的证据

同样以优先股的历史为例，虽然各国逐渐接受了无表决权的优先股，并将其作为标准形态，但除优先股外，其他类型的表决权多元种类股如复数表决权股、黄金股等仍长期受到压制。只是到了现代以后，为了解决各种棘手的经济问题，各国才逐步予以放开。这在日本法上体现得最为明显。1938年日本法引入了无表决权股，不但适用于优先股，也可以和普通股搭配，但到了1950年，日本废除了无表决权的普通股，只允许限制优先股的表决权。此外，1990年修法还明确限定了无表决权的优先股的发行额度（不得高于股份发行总额的1/3）。直到2001年，日本法才在表决权的数量、行使范围等方面予以放开，从而打破了限制表决权和优先股之间的固定搭配。2005年《日本公司法》沿袭了上述规定。[1] 由上可见日本法对待表决权事项的谨慎和反复，这也暗示了将表决机制多元化种类股引入证券市场所要面临的复杂和困难局面。

日本东京证券交易所的上市规则即明确禁止复数表决权股的存在，恪守"一股一权"。[2] 附董事监事选任权的种类股不适

---

[1] 参见李海燕：《种类股在日本公司实践中的运行》，载《现代日本经济》2014年第2期。

[2] 参见[日]前田庸：《公司法入门》，王作全译，北京大学出版社2012年版，第79页。

用于公开公司,更遑论在证券市场上进行发行和交易了。[1]"实质上,日本的上市公司大多数只发行标准意义上的普通股。这种普通股的内容都是相同的,除了法律规定的例外情形,不允许公司章程对其内容作任何差别规定。"[2]德国曾是复数表决权股的起源国,主要是在一战后为抵制外国资本的侵略,而将其限定为本国人持有。[3]但后来由于严重的滥用,1998年颁布的《德国加强企业控制和透明度法》将其一概禁止了。[4]应当指出,欧洲大陆仍有很多国家允许复数表决权股的发行(包括在证券交易所发行上市),如法国、瑞典、瑞士等,但这主要是为了保持本国人对公司的控制权,通常有较为严格的持有主体限制。我国台湾地区立法明定,"股份有限公司不得于章程中规定特别股每股享有数表决权"[5];黄金股在我国台湾地区国有企业私有化过程中曾起到重要作用,但有严格限制,如只得为政府持有、须明确规定持有期限、过期自动废除等,但正如学者所言,我国台湾地区经济事务主管部门向来"重视""股东平等原则"之贯彻,对发行表决权上有优势或劣势的特别股尤为慎重。[6]我国香港地区的联合证券交易所在其上市规则中明确禁止双重股权结构,对于阿里巴巴公司以独特股权结构上市的申请也予以了严正驳回。

---

[1] 参见[日]前田庸:《公司法入门》,王作全译,北京大学出版社2012年版,第86页。

[2] [日]神田秀树:《公司法的理念》,朱大明译,法律出版社2013年版,第145~146页。

[3] 参见柯芳枝:《公司法论》,中国政法大学出版社2004年版,第183~184页。

[4] 参见[德]格茨·怀克、克里斯蒂娜·温德比西勒:《德国公司法》(第21版),殷盛译,法律出版社2010年版,第404页。

[5] 赖源河:《实用公司法》,五南图书出版股份有限公司2014年版,第222页。

[6] 参见赖源河:《实用公司法》,五南图书出版股份有限公司2014年版,第218页。

第五章　证券市场下种类股法律制度之特别调整研究

以自由、完善而闻名的美国证券市场最大限度地容纳了多元化的种类股，不但双重、三重甚至 N 重股权结构的公司可以顺利上市，而且像阿里巴巴这样独特的股权架构也可以被纽约证券交易所认可——阿里巴巴股权结构的特殊性在于其合伙人所持有的股份具有优势的董事提名权（其他则与普通股类似）。在美国市场上，附否决权股以及附董事监事选任权股也没有明确禁止的迹象。不过，相比其他种类股，美国法对表决权多元化种类股之态度显然更为严格，发行该种类股的公司必须将其股权结构的特定风险完全揭示以达到美国证监会及证交所所要求的标准，这种揭示必须醒目、详细、充分、易懂，且公司在后续的经营中往往受到监管机关的"特别关照"，谨防滥权。[1]此外，美国三大证券交易市场均认可或者大致认可了证监会19C-4规则所确立的关于双重股权结构的限制体系，要点主要有三：其一，明确禁止发行投票权高于既存股票的新的股份类别，例如，若公司已发行一股一权和一股两权的两种种类股，则不可再发行一股三权的种类股；其二，允许公司在首次公开发行中设定双重股权结构，因为公司现有股东对于股权架构必然已经形成相当之共识——否则决议不会通过，且对外发行较低投票权股时，外部投资者亦有充分的选择自由，内外投资者均不会受到损害；其三，公司可以在首次公开发行后发行新的较低投票权的股份，这是因为投资者在购买该类股份时已经完全了解该类别股份的风险及限制，同样，公司既存股东应当也可以预见其投票权可能由于后续发行的相同或者更低投票权的

---

[1] 参见［美］托马斯·李·哈森：《证券法》，张学安等译，中国政法大学出版社2003年版，第461~463页。

股份而被稀释，风险在 IPO 时已经充分揭示。[1] 笔者认为，上述限制的基本精神在于：无论如何不可损害现有股东在投票权上的既定地位，不可陷股东于不可预见的未来。[2] 除此之外，美国各交易所通常会进一步要求，公司只有在取得了 2/3 以上资本多数的股东同意且同时取得控股股东和内部人之外的其他股东的 1/2 以上资本多数同意后，方可搭建双重股权结构。值得一提的是，从美国证券交易所对待双重股权结构挣扎、犹豫的态度（由同意到禁止再到同意但严格限制）亦可瞥见美国对待此类股份的谨慎和严格。

2. 原因分析

那么，为什么表决事项多元化之种类股在引入证券市场时会面临如此大的阻力呢？笔者认为可能有以下原因：

（1）在所有和经营分离较为充分的上市公司中，表决权是公司所有和经营的连接点，是握在股东手中的"风筝的绳子"，无论"风筝"飞得多远多高，始终应该有一根绳子牵引而由另一端的"人"控制着它飞翔的高度和方向。[3] 表决权的作用是基础性的，它对于股东掌控自己的命运、维护其经济性权利及其他相关权利至关重要。

（2）表决权不似经济性权利，其难以量化，价格机制起作

---

[1] 参见蒋学跃：《公司双重股权结构问题研究》，载《证券法苑》2014 年第 4 期。

[2] 显然，以下行为是违背上述精神的："其一，公司以股东会决议对已登记在册的股东，以其所持有的股票数量或者时间长度为依据对其投票权进行限制；其二，公司通过发行投票权超过或者少于普通股投票权的股票，来换取已经登记在册的股东的股票，进而构建实质上的双重结构；其三，公司试图以限制分配权的方式来发行更高投票权的股份。"参见马一：《股权稀释过程中公司控制权保持：法律途径与边界 以双层股权结构和马云"中国合伙人制"为研究对象》，载《中外法学》2014 年第 3 期。

[3] 参见梁上上：《股东表决权：公司所有与公司控制的连接点》，载《中国法学》2005 年第 3 期。

第五章　证券市场下种类股法律制度之特别调整研究

用的方式较为复杂且不确定性大,难以充分发挥市场的调节作用,投资者尤其是中小投资者往往很难充分识别其风险,毕竟由表决权所引发的风险通常是隐秘且长期的。

(3)表决权涉及公司的控制和经营大权,攸关公司命运,对公司股东、员工、债权人等所有相关人影响深远,不能纵容表决权和风险的高度不对称,否则将导致风险外溢,增加代理成本和公司经营风险;控制公司和作出决策的人仅承担与其权力不相称的风险和责任是非常危险的。

(4)表决权上的特殊分配机制可能导致公司"人治"色彩加重,过度依赖某个人或群体的能力、威望和判断,但"资本民主"永远是证券市场的主导性规则,这也就决定了表决权的分配机制只能以"资本民主"为基本原则,种类股对表决机制的多元化构造只能是原则之有限例外,且不可过分偏离。

(5)表决权上的不同规定往往具有不可逆性,一旦公司为某个特定的人或群体所控制,其便有充分而多样的手段维持现状,外部收购威胁及内部监督机制均将明显减弱,例如,某个股东持有高倍复数表决权股从而牢牢控制公司时,外部收购几乎变得不可能,内部股东也难有话语权,作为适例,默多克家族的窃听丑闻曾导致股东严重的损失和失望情绪,股东写信给纽约证券交易所要求拆除新闻集团的双重股权结构,但也只能采取如此软弱而无力的回击。[1]

3. 必要的说明

即使遇到如此大的阻力和争议,我们也不能无视表决权多元化种类股不断扩展的趋势,不能拒绝充满生机活力、代表未

---

[1] 参见殷琦:《美国传媒公司的治理模式、危机审思与改革取向——从新闻集团的实践谈起》,载《新闻界》2019年第5期。

来方向的新事物新制度。事实已经证明，表决权上的多元化具有强烈的市场需求，赴美上市的中概股互联网公司很多采用了双重股权结构，美国的互联网巨头 Google、Facebook 等公司也都采行了双重架构，这些公司代表着新经济，代表着创新和未来，并已经对我们生存的世界产生了巨大影响。应当说，"股东异质化"这一难以改变的事实在不断呼唤种类股制度的创新。而且，我们似乎也并未发现这种曾让人恐惧戒惕的股权结构产生多大的"破坏"效应，相反，通过有效的监管及配套措施，这些公司可以放眼长远、健康运行，为股东创造更大的价值。

严格来说，"一股一权"早已在事实上被突破。公司通过交叉持股、金字塔式持股、表决权信托等方式可以达到和"一股多权"类似的效果，这在日韩等强调公司稳定经营的国家得到广泛运用。此外，优先股在现代一般被设定为无表决权股，这显然也是对"一股一权"原则的突破，并已得到世界各国的广泛认可。既然连无表决权股这种极端的形态都已得到认同，那么为何复数表决权股或者其他表决权形态却不能被接受呢？既然通过一些特别的监管措施和配套制度如分类表决机制、表决权恢复制度可以有效地保护优先股东，那么我们又为何不能为包括复数表决权股在内的其他类似种类股进行特别规制而建立同样良性的机制呢？既然优先股通过分配上的优先利益来补足表决权上的劣势可以达成相对平衡，那么我们为何不能在复数表决权股等种类股上通过利益调配以达成新的平衡呢？或者即使不平衡，例如公司在经营状况良好时发行较低投票权的股票，只要认购人认为对他是有益且有保障的，我们又有何理由武断地予以禁止呢？

必须承认，不断拓展种类股制度的适用范围，扩充表决权多元化种类股的类型,是一个明显的趋势。当然,这仍然应与市场的发展程度相适应。作为正处转型期、鼓励新经济的我国,必须正视这一制度,积极拥抱新事物,否则将来会有更多像阿里巴巴、百度、京东等这样优秀的公司离我们而去。不过令人欣喜的是,我们已能看到国家在这方面的变化和努力:优先股的试点已经如期推出;在国有传媒企业中探索实行特殊管理股制度如黄金股和复数表决权股等已被写入十八届三中全会的决定中;李克强总理也反复强调政府会积极探索"特殊股权结构",以服务对此有特殊需求的优秀企业。

(三) 属人性种类股的特别说明

属人性种类股是指由章程规定的、依据股东特定身份而享有特殊权利的股份类别。[1]这种股份的着眼点是股份持有者的身份而非股份本身的内容,权利内容依附于特定的人而非特定的股票,因而是属人的而非属物的。属人性种类股是和属物性种类股并列的股份类型,各国通常将属人性种类股作为"股东平等原则"之例外。属人性种类股是股份和特定的人的结合,其上的特殊权利是与持股人的身份相绑定的,这和权利附随于股份并随之而转让的属物性种类股明显不同。通常来说,属人性种类股更具个性化,自治空间更大,且转让受限。因此,属人性种类股是和证券市场的自由流动、高度资合等特性格格不入的,日本便将属人性种类股的适用范围限于封闭公司。

应当指出,在家族控制的上市公司以及其他对特定经营者或职员有特殊依赖的公司中,通过引入属人性种类股,在赋予

---

[1] 参见[日]落合诚一:《公司法概论》,吴婷等译,法律出版社2011年版,第159页。

特定人以特殊权利的同时,将其利益与公司牢牢绑定以维系公司长久竞争力,这是有必要的,尤其在我国。当然,这只能是极端的例外,而且我们须对之进行特别规制,抑制其副作用,包括:上市公司设置该类股票时应获得股东大会非关联股东绝对多数之同意,并经独立董事的认可;须经监管部门的事前核准;须充分披露风险及风险防范措施;须限制其转让及转让时的自动转换机制等。

(四) 笔者的观点及建议

综上所述,笔者认为,种类股制度在被引入证券市场时,经济性事项之多元化构造较之管理性事项阻力和争议较小,因此,现实的路径应当是以经济性事项为突破口,逐步扩展种类股的类型和范围,待条件成熟时再延展至管理性事项。就我国而言,自2014年起已经开始优先股试点,大致确立了证券市场下普通股和优先股二元并行的架构。在此基础上,笔者认为,我们首先应积极扩展优先股在经济性事项上扩展的可能,虽然试点方案已进行了多种尝试,但仍有继续放开的空间如可转换优先股等;未来还可在普通股上进行经济性事项的不同安排;待条件成熟时,我国应逐步放开管理性事项上的限制,以逐步打破普通股和优先股的二元架构,实现种类股构造的更大自由。值得肯定的是,2019年上海证券交易所正式推出的科创板已经设置了"特殊投票权机制",允许"双重股权架构"的存在,这是可喜的进步,后续发展状况仍有必要进行追踪研究。

二、种类股制度调整依运行阶段的展开:注册制的视角

(一) 注册制概念的厘清及对种类股制度的影响

应当说,注册制是较为高效和先进的证券发行审核体制,

第五章 证券市场下种类股法律制度之特别调整研究

是一个全球性的确定的发展趋势,我国已将证券发行审核体制由核准制转变为注册制确立为改革的方向。2019年12月28日完成的《证券法》修改正式确立了注册制,该法第9条第1款规定:"公开发行证券,必须符合法律、行政法规规定的条件,并依法报经国务院证券监督管理机构或者国务院授权的部门注册。未经依法注册,任何单位和个人不得公开发行证券。证券发行注册制的具体范围、实施步骤,由国务院规定。"笔者认为,只有厘清注册制的概念,尤其是其分阶段治理的理念,我们才能更好地定位和构建证券市场下的种类股制度。

关于注册制的概念,学者的界定各有不同:叶林教授认为,股票发行注册制又称为登记制,其主要内容包括:证券法未规定发行股票的实质条件;公司享有股票发行的平等机会;监管机构不提供投资回报的承诺;发行人须全面公开与证券发行有关的资料;中介机构协助发行人准备信息披露文件等。[1]朱锦清教授认为,所谓注册制的基本理念在于:市场的问题应当主要由市场自身去解决,发行人弄虚作假,致使投资者上当受骗,遭受损失,投资者可以到法院起诉,要求发行人和其他有关的责任人赔偿他的损失;行政监管机关通常只检查公开的内容是否齐全、格式是否符合要求,而不管公开的内容是否真实可靠,更不管公司经营状况的好坏。[2]王志诚教授认为,"注册制又称申报生效制,系指发行人无需经过主管机关积极之核准,只需依规定申报及公开有关资讯,如主管机关未于一定期间内表示异议,发行人即得发行有价证券,申言之,发行人如依规定检

---

[1] 参见叶林:《证券法》(第4版),中国人民大学出版社2013年版,第99页。
[2] 参见朱锦清:《证券法学》(第3版),北京大学出版社2011年版,第93~94页。

齐相关书件向主管机关提出申报，除因申报书件应行记载事项不充分，为保护公益而有必要补正说明或经主管机关退回外，其申报案件经过一定期间便会自动生效。"[1]刘连煜教授认为，"注册制即申报制，是公开原则的体现，指发行证券时，发行人依规定向主管机关申报并公开有关之资讯后，经过一定期间，主管机关未发现有不符相关规定而命令其补正者，发行人即得发行证券；至于主管机关'积极之核准'，并非其发行的前提要件。申报制的特色在于，以发行人资料之完全揭露为已足，至于发行人的实质条件如何，并非所问。"[2]综上可知，学者的定义大同小异，均强调于注册制下，行政监管机关的主要任务是确保公司信息的充分公开——"公开是最好的警察"，而不作实质判断，无论公司体制、证券质量如何，权交由市场和投资者自主判断选择。自然地，完善严格的民事责任制度对于注册制而言尤为重要，这是确保市场有效发挥监督机制的重要前提，正如朱锦清教授所言："改革必须分两步走：先建立民事责任制度，再向注册制过渡。"[3]

但是，如果就此认为注册制下公司只需进行信息的充分披露，接受形式审查，而无任何实质审查和判断，那就相当片面了，因为现代公司公开发行的证券一般都要在一定的交易市场（如证券交易所）上市交易，即成为"上市公司"，公司在行政机关的登记注册只是走完了第一步，若要上市还需经交易市场的审核，而各交易市场的上市规则中一般都有关于公司实质条件的规定，如股本规模、营收规模、盈利状况、治理结构等，

---

[1] 王志诚等：《实用证券交易法》（修订3版），新学林出版股份有限公司2013年版，第182页。
[2] 刘连煜：《新证券交易法实例研习》，元照出版公司2014年版，第219页。
[3] 朱锦清：《证券法学》（第3版），北京大学出版社2011年版，第100页。

第五章 证券市场下种类股法律制度之特别调整研究

只是具体条件各有不同罢了。例如，作为注册制典型代表的美国，对于已经在美国证券交易委员会注册的公司，若申请上市仍需符合各大交易所的上市条件（包含有实质标准），纽约证券交易所的条件最为严苛，对于美国本土公司的上市，证交所要求公司最近1年的税前盈利不少于250万美元；社会公众拥有该公司的股票不少于110万股；公司至少有2000名投资者，每个投资者拥有100股以上的股票；普通股的发行额按市场价格测算不少于4000万美元；公司有形资产净值不少于4000万美元等。[1]由此可知，注册制不等于形式审查，不等于单纯的信息披露和注册，或者说这仅是针对股票发行这一特定阶段而言的，而在股票上市阶段则要符合交易所的上市规则并接受其实质审查。因此，我们应该分阶段（即区分发行阶段和上市阶段）地理解注册制，这样才更加完整和准确。而且，就笔者的检索及研究，各主要国家均将审查的重心置于交易所，行政监管机关的前端审查任务相对较轻，虽然有的国家或地区是由行政机关先审查，有的国家或地区是由交易所先审查，有的是由行政机关和交易所同时审查。当然，有两点应予注意：其一，发行包括公开发行和非公开发行，这里主要指公开发行，因为非公开发行若符合法律规定的条件则可豁免在行政机关的注册而只需事后申报，不过，如果其今后要上市交易，仍应履行相应的程序如补办公开发行[2]，并符合交易所订立的实质规则；其二，还存在一种特殊情形，即股票公开发行但不上市，这在各国或地区大多是被允许的，如美国、英国、我国台湾地区等，此时，

---

[1] 参见黄山、张中正、韩捷编著：《中小企业境外及香港上市融资实务》，机械工业出版社2006年版，第170页。

[2] 参见我国台湾地区"证券交易法"第二章第三节"有价证券之私募及买卖"的规定。

由于股票不上市交易,则其公开发行只需经行政机关的形式审查并注册便可,无需通过交易所的实质审核,不过,这种情况并不常见,因为在现代证券市场下,不经由交易所的公开发行较难实现,而且后续的流通交易亦成难题。

综上所述,在两阶段划分的基础上,我们对种类股制度在不同阶段的审查重点及形式应有清醒的认识,以符合注册制的特征。申言之,在发行审核阶段,公司应对其发行的种类股类型及相应风险予以充分披露揭示,重在信息公开,行政监管机关应坚持形式审查,不可过多干预;而在上市审核阶段,则授权各交易所制定各自的上市规则,包含公司股权类型、结构及其他实质条件,由交易所依其规则进行实质审查。

(二) 比较法上的证据

美国实行的是最典型的注册制,两阶段特征也最为明显:在发行注册阶段,SEC 主要以形式审查的方式要求公司予以信息披露,包括发行的股份类型、股权结构的特征、风险等,而不对种类股制度的运用予以特别限制;但在上市审查阶段,各交易所一般都有实质性的上市标准,包括股份的类型。这从历史的视角分析有充分的证据。历史上,纽约证券交易所曾经一度禁止发行复数表决权股等特定类型的种类股,但纳斯达克市场自始至终对其保持开放态度,没有什么实质性限制,美国证券交易所虽然有若干限制,但一直未禁止双重股权结构公司上市,可见,各交易所对是否以及如何采行种类股制度具有充分的自主权,设有不同的规则。虽然后来,三大交易市场对待双重股权结构的态度逐步趋同,都采行了和 SEC 颁布的 19C-4 规则类似的标准,但 19C-4 规则本身却因为 SEC 的越权而被法院认定无效,可见,对公司上市予以实质限制的权利包括对待种

第五章 证券市场下种类股法律制度之特别调整研究

类股的态度和具体措施属于交易所的自治权利，SEC 不可僭越。值得一提的是，美国允许公开发行但不上市的股票存在，此时，若公司发行特定类型的股份，仅需在 SEC 充分披露并注册便可，无需交易所的审核，但是，此时可能由于不符合 1996 年联邦国会颁布的《资本市场改善法》的规定而需另经州的证券监管机关的实质审查。[1]

我国台湾地区的股票发行审核体制和美国较为相似，两阶段特征明显，发行阶段的注册披露和上市阶段的实质审查分别由台湾金融监督管理委员会（以下简称"金管会"）和交易所负责，交易所制定有上市规则，其中包括各种实质标准。不过，我国台湾地区比较强调"股权平等"这一传统原则的贯彻，对于种类股尤其是在表决权事项上有不同规定的股份类型持谨慎态度，例如，我国台湾地区并不允许在证券市场发行复数表决权股，不过，这倒不是缘于"证券交易法"的规定，而是由"公司法"一概禁止的。此外，我国台湾地区亦允许公司公开发行股票但不上市交易，此时，公司只要于金管会注册披露便可，无需再经交易所审核。

日本的做法与美国较为相似，金融厅和交易所于不同审核阶段各司其职。不过，与美国不同的是，公司若要公开发行股票并上市，须先由交易所依其上市规则进行实质审核；交易所

---

[1] 1996 年《资本市场改善法》主要是为了解决联邦证券监管机关和州的证券监管机关的重复管辖问题而进行的联邦层面的立法。该法规定，大部分联邦注册的公开发行的证券，州的监管只限于通知注册或者协调注册；一些联邦豁免的证券或交易，同时也免于州的监管，其中很重要的一项规定为：在纽约股票交易所、美国股票交易所或纳斯达克全国市场体系，以及美国证监会认为上市标准达到了前述交易所标准的其他全国性的证券交易所上市的股票，豁免州的注册义务。所以，对于公司公开发行但未上市的股票，可能由于不符合《资本市场改善法》的规定而需同时接受州的证券监管机关的审查，而各州通常会依照各州的证券立法（"蓝天法"）予以实质审查。参见［美］托马斯·李·哈森：《证券法》，张学安等译，中国政法大学出版社 2003 年版，第 470~475 页。

审核同意后，公司再向金融厅报送文件，金融厅收到注册文件后，对文件的形式要件是否完备进行核查，形式完备的，予以注册，形式要件齐备的注册文件将在15日内生效。[1]但是，这只是顺序上的调整，金融厅和交易所在各自阶段的职能和任务并无根本变化。而且，这似乎更加高效，因为交易所的审查实质上已经覆盖了金融厅的审查范围，前者的审查也更加仔细详备，交易所审查通过后金融厅只需略作把关便可放行，大大提高了效率，这也反映出现代股票发行审核重心向前端交易所倾斜的趋势，更何况，在日本，交易所和政府机构之间存在着非常紧密的联系——这一点与美国明显不同。就种类股制度而言，允许发行何种类型的种类股、在多大程度上接受特别的股权结构，也主要由交易所把关。不过总的来说，日本交易所对待种类股的态度较为保守，东京证券交易所仍然恪守"一股一权"原则，除优先股外，其他类型股份的发行仍受到较大限制。

德国的股票发行审核主要仰赖于证券交易所的审查。德国拥有以法兰克福交易所为首的八大证券交易所，而且这八大交易所是互联互通的，具有半官方的性质。公司欲公开发行股票并上市须向交易所提出申请，交易所依其上市规则予以实质审查。应当指出，在德国，发行审核和上市审核是由交易所一并进行的，证券监管部门一般不参与，经由交易所审核通过后便可发行上市。但据此便认为德国实行的是典型的核准制，似有误解之嫌，理由如下：其一，由交易所作为审查重心是实行注册制的国家同样遵循的理念；其二，德国证券交易所具有半官方性质，由其审查后再向证券监管机关注册，实为画蛇添足，

---

[1] 参见郑文：《日本：股票发行审核以交易所为主》，载《人民日报》2014年11月10日，第18版。

第五章　证券市场下种类股法律制度之特别调整研究

发行和上市合二为一反而可以提高效率；其三，交易所的审核已经非常仔细完备，实质审核的方式已然覆盖所需要的信息披露的元素；其四，德国法亦允许公司公开发行股票而不上市交易，此时，与上述不同的是，公司须向证券监管机关履行披露注册手续——和其他注册制国家一样，然后便可径自发行，无需再经交易所的审核，发行阶段和上市阶段于此种情形下截然分开。由上可知，德国的审核体制亦带有鲜明的注册制色彩，有人将其称为"中间型体制"，但显然，注册制仍然是其核心理念。应当指出，德国法对于种类股的态度较为谨慎，交易所通常只允许普通股和优先股两种类型的股票上市交易，曾经的滥用促使德国废除了复数表决权股等表决事项上有不同规定的种类股。即使如此，如果不准备在交易所上市而仅仅是公开发行，公司也可以经由证券监管机关的注册而发行特殊类型的种类股，只要不违反公司法或股份法等的强制性规定。

我国香港地区的证券立法对内地影响较大，不过，其股票发行审核体制较为特殊，在定性上争议较大。香港的审核体制一般被称为"双重申报制"，大致流程为：先由企业将上市申请递交给香港联合交易所，由其按照上市规则予以实质审查；交易所同时将申请文件转交给香港证监会，后者予以一并审查。其中，香港证监会拥有一定的实质审查权，如其认为某公司的上市会对公众造成实质损害，可行使否决权拒绝公司上市，或者在准许公司上市的同时要求其遵守特定条件。香港证监会邓映霞女士曾举一例[1]：香港证监会在审核俄国铝业股份有限公司上市申请时注意到其存在一笔即将到期的巨额债务，该公司

---

[1] 参见沈朝晖：《流行的误解："注册制"与"核准制"辨析》，载《证券市场导报》2011年第9期。

上市时筹集的资金尚不够偿还此笔债务，一旦准许其上市而债务爆发，俄国铝业股份有限公司将被追债而破产，所融资金将被用于填补债务，投资者恐将血本无归。但是，香港联交所作为一家公司制交易所，具有营利属性，其非常希望批准俄国铝业股份有限公司的上市申请，这样可以带动一大批俄国公司赴港上市。后来，香港联交所同意了俄国铝业股份有限公司的上市申请，但香港证监会却有异议。最终，香港证监会董事局经讨论，作出了有条件同意俄国铝业股份有限公司在香港联合交易所上市的决定。[1]不过，总的来说，审核的主要工作仍由交易所进行，香港证监会只起到最后的把关作用，等待着于必要时挺身而出。因此，香港的股票审核体制的"注册制"色彩仍然浓厚，上海交易所的论著中将其定性为"自律型注册"，还是较为恰当的。就种类股制度而言，香港联合交易所和香港证监会的态度都比较保守和谨慎，香港联交所的主板和创业板上市规则中均明令禁止"双重股权结构"，而且，即使是较为缓和的形式，如阿里巴巴的股权结构，联交所经过反复审查后还是没有准许，"一股一权"被其奉为圭臬。也许曾经的伤痛记忆太过深刻，以至于在时代的风口前仍然"畏"足不前，可是，这难道不会成为其下一段苦涩回忆的开始吗？

我国在《证券法》修改前实行的是严格的核准制，公司申请公开发行并上市，不但须向证监会报备文件、披露信息，还须经其实质审核同意；而且，公开发行和上市紧密捆绑，发行之后便自动获得上市资格，交易所的审核仅具有"可怜"的象征意义，公开发行但不上市的情形亦没有操作的空间和必要。

---

[1] 参见沈朝晖：《流行的误解："注册制"与"核准制"辨析》，载《证券市场导报》2011年第9期。

由上可知，整个流程由证监会主导，由其负责实质审查判断，交易所仅具有有限的自主权，这便是典型的"核准制"。在该体制下，种类股制度的运用也遭到很大限制，在发行阶段即要经受严格审查，在相当长的一段时间内，证监会只允许公司发行标准意义上的普通股，只是到了2014年，优先股试点才艰难破冰。

不过，令人欣喜的是，新《证券法》已经废弃了核准制，转而采行"注册制"。根据新《证券法》的规定，我国采取了和日本较为相似的做法，即由交易所首先审核，交易所由此获得了较大的自主权，由其依据上市规则进行实质审查；交易所审查同意后，将意见反馈给证监会，证监会仅要求公司进行充分的信息披露、注册申请文件，不进行实质审查。也就是说，整个流程的主导权由证监会转向交易所，这符合注册制的特征。

(三) 原因分析

各国均将交易所作为股票发行审核的重点机构，行政机关的任务相对减轻、后置，发行审核与上市审核之分立，使交易所主要负责依其上市规则对公司予以实质审核，而行政机关则退居二线，仅负责形式意义上的注册披露。这已然成为一个趋势，那么这其中有何深层次的原因呢？笔者认为，可能有以下原因：

首先，交易所是股票等的集中交易市场，已经成为现代证券发行和交易的核心基础设施，交易所里的交易频繁、快速、量多、价高、涉及面广，交易所有责任确保证券的质量以保护投资者利益，有义务对拟上市公司的股权类型、结构进行审核以维护公众利益。

其次，交易所是面临多方竞争压力的基础设施提供方，无论在国内（如新近崛起的新三板市场对其他交易所的威胁和压力）还是国外（如美国各大交易所之间的互相竞争），交易所都更有动力去制定并随市场变化不断调整其自治规则，包括对待种类股制度的态度，并严格审查种类股发行公司的资质、未来潜力等因素，这不是"必要的政治任务"，而是"生存和发展的重要保障"，更何况，在很多国家和地区，交易所本身是以商业公司的形式呈现的，例如日本及我国香港地区的交易所集团本身即是上市公司，招揽客户、追求盈利、与国内外同行竞争以提供更优质的服务乃其天职。[1]

再次，交易所更加贴近市场，代表市场调节的力量和市场化的方向，而行政机关则更多地代表着行政调控和政府干预，显然，交易所拥有更便捷的条件（如直接控制交易系统等）、更高效的方式（如摘停牌制度）以应对瞬息万变的市场状况。

最后，在现代审核体制下，交易所的审核已经相当全面细致[2]，包含实质审查和形式审查，需要监管机关进一步审查的空间已经很小，重复审查只会浪费时间、降低效率，由此，让监管机关主要负责形式审查当是合理的安排。

应当指出，在现代，行政监管机关的主要任务并非于前端事无巨细、处处过问，更不是随意、武断的干预，其应当从繁重的审查任务中解放出来，而把主要精力放在培育稳定有序的市场环境、设立公平透明的竞争规则上，把重点移至事中事后阶段，通过全面而连续的监管严厉打击证券违法违规行为，尤其是虚假陈述、内幕交易、操纵市场等典型失信行为。当然，基于历史、传统等多方面因素的考量，有些国家和地区保留了

---

〔1〕 参见康书生等：《证券市场制度比较与趋势研究》，商务印书馆2008年版，第50~53页。

〔2〕 参见陈界融：《证券发行法论》，高等教育出版社2008年版，第28页。

行政机关的部分实质审核权,如香港证监会的否决权、美国各州监管机关的实质审核权等,但只要交易所仍然起主导性作用,市场力量仍然起决定性作用,偶尔的、保持克制的行政干预也并非不可接受,只是行政权须始终牢记并恪守自己的底线。

(四) 笔者的观点及建议

笔者认为,我国正在推进股票发行注册制改革,我们应当厘清"注册制"的概念,在发行阶段和上市阶段相区分之基础上对其各自职权进行科学分配:交易所通过实质审核严格把关,证监会以形式审核保障信息披露。就种类股制度而言,在发行阶段,证监会的主要任务是要求公司进行充分披露,无论发行何种股票,采取何种股权架构,只要进行充分的风险揭示,证监会就不应进行过度干预;而到了上市阶段,交易所有权制定其上市规则,明确包括股权类型、结构等的实质条件和标准,并依其规则予以实质审查,严格把关。此外,对于公开发行但不上市的公司,依照国际通例,一般仅由证监会注册披露即可。

三、种类股制度调整依市场层次的展开

(一) 多层次证券市场的构建及其对种类股制度的影响

在上市交易阶段,作为整体的证券市场往往包含不同的层次,不但某个交易所内部可能存在不同的层次和板块,如纳斯达克市场内部包括"纳斯达克全球精选市场"、"纳斯达克全球市场"(即原来的"纳斯达克全国市场")和"纳斯达克资本市场"(即原来的"纳斯达克小型股市场")[1],而且不同的

---

[1] 参见〔美〕托马斯·李·哈森:《证券法》,张学安等译,中国政法大学出版社 2003 年版,第 29 页。

交易所相互衔接也可构成一国证券市场的不同层次,例如,美国证券市场基本形成了纽约证券交易所-美国证券交易所-纳斯达克市场-其他全国性及区域性的交易所及场外交易市场等层级递减的市场体系。[1] 多层次资本市场体系的确立是一国证券市场完善、成熟的重要标志,各国均在努力构建,我国亦不例外。新三板、区域性股权交易平台等的逐步建立标志着我国多层次证券市场建设的加速,新《证券法》第 97 条亦确立了我国多层次资本市场的发展方向:"证券交易所、国务院批准的其他全国性证券交易场所可以根据证券品种、行业特点、公司规模等因素设立不同的市场层次。"

"多层次资本市场"的重要含义之一便是不同的市场层次和板块针对不同发展阶段、不同规模体量、不同类型、不同体制的公司进行差异化服务,制定不同的上市规则,予以不同标准的审查,宽严相济,区别对待。具体来说,层次最高的市场和板块,针对已经进入成熟期、发展稳定、品质优良的公司,上市条件理应相对严苛,而随着市场层次的不断降低,上市条件亦逐步放宽。就种类股制度而言,亦应遵循上述规律,高层次市场应当对种类股制度尤其是在表决权事项上有不同规定的种类股保持戒心,审慎对待,严格限制甚至禁止种类股制度的运用,如可以考虑暂时只允许普通股和标准形态优先股的上市交易;而随着层次的降低,对种类股这一股权多元化的重要实现形式,可以抱持更加宽容之态度,逐步放松管制,甚至可以在设定特定条件并进行严格监管的基础上,允许双重股权结构的先行先试。

---

〔1〕 参见李立新等:《证券市场监管研究》,立信会计出版社 2014 年版,第 392 页。

第五章 证券市场下种类股法律制度之特别调整研究

(二) 比较法上的证据

美国是多层次资本市场体系最为完善发达的国家,不但市场层次丰富,而且各交易所之间还存在着协作和竞争的良性互动,使得整个体系富有活力和竞争力。[1] 美国基本上形成了纽约证券交易所-美国证券交易所-纳斯达克市场-其他全国性及区域性的交易所及场外交易市场的有序衔接的多层次证券市场,随着层次的降低,上市标准亦呈下降趋势。以盈利性指标为例,纽交所要求公司最近一年的税前盈利不少于 250 万美元;美交所的上市条件虽然没有纽交所严格,但并不宽松,它有多套上市标准,就标准一而言,要求公司最近一年的税后利润不低于 75 万美元;纳斯达克市场的要求相对更低,以纳斯达克全球市场为例,其上市方案一要求公司税前利润不少于 100 万美元。就种类股制度而言,也大致呈现这一规律:在历史上,纽交所曾经禁止复数表决权股等表决事项上有不同规定的种类股的发行,遵循"一股一权"原则,只是到了后来迫于竞争压力才逐步放开;美交所虽然没有禁止复数表决权股的发行,但有较为严格的限制,例如要求必须经股东会绝对多数之决议通过,须经独立董事的认可等;纳斯达克市场则从未犹豫,始终对种类股制度持开放态度,并无严苛限制,也许正是这种开放的精神,才使纳斯达克在 20 世纪七八十年代成为美国新型科技公司成长的沃土。

我国台湾地区的证券市场层次虽然没有美国多,但也相当分明。台湾证券交易所位于顶层,上市标准最为严苛,其次是

---

[1] 参见 [美] 托马斯·李·哈森:《证券法》,张学安等译,中国政法大学出版社 2003 年版,第 5 页。

作为上市预备版的兴柜股票市场，再其后是作为"台版纳斯达克"而存在的柜台买卖中心。近年来，我国台湾地区还发展了创柜板市场，实质就是政府组织的股权众筹市场，以服务于初创型的具有发展前景的中小微企业。随着市场层次等级的递减，上市标准逐步降低。值得一提的是，我国台湾地区证券交易所内部亦存在不同的层次和板块，以不同的上市条件面向不同类型的企业，除普通板块外，还包括专门面向科技事业的板块（取消了获利能力的要求）、面向我国台湾地区经济建设之重大事业的板块以及政府奖励民间参与之重大公共建设事业的板块等。[1] 不过，我国台湾地区法律及政府对待种类股制度较为谨慎，尤其在证券市场环境下，交易所强调"一股一权"，但这依然为未来由低层次市场入手逐步放开埋下了伏笔，例如，新近建立的创柜版市场即未限制多种类型股份的发行，至少从字面上可作此解释，而且该市场还允许有限责任公司登陆融资，这也就为股权类型之多元化创造了条件和空间：我国台湾地区"公司法"对于有限责任公司采取了相当宽容的态度，股权内容等事项均可交由公司自治，内部事项准用无限公司之规定。

我国香港地区的证券市场以联合交易所为组织形式，其层次性是通过交易所内部的分层予以体现的。联交所内部包括主板和创业板两个层次，分别服务于不同发展阶段的企业，主板的上市条件较创业板更为严苛，以盈利性指标为例，主板上市的盈利性测试标准[2]要求申请人最近一年的股东应占利润不低

---

〔1〕 参见王志诚等：《实用证券交易法》（修订3版），新学林出版股份有限公司2013年版，第260~261页。

〔2〕 除此之外，我国香港地区联交所主板上市包括三大标准，即盈利测试标准、市值/收益测试标准和市值/收益/现金流量测试标准。公司只要通过其中一个测试指标即满足上市条件。

第五章 证券市场下种类股法律制度之特别调整研究

于 2000 万港元,并且前两年累计的股东应占利润不低于 3000 万港元;而创业板则没有最低盈利的要求。[1] 就种类股制度而言,两大板块均明确禁止发行有复数表决权的 B 股,阿里巴巴的股权结构也被我国香港地区联交所否定,但总体而言,创业板仍然有开放种类股市场的潜力,因为其上的公司正处成长期,市值更小,融资需求更大,对特殊股权类型的需求也更强烈。虽然阿里巴巴公司最终未能如愿在我国香港地区上市,但此事件已然在香港引发了关于"坚守和创新"的激烈讨论[2],相信在未来,我国香港地区以创业板市场为突破口逐步放开种类股发行的限制是一条可行的改革路径。

(三)原因分析

那么,为何层次较低的市场或者特定板块应当对种类股制度的运用提供更大的包容度呢?原因如下:

第一,这些市场较多的服务于正处高速发展期、尚未成熟的公司,其往往具有更加多元化的需求,以互联网类公司为例,战略方向和关键人物的掌控尤为重要,前期的战略性亏损以扩大市占比更是主板市场所难以忍受的,融资烧钱和保持控制权的平衡通常要求在股份的表决事项上作出个性化安排。相反,对于已经进入成熟期、具有稳定盈利模式的企业来说,它们在种类股方面的需求可能相对较弱,平稳公正的市场环境才是它们最渴求的;

第二,低层次市场例如创业板等往往总体市值较小,容错空间大,对于整个社会的波及效应较小,而且,创业板本身即

---

〔1〕 参见黄山、张中正、韩捷编著:《中小企业境外及香港上市融资实务》,机械工业出版社 2006 年版,第 241~243 页。

〔2〕 参见李小加:《盗梦中的阿里上市》,载《中国企业家》2013 年第 19 期。

定位为高风险高收益的市场，挂牌公司的经营业绩等波动很大，在这样的市场中进行风险和不确定性较大的种类股制度尝试更具可行性。另外，不同市场层次在财富创造和企业培育、着眼当下和面向未来之间有不同的侧重点，相对来说，低层次市场更加强调对企业的培育和长远投资，这种特性也使其更适合种类股制度的成长；

第三，低层次市场的投资门槛相对较高，投资者的投资经验和自我保护能力也更强，因此，在低层次市场先行先试种类股制度对投资者的负面影响较小，以我国为例，投资创业板市场的个人投资者须有两年以上的股票交易经验；投资新三板市场的个人投资者除须具有两年以上的证券投资经验外，尚须在前一交易日本人名下日终证券类资产市值不低于500万元人民币，投资门槛相当之高；

第四，低层次市场在盈利性、规模等指标上的降低甚至取消为种类股制度的发展创造了条件，既然都是着眼于公司的长远发展，既然连暂时的亏损都能容忍，那又为何不能容忍代表股权多元化、契合股东异质化需求的种类股制度呢？

（四）笔者的观点及建议

我国正在加速构建多层次的证券市场体系，[1]到目前为止，雏形初现：由沪深交易所的主板、中小板和创业板，到迅速崛起、日新月异的"新三板"（即全国中小企业股份转让系统）[2]，到全国各地如雨后春笋般涌现的区域性股权转让中心（即俗称的

---

〔1〕 参见张璟、史明：《我国多层次资本市场建设的思考——关于新三板市场的发展探讨》，载《企业经济》2011年第10期。

〔2〕 另外，上交所正在探索的"战略新兴板""国际板"等和"新三板"有重叠之处。

"四板")如深圳前海股权交易中心、上海股权托管交易中心、天津股权交易所等,再到以互联网技术为依托的面向初创企业的股权众筹市场,我国在较短的时间内构建了相对完整、层次多样的证券市场体系。随着市场层次的逐渐下移,其上市挂牌条件亦逐步放宽。就种类股制度而言,笔者认为,首先,在当下的主板市场应保持谨慎态度,保持普通股和优先股二元架构之既定模式,并于优先股机制下进行种类股制度的探索,即使未来放松了对种类股的限制,允许双重股权结构等表决权多元化股份的设置,甚至打破普通股和优先股的二元结构,也应当进行严格的管制,如要求此类公司履行必要的行政核准程序、要求其董事会包含确定比例的独立董事等。其次,在我国,中小板和创业板与主板的差别实质上并不大,因此,其对待种类股制度的态度应和主板保持一致。再次,对于"新三板""战略新兴板"等针对新兴企业的市场层次,在放开盈利性指标的同时,应适当放开对种类股制度的限制,允许其设立复数表决权股、附否决权股等表决权事项上有不同规定的种类股,但应予严格管制,可参考美国19C-4规则,并逐步实现自由化,待经验成熟后,可向主板等层次推广。最后,其他区域性的股权交易中心以及股权众筹市场应当进行更大胆的尝试,如完全放开股权的多元化设计。

第三节 我国之现状及未来发展

一、我国证券市场下种类股制度的现状

根据现行《公司法》和《证券法》之规定,我国仍恪守"一股一权"原则,仅允许标准形态普通股的发行和交易。因

此，就法律层面而言，我国的股权类型相当单一，拒绝多元化安排。[1]而且，由于实行严格的核准制，发行阶段和上市阶段并未完全分开，实质均由证监会掌控，交易所居于审查的附属和次要地位，种类股的发行受到严格的管控，企业的股权多元化需求难以得到满足。

2014年的优先股试点打破了我国种类股制度发展的僵局，证监会颁布的《管理办法》较为全面详细地规定了证券市场下优先股的实施细则。[2]应当说，《管理办法》的出台改变了我国证券市场普通股单一类型的状况，引入了优先股这一已为发达国家普遍采用的种类股类型，值得肯定。而且，根据《管理办法》第3条的规定，优先股的发行主体为公众公司，包括上市公众公司和非上市公众公司，也就是说，在我国，不但主板、中小板、创业板上的公司可发行优先股，新三板等市场上的公众公司亦可发行优先股，至少从文义上可作此解释。此外，根据《管理办法》的规定，在优先股的基础上，可以通过在相当广泛的经济事项上的不同规定设置差异化的优先股，具体来说，公司发行的优先股可以在优先分配的条件及股息率上作不同规定，既可是固定股息率，也可是浮动股息率（《管理办法》第16条）；既可累积分配亦可非累积分配（《管理办法》第11条）；既可为参加性分配亦可为非可参加性分配（《管理办法》第9条）；既可以设置赎回事项，也可以设置回购事项（《管理办法》第13条）；在转换事项上亦可作一定程度的选择（《管理办法》第33条）。

---

[1] 参见万建华主编：《证券法学》（第2版），北京大学出版社2013年版，第293页。

[2] 参见刘胜军：《类别表决权：类别股股东保护与公司行为自由的衡平——兼评〈优先股试点管理办法〉第10条》，载《法学评论》2015年第1期。

不过,《管理办法》仍然具有较大的局限性:首先,《管理办法》仅是针对作为种类股之一种的优先股进行集中规定,形成了普通股和优先股的二元划分局面,而未在更广泛的意义上进行种类股制度的试验和拓展,如未在股权要素分割和重组这一更高的层面上界定种类股。其次,《管理办法》所规定的优先股为标准意义上的优先股,优先分配权与无表决权强行搭配,盈余分配优先权和剩余财产分配优先权相互捆绑(第2条),因而,混合股、有表决权优先股等特殊形态暂无法实现。再次,《管理办法》所规定的优先股仅允许在经济事项上作不同规定,表决事项上不得变通,而且,即使是经济事项上的自治空间亦受到较多限制,例如,不允许发行在股息分配和剩余财产分配上有不同优先顺序的优先股(第6条);上市公司发行的优先股必须为累积非参加、采取固定股息率、附带强制分配条款且不可转换为普通股的优先股(第28、33条)。最后,非上市的公众公司仅可以非公开发行优先股,发行方式受到限制(第3条)。

新《证券法》已经立法正式确认了注册制,在注册制的框架下,发行阶段和上市阶段在理念和制度上将予更加明晰的区分,而且基本确定交易所在股票发行审核中的主导地位,这主要表现在两个方面:其一,在程序上,由交易所先予审查,同意后再将意见反馈给证监会;其二,在审查方式和任务上,交易所依其上市规则对拟上市公司进行实质审查,严格把关,而证监会仅对公司进行形式审查。就种类股制度而言,经此改革,发行阶段和上市阶段对股份类型及股权结构的审查定位更加准确:在发行阶段,证监会对公司拟采行之股份类型及结构仅予形式审查,不作过多干涉;在上市阶段,交易所获得更大的自主权,可于不同层次对公司发行的股份类型及其内容等作不同规制。

另外,2019年上海证券交易所正式推出的科创板已经设置了"特殊投票权机制",允许"双重股权结构"的公司上市,并对上市公司进行表决权差异安排的前提(包括设置时间、内部审批要求、上市公司的市值要求、权利要求)、拥有特别表决权的股东主体资格、后续变动规则及普通股东的权利保护等规则进行了较为详尽的规定。这是令人惊喜的进步,但具体实施状况仍有必要进行进一步的跟踪研究。

二、我国未来的路径选择

《管理办法》的出台实质上确立了我国普通股和优先股二元并立的股权类型体系,我国未来证券市场下种类股制度的发展必须以此为基础。我们将以运行阶段为轴来探讨我国的路径选择。

在发行阶段[1],于注册制的背景下,证监会通过形式审查的方式予以把关,重点要求公司充分披露信息,包括发行何种类型的股票、采行何种股权结构等,而不作过多实质干预,公司只要充分披露并揭示风险且不违背法律的强制性规定即可。尤其对于只公开发行而不上市的公司,这样的审查方式更具便利性,笔者建议,证监会未来可制定部门规章明示上述机制。

在上市交易阶段,交易所处于主导地位,拥有相当的自主权,可制定其认为合适的上市规则,包括对待种类股制度的态度,并依各自规则进行实质审查。

---

[1] 这里的"发行"主要指公开发行,因为根据国际通例,在注册制下,非公开发行可以豁免注册,即豁免证监会的注册要求,不过,如果私募的证券准备在日后登陆交易所,则需符合特定条件,接受交易所的实质审查。

第五章　证券市场下种类股法律制度之特别调整研究

在主板、中小板、创业板市场上——实质为我国的"一板"市场,[1]应以普通股和优先股的二元结构为基础逐步拓展,具体来说:

首先,应逐步取消上述《管理办法》中关于优先股的诸多限制,如发行方式上的限制、经济事项上不同构造的限制等,扩展优先股的自治空间。

其次,对于复数表决权股、附否决权股等表决事项上有不同安排的种类股,就目前而言,尚不应在"一板"市场放开,主要原因包括:其一,我国上市公司的股利分配现状堪忧,缺乏稳定而连续的公司分配政策,表决事项上的不同规定可能加剧这一趋势而使投资者受损;其二,我国的股票发行定价机制尚有缺陷,难以准确估量在表决事项上有不同规定之股份的真实价格;其三,我国的投资者群体以散户为主,缺少足量的机构投资者以抑制双层甚至多层股权结构的弊端;其四,投资者教育不足,亟须完善,现状尚不足以应对更加复杂的股权类型;其五,我国上市公司的信息披露制度尚不完善,实践中也存在诸多问题,难以对复数表决权股等进行充分的风险揭示;其六,我国长久以来缺乏契约精神的信仰和氛围,这制约了在股权类型上的更加自由化。待未来条件成熟,并在低层次板块上积累足够经验后,可逐步放开。

在新三板等市场上——实质上相当于我国的"二板"市场,除了上述在"一板"市场下的尝试外,可更进一步放开在表决权事项上有不同规定之种类股的运用,先行先试,在上市规则上予以适当松绑,但仍应进行严格监管,可参考美国证监会颁

---

[1] 参见张璟、史明:《我国多层次资本市场建设的思考——关于新三板市场的发展探讨》,载《企业经济》2011年第10期。

布的 19C-4 规则。待经验成熟后，可逐步推广至 "一板" 市场。

　　在其他更低层次的市场中，如区域性股权交易市场和股权众筹市场等，可在适当限制的情况下进行更加激进的尝试和探索，不断试验新型的股份类型和股权结构，并在成熟后自下而上的传导经验。

CHAPTER 6 第六章
证券市场下种类股发行公司的特别监管及投资者保护研究

第一节 特别监管及保护的必要性研究

正如学者所言,美国和瑞典等国之所以在资本市场下允许种类股制度的存在并且运行良好,一个重要的原因或者说前提便是对种类股发行公司予以特别监管,一系列配套措施抑制了种类股制度可能带来的负面效应,从而为投资者尤其是中小投资者提供了充分的保护。[1]那么,对证券市场下的种类股发行公司予以特别监管并对投资者予以特别保护的必要性到底何在呢?

一、概括性原因及必要说明

(一) 证券市场的视角

证券市场是资金需求方直接融资的市场,不同于资金市场[2]。在证券市场下,资金需求方与供给方直接建立资金供给关系,无需银行或者非银行金融机构充当中介,因而,证券市场是风险直接交换的市场,波及面广、效果直接、风险较大。

---

[1] 参见蒋学跃:《公司双重股权结构问题研究》,载《证券法苑》2014 年第 4 期。
[2] 主要是由银行或各种非银行金融机构组成的间接融资市场。

而且，在现代各国，证券市场往往成为一国金融制度的心脏，承载着众多重要的功能。因此，对证券市场予以严格监管，充分披露和揭示风险，并采取适当措施防控风险，是各国的共同选择。[1]有效监管的目的是为投资者提供充分保护，证券法的重要目的之一便是保护投资者，需知投资者参与是证券市场持续繁荣的根本保证。[2]因此，从证券市场的视角而言，由政府机关及自律组织对包括种类股发行公司在内的上市公司予以严格监管并充分保护投资者是极其必要的。

（二）种类股发行公司的视角

种类股发行公司不同于通常所见之公司，其在一定程度上偏离了传统的股权平等和资本民主原则，股份类型更加多元，股权结构更加复杂，投资风险更加隐蔽。种类股发行公司的内部治理结构由于股权类型的分化而更容易走向内部人控制，权力滥用的风险较大。而且，在股权多元化之背景下，种类股份的估值带有很强的主观性和不确定性，市场定价功能的发挥受到抑制。[3]总体来说，投资者尤其是中小投资者在判断种类股发行公司的投资价值时会更加困难，潜藏更多难以预知甚至不可预知的风险。而当种类股发行公司和证券市场相结合时，风险将会成倍放大，中小投资者基于自身条件的局限，成为其中最容易受到伤害的群体。因此，对证券市场下的种类股发行公司予以特别监管、为投资者提供特别保护，尤为必要。

---

〔1〕 参见叶林：《证券法》（第4版），中国人民大学出版社2013年版，第65页。

〔2〕 参见朱锦清：《证券法学》（第3版），北京大学出版社2011年版，第82页。

〔3〕 参见刘胜军：《类别表决权：类别股股东保护与公司行为自由的衡平——兼评〈优先股试点管理办法〉第10条》，载《法学评论》2015年第1期。

第六章　证券市场下种类股发行公司的特别监管及投资者保护研究

(三) 必要的说明

第一，种类股可分为在经济事项上有不同规定之种类股和在表决事项上有不同规定之种类股，诚如前述，后者的风险明显高于前者，在运用中受到的非议和阻力较大，因此，本章所讨论的措施主要是针对后者。

第二，前文设有专节探讨对种类股东的特别保护，应当指出，这和此处所讨论的对种类股发行公司的特别监管和投资者特别保护之间，既有交叉，又互不隶属：首先，就适用范围而言，种类股东的特别保护措施既适用于股份有限公司，也适用于有限责任公司，既适用于公众股份公司（包括上市公众公司和非上市公众公司），亦适用于非公众股份公司，而关于后者，一般来说，仅针对证券市场下的公众性股份公司。当然，应当指出，如果投资者投资于种类股公司所发行之类别股份，其作为种类股东自然获得相应保护，同时，若公司及其投资者（主要指投资于普通股份的股东）符合特别监管及保护之条件，则一并适用后者。其次，就侧重点和目的而言，前者强调对种类股东予以一般的普遍的保护，而后者则强调于细致区分之基础上对公司及其实际控制人（包括种类股东）予以特别监管，对股东（尤指普通股东）予以特别保护，二者在某种程度上具有一般法和特别法的关系。例如，当投资者投资于种类股公司发行之普通股份时，其无法获得前者的保护，但却可能获得后者提供的特别保护；当某股东持有复数表决权股等优势股份时，其当然能获得前者的相应保护，但此时作为种类股发行公司可能的实际控制人，公司及其本人应接受特别监管以保护公众投资者，而且显然，此时法律的重点或者说价值取向应是对复数表决权股之股东予以特别监管及限制，对弱势股东予以倾斜保护。不过，究其本质，二者均体现了现代法律之基本精神，即对弱者予以倾斜保护、对强者予以适当限制以实现实质公平，只是于不同情形下以不同的形式呈现罢了。

第三，特别监管和特别保护是紧密结合在一起的，特别监管是为了实现特别保护，对优势权利的特别监管并防止滥用即是对劣势群体的一种保障，对劣势群体的倾斜保护亦即是对优势群体的变相限制，因此，二者是同一问题的两个方面，无需分开，一并论述。

二、具体原因

（一）代理成本高昂、内部监督失灵及成本外溢

种类股发行公司往往具有独特的股权结构如双重股权结构，这将导致股票的表决权和现金流收益权不成比例，增加代理成本。例如，一个持有复数（3倍）表决权股并掌控公司将近50%表决权的股东，其所能获得的收益权可能只占公司全部收益的20%甚至更少，这将"鼓励"他为实现自己的宏大梦想而去冒险，毕竟即使失败，他损失的也不会太多，大部分损失将由其他股东分摊，而如果成功，除了经济上的收益外，他还将收获金钱之外的无上荣誉和自我成就感。而且，更为重要的是，控制人的利益将与公司整体利益发生分歧，实际控制人可能以公司利益为代价而谋取私利。[1]这无疑将极大地增加公司及投资者之风险、放大代理成本。

由此派生了另一问题，即内部监督机制的失灵。"在类似的

---

[1] Micheal C. Jensen and William H. Meckling, "The Theory of Firm: Managerial Behavior, Agency Cost and Ownership Structure", *Journal of Financial Economics*, Octomber, Vol. 3, No. 4, 1976.

第六章　证券市场下种类股发行公司的特别监管及投资者保护研究

股权结构下，执行董事和高管之间的界限几乎消失：他们都属于管理团队成员，共同掌控优势表决权，牢牢控制公司。"[1]董事会对高管的监督作用亦明显弱化。此外，他们还掌握着独立董事的任免权，这将使独立董事沦为"不敢说话的吉祥物"。监事会亦将因畸形股东会及强势经管团队的影响而沦为摆设。

内部监督机制的失灵必将鼓励公众投资者向外部机构寻求救济，包括行政救济和司法救济。然而，这不但可能殃及投融资交易主体外的第三方，而且当所有问题被一并抛给公共部门时，亦会无限增加公共机构的成本，使其不堪重负。[2]

（二）外部监督不畅

外部潜在的敌意收购是对公司管理层的一种无形压力：管理层必须努力经营，提高公司业绩，并将其反映在股价上以防御敌意收购。这是一种已经被证明的较为有效的外部监督方式。但是，对于种类股发行公司，发行种类股份往往被视为一种抵御收购的一劳永逸的方法，例如，复数表决权股、附否决权股等特别股份的存在将削弱公司的吸引力，并使收购变得成本高昂甚至不可能。外部监督不畅将进一步加剧内部治理的失衡。

（三）权利分配的失衡

种类股发行公司尤其是发行表决事项有不同规定之种类股的公司违背了"一股一权"的传统原则，例如复数表决权股具有数倍于普通股的投票权，附否决权股则对特定事项享有一票否决权。实质上，对于一个特定的公司而言，其总体的权利尤

---

[1] 陈若英：《论双层股权结构的公司实践及制度配套——兼论我国的监管应对》，载《证券市场导报》2014年第3期。

[2] 参见陈若英：《论双层股权结构的公司实践及制度配套——兼论我国的监管应对》，载《证券市场导报》2014年第3期。

其是投票权总量是恒定的，赋予某种股份优势表决权的同时便意味着对其他股东表决权的限制，这是一个此消彼长的过程。种类股机制本质上是一个分配问题。因此，种类股下的非平衡的分配方式必须具有正当的理由，必须符合特定的条件和程序，必须接受特别监管并对弱势股东予以特别保护。

（四）投资者"用脚投票"的权利受到限制

证券市场未必能公正合理地反映种类股份的价格，尤其是表决事项有不同规定之种类股。这就意味着，如果投资者选择退出，那么他可能蒙受损失，这实质上变相限制了投资者退出的权利。而且，对于部分保守和稳健的机构投资者如养老基金等而言，它们通常采取"消极策略"：一旦买入便长期持有，且仅买入大盘指数覆盖的品种，而这些公司很多即采纳双层股权结构。[1] "如果机构投资者在股票市场上都难以通过买卖行为来有效监督和遏制管理团队的自私行为，自不必说公众投资者中的自然人投资者了。"[2]

（五）表决权乃公司所有和公司经营的连接点

现代公司尤其是大型上市公司的显著特征可概括为公司所有和经营的分离。但是，必须认识到，所谓公司所有和经营之分离只是有限的部分的分离，否则公司将异化为经营者肆意谋取私利的工具。正是表决权的存在，使得所有和经营的分离张

---

[1] 陈若英：《论双层股权结构的公司实践及制度配套——兼论我国的监管应对》，载《证券市场导报》2014年第3期。

[2] 陈若英：《论双层股权结构的公司实践及制度配套——兼论我国的监管应对》，载《证券市场导报》2014年第3期。

第六章 证券市场下种类股发行公司的特别监管及投资者保护研究

弛有度。"表决权是公司所有和公司经营的重要连接点。"[1]形象地说，表决权就是风筝的绳子，无论风筝飞得多高，背后总是由绳子另一端的"人"来决定它飞翔的高度。虽然平时表决权恰如一座休眠火山，默不作声，但在必要时，它也能够爆发出惊人的能量。[2]正是基于表决权如此的重要性，在表决权上作出不同规定时必须慎之又慎。证券市场下的种类股（尤其是表决事项有特殊安排之种类股）发行公司，必须服从特定的监管措施，必须对投资者予以特别的保护。

第二节 种类股发行公司的特别监管及投资者保护的具体措施研究

一、概述

在明确了证券市场下对种类股发行公司予以特别监管、对投资者予以特别保护的必要性后，我们便需进一步探讨监管和保护的具体措施。对此，我们应明确以下几点：

第一，须全面、全方位地布局监管及保护措施，从前端、中端和后端构建细致的防护网。

第二，特别监管与特别保护实为一个问题的两个方面，殊途同归，在具体讨论时一并论述，不作区分。

第三，"对强者予以严格监管和适当限制，对弱者予以倾斜保护"是整个防护网一以贯之的精神内核，各种措施在构建和

---

[1] 梁上上：《股东表决权：公司所有与公司控制的连接点》，载《中国法学》2005年第3期。

[2] 参见梁上上：《股东表决权：公司所有与公司控制的连接点》，载《中国法学》2005年第3期。

运用时均须考量其合目的性,不可僵化处理。

第四,对尽可能多的措施予以研讨和分析,包括各国已经运用的措施及正在讨论或者曾经讨论的措施,以期拓展视野并提供最大的备选库。

二、前端展开

前端是监管展开和投资者保护最为有效的阶段,如果能在前端大幅度过滤无良的种类股发行公司,投资者将获得最有力的保护。同时,前端是违法发现成本较低、监管保护工作开展较为容易的阶段,准入标准和条件的设置以及法定机关进行的实质审查可以集中且有针对性地构建第一道防护网。具体来说,有以下防护措施:

(一)多重股权结构的设立时间及对外发行股票类型的限制

美国证监会 19C-4 规则的经验值得借鉴——通过限定双重股权结构的设立时间及其后增发股票的类型来保护弱势股东,该规则主要包括以下内容:其一,原则上只允许公司在首次公开发行时设立双重股权结构,因为此时内部股东可通过自愿协商分配投票权,外部潜在投资者亦可自主进行投资决策;其二,明确禁止公司增发或者换发高于既存股票投票权的新类型股票,例如,公司 IPO 之后存有"一股一权"和"一股两权"两种股票类型,则增发时不可发行"一股三权"的种类股;其三,和第二点相对应,公司可以在 IPO 之后发行新的较低投票权的股份,此时,外部投资者有认购与否的自由,内部股东亦不会受到伤害。总的来说,上述规则的基本精神在于:不损害既存股东之利益,不可陷股东于不可预见之未来,并给予潜在投资者以自由选择之权利。上述规则对于投资者而言是个积极的信号:

第六章　证券市场下种类股发行公司的特别监管及投资者保护研究

任何投资者都不会被粗暴地践踏既有权利。特殊股权结构设立时间及 IPO 之后增发股票类型之限制，是经历过反复讨论且经实践检验证明的规则，美国各大交易所包括纽约证券交易所、美国证券交易所和纳斯达克市场等都采行了类似的规则。

（二）内部表决的特别规制

种类股的发行尤其是双重股权结构的设立影响重大，即使已经有了上述关于设立时间、增发时股票类型的限制等特别保护措施，仍需通过严格的内部决策机制赋予中小股东以必要的话语权。根据美国的经验，这种内部的表决控制机制一般包括股东会的特别表决机制和独立董事的单独决议机制，而且，它们是并行的。例如，纽约证券交易所和美国证券交易所设定了一个相仿的设立双重股权结构的内部表决流程，包括：①必须获得所有发行在外股票的 2/3 以上投票权的表决通过或者获得与管理层或控制人无关联股份的相对多数投票权的表决通过；②必须获得独立董事的决议通过，具体来说：如果独立董事在董事会中占多数席位，则需经独立董事的过半数通过；如果独立董事在董事会中仅占少数席位，则须获得所有独立董事的认可。[1]当然，各国可于此基础上根据各自需要进行选择和修改，例如，为了进行更严格的规制，可要求公司同时满足上述①中的两种决议标准；为了放松管制，可设置股东出席率的要求，并在此基础上计算表决基数，例如，可要求持有全部股份 1/3 或者 1/2 以上表决权的股东出席，并经出席会议股东的多数表决权通过。

---

[1]　参见张舫：《美国"一股一权"制度的兴衰及其启示》，载《现代法学》2012 年第 2 期。

（三）组织机构的特别规制

在经由内部表决通过后，有必要通过常态化的内部组织机构规制为弱势股东提供稳定的保护。组织机构是公司权力运行之载体，通过对组织机构的特别规制可以顺畅实现对种类股发行公司的有效监管。根据国外的经验，主要有以下做法：其一，要求公司设置独立董事，并且独立董事人数应达董事会人数的法定比例如1/3，此外还需组成由独立董事占多数的审计委员会、提名委员会等单独委员会。这几乎已经成为上市公司的标配而并不仅仅针对种类股发行公司，如美国的《萨班斯-奥克斯利法案》和《多德-弗兰克法案》对独立董事、审计委员会等上市公司的内控机制进行了细致的规定，[1] 2005年《日本公司法》也明确设置了委员会设置公司并对其进行专门且详细的规制，只是类似机制对于种类股发行公司更为必要。其二，各类别股份虽然在股东会的投票权、董事提名权等方面会有差异，但在监事会成员提名和独立董事提名上应享有同等权利，甚至可向弱势股东倾斜。正如学者所言："监督机制与公司的战略制定无关，无需被创始人控制，应当将其排除在特殊投票权之外，以保障其他股东的利益。"[2] 其三，在董事会中，保证给予其他股东最低比例的提名权，如40%，"我们允许创始人控制董事会，但也需要限制控制的程度"[3]，我们应通过法律强制分配一定比例的董事席位，以保证公司治理的相对平衡。

---

〔1〕 参见金晓文：《论双层股权结构的可行性和法律边界》，载《法律适用》2015年第7期。

〔2〕 马一：《股权稀释过程中公司控制权保持：法律途径与边界 以双层股权结构和马云"中国合伙人制"为研究对象》，载《中外法学》2014年第3期。

〔3〕 马一：《股权稀释过程中公司控制权保持：法律途径与边界 以双层股权结构和马云"中国合伙人制"为研究对象》，载《中外法学》2014年第3期。

第六章 证券市场下种类股发行公司的特别监管及投资者保护研究

(四) 强制信息披露的特别规制

毫不夸张地说,强制信息披露制度是证券市场上最重要的制度设计,"充分公开是证券市场建立和运行的根本前提。"[1] 在各国,强制信息披露制度都有一个庞大的体系,对披露的内容、格式、时间、场所等都有细致的规定。但是,针对种类股发行公司,我们仍有必要作出特殊安排,具体来说:其一,公司须准确、详细披露其所发行的股票类型及其具体条件,包括经济事项上是否有特殊规定、表决事项上是否有特殊安排、存续时间上是否有限制、是否可赎回可回购等,简言之,公司必须让投资者明了呈现在其面前的种类股到底包含哪些具体权利,这是其理性判断的基础。其二,公司须充分披露和说明其发行种类股或者采取双重股权结构的必要性及潜在风险,包括公司所处的发展阶段(如高速发展阶段)、行业特征(如科技行业、传媒行业)、创始人或管理团队对公司发展的重要性及既往业绩表现、未来可能蕴含的风险等。因为种类股及双重股权结构之风险往往具有隐蔽性和长期性,普通投资者难以直观察觉,因此须对公司课以特别说明义务,论证其采纳特殊股权结构的必要性,并充分揭示风险。以 Google 公司为例,它是一个典型的双重股权结构公司,公司发行"一股一权"的 A 股和"一股十权"的 B 股,其中 B 股仅由三位创始人谢尔盖·布林(Sergey Brin)、拉里·佩奇(Lawrence Edward Page)、埃里克·施密特(Eric Schmidt)持有,这使其对公司的投票权超过 50%。在招股书中,Google 公司以其处于科技和传媒的交叉领域为由说明其

---

[1] [美] 莱瑞·D. 索德奎斯特:《美国证券法解读》,胡轩之、张云辉译,法律出版社 2004 年版,第 24 页。

采行双层股权结构的必要性。[1]其三，公司须披露和说明其应对特殊风险而采取的安全保障措施以及创始人或管理层对公众投资者的必要承诺，如限制创始人在一定期限内转让股份的权利、管理层的劣后分红、管理层的薪酬制约机制等，如此方可利益与共，降低道德风险。其四，"偏听则暗，兼听则明"，种类股发行公司宜引入第三方独立评价机构如证券公司、会计师事务所等对其采行的股权结构进行独立分析判断，出具分析报告，告示市场，同时应通过连带责任机制确保其审慎出具评价报告。

（五）表决权强度及范围的限制

种类股发行公司的不同类型股权之间的表决差额应保持必要的限度，否则可致风险与利益高度不匹配，影响公司持续良性运作。表决权是极为敏感重要之事项，在分配表决权时应适当考量利益平衡原则。1985年，纽约证券交易所"上市公司标准委员会"即对不同股票之间的表决权差额作了限制："高表决权股份之表决权与高表决权股份之差额不得大于10倍。"[2]应当说，这是一种有效的规制方式，尤其对于证券市场尚未健全之国家。"应当设置一个表决权的上限来限制超级表决权股和次级表决权股之间的差额，只有将内部股东的利益与公司整体和外部股东的利益更加紧密地连接起来，才能有效减少内部股东以外部股东利益为代价的私益行为。"[3]

---

[1] 参见陈若英：《论双层股权结构的公司实践及制度配套——兼论我国的监管应对》，载《证券市场导报》2014年第3期。
[2] 张舫：《美国"一股一权"制度的兴衰及其启示》，载《现代法学》2012年第2期。
[3] 金晓文：《论双层股权结构的可行性和法律边界》，载《法律适用》2015年第7期。

第六章　证券市场下种类股发行公司的特别监管及投资者保护研究

此外，还有国家选择对优势表决权股之表决事项范围作出限制，这主要包括以下几个方面：其一，对于附否决权股，限定其否决权行使之范围，一般限于特殊重大事项如公司合并分立、重大资产买卖、重组等，公司章程只可在此范围内设定附否决权股；其二，对于复数表决权股，排除其在特别重大事项上的超级表决权[1]，如处置公司10%以上的资产、公司合并、分立、并购、重组等，因为这些事项影响重大，一旦决定则不可逆转，宜让各类股东均有公平参与权。

三、中端展开

中端防护网是针对种类股发行公司的日常运作而设定的监管防护机制，通过动态的日常监管和防护，可以督促种类股发行公司平稳、公正、高效运营。

（一）特别权利股持有及运作之特殊条件

种类股中的特权股如复数表决权股、附否决权股等对公司的经营运作具有深远影响，保持特权股东与公司长期利益必要强度之关联十分必要。考究各国法制，可对特别权利股的持有及运作进行如下限制：其一，规定只有持股达法定期限之股东，方可享有特别权利如复数表决权等，例如，根据《法国公司法》第175条之规定，公司可以设置双重股权结构，但复数表决权股只得授予持股两年以上的股东。[2] 最低持股期限的设置保证了特别股持有者对公司长期持股之意愿及信心，防止公司被投

---

[1] 参见马一：《股权稀释过程中公司控制权保持：法律途径与边界——以双层股权结构和马云"中国合伙人制"为研究对象》，载《中外法学》2014年第3期。

[2] 参见蒋学跃：《公司双重股权结构问题研究》，载《证券法苑》2014年第4期。

机者所操纵。其二，规定特权股东的持股数额须达法定比例如10%，如持股降至该比例以下，则其特权自动消失，如此可保证特权股东与公司的关联程度。应当指出，特权股东持股比例之限制对上文所述表决权差额机制具有明显的补充和强化功能：表决权差额机制只能笼统地限定特权股与普通股之间的利益分配，如特权股每股最多只得享有10个投票权，却无法精确限制特权股东的持股数额以强化其与公司的联系，难免发生股东以极小代价控制公司的情形，而持股比例制度则直接限定了特权股东的最低持股如10%，两者配合则更加完善。此外，持股比例制度也弥补了前者仅针对初始状态的局限，而将控制时点扩张至公司的整个生命周期，如特权股东的持股比例在未来的某个时点降至底线以下，则特权自动消失；股东必须作出抉择，是保持法定持股比例以换取特权——同甘共苦，还是降低持股比例而放弃特权——明哲保身，总之，二者不可兼得。其三，有的国家或地区为了防止特权股被滥用，甚至规定了特权股的存续期限——强制公司在其章程中设定赎回回购条款，在达至法定期限后，特权股自动消失，例如我国台湾地区在国有企业民营化过程中即较普遍地发行了附否决权股即"黄金股"，由政府持有，以保持必要的控制力，但在企业民营化进程完成后（公股低于五成时）的一定期限内，公司可赎回该"黄金股"。以台湾中华电信公司为例，该公司依据我国台湾地区"电信法"第12条第8项及其章程第6条之1的规定，通过增资发行特别股二股，由交通部依面额10元认购，自发行日起满3年到期，期满日该公司以面额收回后销除之。[1]

---

[1] 参见张芩瑜：《特别股制度问题之探讨——法律与会计之交错》，台北大学2007年硕士学位论文。

第六章　证券市场下种类股发行公司的特别监管及投资者保护研究

(二) 特别权利股之转让限制

一般来说，授予特定主体以特别权利股是对其能力、品质等的认同，具有一定的身份属性，而且，特权股往往对公司经营影响重大，各国一般均规定特权股不得转让或者转让后即自动转换为普通股。以在美国上市的中国互联网公司为例，百度、京东、陌陌等公司均设有双层股权结构，创始人往往持有一股多权的 B 类股份，但是，创始人持有之 B 股一般不得转让，一旦转让即转换为一股一权的 A 类股份。自动转换条款基本已成为承认复数表决权股等特权股国家的标准配置，借以防止特权股移转所引致的重大经营风险。当然，个别国家亦有不同规定，以加拿大为例，该国允许特权股东转让其持股并获得控制权溢价，受让人获得该类股份并保持特权，但是加拿大设置了"燕尾服制度"，即"拥有超级表决权股的公司应当确保要约购买超级表决权股的购买方在同等条件下要约购买次级表决权股"。[1]这个措施防止了特权股东通过出售超级表决权股获得溢价而损害其他股东之利益。不过，这对于一国的证券行政监管能力及司法保障能力有较高要求，对于法治欠发达国家而言，借鉴难度较大。

但是无论如何，自动转换机制宜设置必要的例外，以保障控制权平稳且合目的之移转。这通常需要公司章程预先规定合法受让人的条件及转让的内部决议机制，二者缺一不可。就前者而言，一般要求保证受让人的能力、品质、对公司文化的认同及对公司长远发展的信心等，创始人及其合格的继承人或者

---

[1] John A. Willes, John H. Willes, *Contemporary Canadian Business Law: Principles and Cases*, 8th ed., McGraw-Hill Ryerson Higher Education, 2006, p. 701. 转引自金晓文：《论双层股权结构的可行性和法律边界》，载《法律适用》2015 年第 7 期。

管理团队中的能力突出者可以作为备选者，这要求公司创始人及章程起草者具备高超智慧及长远眼光，阿里巴巴公司关于合伙人候选资质的规定具有启发性：至少于阿里巴巴工作5年以上，具有管治能力，认同公司文化，即"让听见炮声的人去作决策"[1]；就后者而言，即使转让对象符合公司章程规定，亦应履行特定的内部决议程序，以保障其他股东的知情权及选择权，例如，可要求特别股的转让议案须经股东大会2/3以上投票权多数（特别股东除外）表决通过，此外，还须经独立董事的审查判断。

（三）绩效标准的压力测试和潜在制约

通过各种形式对特别权利股东[2]及其掌控的董事会及管理团队课以一定的经营义务和绩效标准，并以此作为特别权利存续之前提，可以保证种类股东对公司之忠诚。这样的绩效标准通常包括业务增长标准、盈利标准、公司规模标准、公司市值标准等。应当指出，上述各种标准应相互配合，共同构建一个完善的激励体系，且在公司发展的不同阶段，宜确立不同的标准及组合。例如，在公司快速扩张阶段，可淡化盈利指标而强化业务增长指标及规模指标；在公司稳定发展阶段，宜更加重视盈利指标；而在公司转型变动阶段，可更加强调战略新兴业务的业务增长及盈利情况，而这通常可直观地反映于股价。这是一项极端复杂的工作，尤其考验公司创始人、管理者、律师、会计师、投行等的智慧和眼光。就具体形式而言，公司法和证券法可通过指引性条文的方式引导绩效标准的运用，公司则通

---

[1] 陈玉新：《马云的局：阿里巴巴上市内幕》，中国法制出版社2014年版，第251页。

[2] 通常由其掌控公司董事会和经营团队，对公司经营发展具有重大影响。

第六章　证券市场下种类股发行公司的特别监管及投资者保护研究

过章程予以更加细致多元的设计。例如，在英国，公司往往可以设计"管理人职责之准则"（Stewardship Codes）为股东设定绩效标准，如果股东未能持续符合这一标准，其特别权利将自动消失，或者由公司通过"取回条款"强制收回。[1]此外，绩效标准还可以和上述的转让限制条款结合运用，即通过绩效标准检验特别权利股的受让者于受让时及受让后的阶段是否持续适格，如不适格，则取消或收回其种类股份。

四、后端展开

后端救济是种类股发行公司的特别监管及投资者保护的最后一道防线，也应当成为最坚固最值得信赖的救济渠道。后端防护体系尤为重要，其重要性不仅在于最终处理由前端及中端分流下来的棘手案件，而且在于通过底线防护及威慑加固前端及中端的抵抗能力，提高监管及保护的效率。试想如果后端的救济体系严丝合缝，无钻漏之余地，那么机会主义者为何还要在前端及中端苦苦挣扎呢？

（一）仲裁机制的引入

应当说，商事仲裁和商业纠纷具有先天的关联，作为商业纠纷高级表现形式的公司证券纠纷尤其适宜通过仲裁形式予以解决。正如王志诚教授所言，仲裁机制的以下属性决定了其比之于诉讼机制的优势：一是自主性，当事人对于仲裁人、仲裁程序的选择具有较大自主权；二是专业性，当事人可以自由选任专业人士担任仲裁人，处理专业争议；三是迅速性，法院的

---

[1] 参见［英］丹尼斯·吉南：《公司法》（原著第12版），朱羿锟等译，法律出版社2005年版，第139页。

审理经常旷日累时，而仲裁判断通常迅速作成；四是秘密性，诉讼程序原则上公开进行，而仲裁程序原则上并不公开；五是经济性，相较于诉讼中的多个审级的裁判费用，仲裁费相对较少，且时间节省亦使程序更经济；六是有效性，仲裁判断通常与法院确定的判决具有同一效力。[1] 值得一提的是，我国台湾地区在1968年"证券交易法"立法之初实行的是全面性的强制仲裁制度，即"依本法所为有价证券交易所生之争议，不论当事人间有无订立仲裁契约，均应进行仲裁"（第166条第1项），可见仲裁对证券纠纷解决的重要性，直到1988年才确立了自愿仲裁的原则，但仲裁仍然在证券纠纷处理中占据重要位置。而且，其立法理由殊值借鉴："证券交易不同于一般商业行为，故其纠纷亦异，专业性极强，如直接诉至法院，可能因法官不太了解证券交易各种技术问题，反而增加法院的许多负担。如若证券交易纠纷先交由仲裁解决，可使许多问题趋于简单，也可使许多纠纷因仲裁而获得解法。"[2] 显然，作为证券纠纷中更加复杂且充满争议的种类股纠纷，更有必要借诸仲裁法制，如此，一方面，可以更加专业的视角处理包括种类股在内的证券纠纷，使证券纠纷得到更加专业、快速、经济和公正的处置；另一方面，也可减轻法院负担，并为法院司法裁判积累经验和素材。

（二）诉讼大门之敞开

诉讼作为各种纠纷的终极处理方式，不论纠纷的类型、当事人的身份、案件的繁易程度如何，法院都应作为兜底者作出公正的处理，责无旁贷。完善的诉讼救济机制是一国法治兴旺

---

[1] 参见王志诚等：《实用证券交易法》（修订3版），新学林出版股份有限公司2013年版，第557页。

[2] 我国台湾地区立法机构公报第56卷第8期，第1308页。

第六章　证券市场下种类股发行公司的特别监管及投资者保护研究

健全的基本保证,包括种类股纠纷在内的证券纠纷理应可以诉诸司法渠道。各法治发达国家无不畅通其证券案件受理之渠道,保证投资者的申索权利。而且,各个国家和地区还建立了专门的诉讼机制,如美国的集团诉讼制度、德国的投资人示范诉讼、日本的选定代表人诉讼、我国台湾地区的特定组织诉讼等,以便于证券案件的处理。美国创立的集团诉讼制度被认为较为有效地解决了证券投资者的"集体行动"难题,"声明退出"规则和胜诉酬金制为其核心架构[1]。"两大要素彼此强化,胜诉酬金制为当事人提供了末端保障,激励其不妨一试地参加集团诉讼;'声明退出'规则有助于确保集团的规模,增加集团律师与被告公司博弈时的要价和筹码,提高其按比例分成的所得。"[2] 不过,应当指出,美国式的证券集团诉讼制度在实践中也衍生出很多问题,制度有异化倾向。例如,律师主导和操控诉讼,易于架空实际受害的当事人;律师通常可通过诉讼获得巨额报酬,而基于种种原因,投资者最终可获得的补偿仅为其实际损失的百分之几;律师和被告公司及其高管的利益逐步趋同,形成"默契",和解结案方式占比很高,无法对证券违法行为形成有效威慑和阻却等。[3] 我国台湾地区则另辟蹊径,通过组建具有浓厚官方色彩的投资人保护中心(以下简称"投保中心")这一公益财团法人,来维护投资者利益,并且取得了良

---

[1] 前者意味着,经有效通知后,集团诉讼所涉成员除非于规定时间内明确表示不参加该诉讼,则自动成为集团成员,受集团诉讼结果拘束;后者实质上是一种律师的风险收费模式,即律师事前不向集团成员收取费用,而仅于胜诉(或和解)时从赔偿金额中提成,不过,提成比例通常可高达赔偿金额的1/3。参见郭雳:《美国证券集团诉讼的制度反思》,载《北大法律评论》2009年第2期。

[2] 郭雳:《美国证券集团诉讼的制度反思》,载《北大法律评论》2009年第2期。

[3] 参见郭雳:《美国证券集团诉讼的制度反思》,载《北大法律评论》2009年第2期。

好的实施效果。[1]根据我国台湾地区"证券投资人及期货交易人保护法"第28条第1项前段之规定[2],投保中心提起团体诉讼,有三大要件:①以维护公益为目的;②须有造成多数证券投资人或期货交易人受损害之同一证券、期货事件;③由20人以上受害人授予诉讼或仲裁实施权。[3]有两点须特别指出:其一,与"声明退出"规则不同,我国台湾地区要求受害投资人明确向投保中心授予诉讼或仲裁实施权,若未明确授予,则由投资人保留诉权,而且,投资人具有灵活的加入和退出的权利,我国台湾地区"证券投资人及期货交易人保护法"第28条第1项后段及第2项对此有明确规定[4]。其二,与胜诉酬金制不同,我国台湾地区之投保中心本身定性为非营利的公益财团法人,其不具有商业盈利倾向,运营费用亦由台湾证券交易所、台湾期货交易所、台湾柜台买卖中心等组织和机构负担,所获赔偿金"扣除诉讼和仲裁必要费用后,分别交付授予诉讼或仲裁实施权之证券投资人或期货交易人,并不得请求报酬"[5]。

---

〔1〕 参见王文宇、张冀明:《非营利组织主导的证券团体诉讼——论投资人保护中心》,载《月旦民商法杂志》2007年第15期。

〔2〕 该条第1项前段规定:保护机构(注:即投保中心)为维护公益,于其章程所定目的范围内,对于造成多数证券投资人或期货交易人受损害之同一证券、期货事件,得由20人以上证券投资人或期货交易人授予诉讼或仲裁实施权后,以自己的名义,起诉或提付仲裁。

〔3〕 参见王文宇、张冀明:《非营利组织主导的证券团体诉讼——论投资人保护中心》,载《月旦民商法杂志》2007年第15期。

〔4〕 该条第1项后段及第2项规定:证券投资人或期货交易人得于言词辩论终结前或询问终结前,撤回诉讼或仲裁实施权之授予,并通知法院或仲裁庭。保护机构依前项规定起诉或提付仲裁后,得由其他因同一证券或期货事件受损害之证券投资人或期货交易人授予诉讼或仲裁实施权,于第一审言词辩论终结前或询问终结前,扩张应受判决或仲裁事项之声明。

〔5〕 参见我国台湾地区"证券投资人及期货交易人保护法"第31条。

第六章　证券市场下种类股发行公司的特别监管及投资者保护研究

第三节　我国特别监管及防护体系之建构

诚如前述，我国亦应从前、中、后三端全面构建我国的监管及防护体系，立足公司证券法制现状，有所发展，有所取舍，有所偏重。

一、我国前端体系的建构

第一，我国应当借鉴美国的 19C-4 规则，对公司设立多重股权结构的时间及后续发行股票类型作出限制，包括：公司通常只可于 IPO 时设立多重股权结构；公司后续只可发行投票权较既存股票为少的种类股。至于我国为何应采行该规则，笔者认为有以下理由：首先，该规则是美国各大交易所及证监会长期博弈的结果，现已基本被各大交易所采纳，是行之有效的限制性规则；其次，我国资本市场尚未成熟，投资者亦非理性，[1]通过 19C-4 规则的引入，可以直接有效的划断式规定强制上市公司作出选择，虽简单粗暴，却简便易行，利于上市公司监管及投资者保护，符合我国资本市场发展的阶段性特征；最后，我国大量在美上市的采行双重股权结构的互联网公司已有类似的实践基础，经由传播，已达成较大共识，我国采行 19C-4 规则不仅顺理成章，而且有助于优秀互联网公司平稳回归 A 股。[2]

第二，在内部表决控制及组织机构的特殊规定方面，基于公司治理堪忧之现状，我国应采取更加严格的态度，具体来说：

---

[1] 参见刘俊海：《现代证券法》，法律出版社 2011 年版，第 182 页。
[2] 参见邵好：《拆除 VIE 转投新三板　互联网公司掀"回归热"》，载《上海证券报》2015 年 5 月 6 日，第 2A 版。

其一，我国应确立特别的股东表决机制，经此流程方可设立多重股权结构，包括：①关联股东应予回避；②须有占 1/2 以上投票权股东出席会议；③须经出席会议股东所占投票权的 2/3 以上表决通过。

其二，在《公司法》第 124 条关联董事表决回避机制及第 122 条独立董事相关规定的基础上，规定设立多重股权结构时应经独立董事表决通过：若独立董事占董事会过半人数，则须经独立董事的 1/2 以上通过；若独立董事占董事会比例未过半，则须经全部独立董事同意。应当指出，在我国设定一个董事会中独立董事的强制比例可能并不现实，这也许是东方国家的通病——日本商界亦对此有过激烈抵抗，因此，将独立董事的占比交由公司自治，进而根据实际占比予以区别对待，可能是更优的选择。

其三，应强制规定种类股发行上市公司须在董事会下设各专门委员会，如审计委员会、提名委员会、薪酬委员会等，并明确规定各委员会中独立董事的应占比，相关事宜应经各独立委员会审议通过。我国现行《公司法》及《证券法》并未对董事会下设委员会问题予以规范，证监会于 2001 年 8 月 16 日发布的《关于在上市公司建立独立董事制度的指导意见》（证监发〔2001〕102 号）及后来发布的《上市公司治理准则》中有关于委员会机制的规定，但用的仅是"可以"的字眼，而未作强制要求。笔者认为，对于种类股发行公司宜作更严格之要求，这也是其选择特殊股权结构的"合理成本"。

其四，对于种类股发行公司的独立董事和监事的提名[1]，各类股份持有人应具有平等的权利，因为监督机制作用的充分

---

[1] 当然，若发行附派遣董事监事权之种类股，则另当别论。

第六章 证券市场下种类股发行公司的特别监管及投资者保护研究

发挥对种类股发行公司尤为重要，关乎全局，而且，监督机制无涉公司战略制定，自然无必要向优势股东倾斜。此外，关于董事会最低提名权的规定在我国可能并不适合，因为在股权集中甚至一股独大之背景下，要求公司强制给予其他股东较大比例的董事提名权并不现实，也会抵销双重股权结构的制度价值，切忌矫枉过正。

第三，在信息披露上，我国对种类股发行公司应予特别规定，包括：其一，公司应充分披露种类股条款的具体内容，覆盖股权要素的所有方面，如盈余分配方面、剩余财产分配方面、投票权方面、转让事项方面等；其二，更重要的是，公司应充分披露采取特殊股权结构的必要性，并揭示其风险，最好通过引入独立第三方专业机构如券商、会计师事务所等予以评估；其三，应全面披露公司应对风险所采取的保障措施及持股人或管理层的公开承诺，包括公司业绩上的承诺。

第四，我国应设定表决权差额制度，限定优势表决权的每股最高投票数。笔者认为，我国应遵循分类和循序渐进的原则逐步推进：就普通类型的公司而言，初期可将差额比例设定为5倍，不宜过高，待时机成熟再逐步放宽至10倍左右；就互联网等高科技公司而言，初期可将差额比例直接设定为10倍，后期根据需要甚至可以继续扩大倍数，原因在于：首先，互联网等高科技公司往往采用轻资产模式，其未来发展最为倚重的是人才及其创意而非资产规模，企业创始人初期投入的更多的是创意（idea）而非实实在在的资产，[1]其股权很容易在融资后被严重稀释，为了保证企业的持续健康发展，给予创始人及管理

---

[1] 参见秦志华、徐斌、张明慧：《创业融资中社会资本作用机理的理论模型解释》，载《管理评论》2012年第5期。

层更大的发言权,实属必要。其次,我国在美上市而采取双重股权结构的互联网公司,其表决权差额比例通常达到10倍甚至更高,例如,百度的表决权差额为10倍,京东的表决权差额则达到20倍,为了更好地迎接有意愿的互联网公司回归A股,有必要允许更高的表决权差额。此外,笔者认为,对于表决权的范围就没有必要再作限制了,表决权的差额已然针对所有待决事项,上述其他措施亦能很好地制约优势股东,没必要再作进一步的限制,切忌矫枉过正。

二、我国中端体系的建构

第一,我国应明确规定种类股东拥有特别权利的最低持股数额限制,这样可以保证控制人与公司之间最低程度的关联,防止道德风险。笔者认为,持股最低占比的设定应同样坚持分类原则,并注意和表决差额机制的衔接,具体来说,对于普通类型的公司,持股最低占比应限定为10%,如此和5倍的表决差额相结合,大约可获得公司的相对控制权,而且在我国,股权相对集中,10%的股权占比方有足够存在感;对于互联网等高科技公司而言,则可放宽至5%,以与10倍的表决差额相衔接。

至于持股持续时间标准,笔者认为我国不宜采行:一来该标准较为模糊,执行起来存在困难;二来真正采纳的国家并不多,而且通常与本国人保护主义联系在一起;三来回购、赎回条款的设计亦不必由法律强制规定,权交由章程自治便可。

第二,我国应设立特别权利股"自动转换机制",即一旦转让,特别权利股即转换为普通股,理由如下:首先,此乃国际通例，包括美国在内的众多发达国家均采此制[1]；其次，"自动转换机制"简便易行，可操作性强，直观易监管；最后，加拿大式的转让非受限机制对市场成熟度、监管及诉讼体系要求很高，目前我国并不具备该条件。

同时，我国应允许"自动转换机制"存在若干例外，以保证企业传承的顺利实现，包括：①由公司章程预先明确规定合格受让人的条件，该等受让人可继受种类股之特别权利；②履行特定的内部决议程序，可要求特别股的转让议案须经股东大会2/3以上投票权多数（特别股东除外）表决通过，此外尚需独立董事的认可。

此外，关于绩效标准和压力测试，种类繁多，因人而异，无法也无需统一，法律不宜作强制规定，可由证监会通过指引性文件的形式予以指导，具体则由公司自治。

三、我国后端体系的建构

第一，就我国现状而言，仲裁解决证券纠纷的渠道并未开通，当然，这也好理解：连法院都未完全放开证券纠纷案件的受理，仲裁机构岂敢越界？而且，我国向来有以行政惩处的方式打击证券违法行为，对弱势股东的利益缺乏关注之传统。[2]

笔者认为，我国应在包括种类股纠纷在内的证券纠纷领域引入仲裁机制，这一方面可以拓宽纠纷解决渠道，缓解法院压力，积累实务经验；另一方面，商事仲裁的专业性、快速性等

---

〔1〕 参见李东明：《美国公司法的变革及对我国股份制实践的启迪》，载《证券市场导报》1998年第2期。

〔2〕 参见万建华主编：《证券法学》（第2版），北京大学出版社2013年版，第482页。

特征亦更加契合证券纠纷处理之需要。我国可考虑由证监会、证券交易所及其他相关专业机构牵头，依据《仲裁法》的规定另行筹建专门的独立的证券纠纷仲裁委员会，主要理由包括：首先，这可以帮助该仲裁机构迅速建立公信力；其次，这可以凸显该委员会的专业性，增强吸引力；最后，可以较为便利地经由证监会、交易所等机构搜集必要信息，采取适当措施，保证其应有的威慑力。

第二，就我国现状而言，法院对于证券民事案件的受理并未完全放开，其中最为苛刻的限制便是 2002 年发布的《最高人民法院关于受理证券市场因虚假陈述引发的民事侵权纠纷案件有关问题的通知》的规定：法院可受理的证券诉讼限于中国证监会已经作出处罚决定并且该决定已经生效的案件，将证监会还没有注意到的案件、正在调查但是尚未作出处罚决定的案件以及作出处罚决定但尚未生效的案件排除在外。也就是说，该司法解释设定了一个法院受理证券民事纠纷的前置程序，未经此程序概不受理。其理由也荒唐至极："考虑到现阶段我国证券市场虚假陈述等侵权行为时有发生，目前如果没有民事诉讼前置程序屏障，案件数量可能很大[1]，设置这一程序，在目前法律框架下是非常必要的。"[2] 没有了完善的证券民事诉讼机制，投资者教育无法全面有效展开，券商有恃无恐，上市公司缺乏对公众权利的关注和敬畏，这样的资本市场如何能良性互动、

---

[1] "说白了，就是法院案件太多，力有不逮，故暂时关上证券诉讼这扇大门。那么，这是对自己业务能力的不信任，还是说证券诉讼不重要——暂时关上也无妨？显然，这两者都不成立，只能视作法院的故意推诿，置国家、人民利益于不顾！"参见朱锦清：《证券法学》（第3版），北京大学出版社 2011 年版，第 171 页。

[2] 《浙江日报》2002 年 1 月 16 日，第 3 版。转载新华社电：《司法介入证券市场民事侵权案将推动证券市场法制化进程》。转引自朱锦清：《证券法学》（第3版），北京大学出版社 2011 年版，第 170 页。

第六章　证券市场下种类股发行公司的特别监管及投资者保护研究

持续发展？这样的资本市场如何能够担起扶持实体经济的重任？[1]

而且，在2019年12月28日新《证券法》出台之前，我国还缺乏一个完善的针对证券纠纷的群体性诉讼机制。证券纠纷通常具有群体性特征，涉及面广，中小散户易受伤害，但其个人力量又过于弱小，存在"集体行动"难题，如果没有一个适合的聚少成多的诉讼机制，即使放开法院诉讼大门，恐怕也难以实现预期效果。美国的集团诉讼一般被认为是解决"集体行动"难题的一个样板，但该制度"在美国有着深刻的繁荣基础，包括：①浓重的对抗传统；②充满进取心、高度激励的律师行业；③强大的司法创制文化；④联邦制下的双重法院体制等"，而这些基础显然在我国并不具备，学界通说认为集团诉讼制度并不适合包括我国在内的华人社会，这主要源于诉讼心理、社会传统观念、律师群体文化、司法体系等方面的差异。[2]韩国，作为和我国文化同源的国家，亦曾冀望通过引入美国式的集团诉讼制度解决问题，但最终的实施效果却令人沮丧；日本则始终对集团诉讼机制抱持谨慎观望态度，而选择在其选定代表人诉讼之基础上进行制度进化。[3]我国现行的代表人诉讼制度（包括新《民事诉讼法》第53条规定的人数确定的代表人诉讼制度和第54条规定的人数不确定的代表人诉讼制度）虽然具有

---

〔1〕 参见朱锦清：《证券法学》（第3版），北京大学出版社2011年版，第172页。

〔2〕 参见刘俊海：《现代证券法》（第2版），法律出版社2011年版，第458页；王文宇、张冀明：《非营利组织主导的证券团体诉讼——论投资人保护中心》，载《月旦民商法杂志》2007年第15期；郭雳：《美国证券集团诉讼的制度反思》，载《北大法律评论》2009年第2期；王志诚等：《实用证券交易法》，新学林出版股份有限公司2013年版，第566页。

〔3〕 参见王文宇、张冀明：《非营利组织主导的证券团体诉讼——论投资人保护中心》，载《月旦民商法杂志》2007年第15期。

一定的群体纠纷化解功能,但由于其缺乏主体资格的广泛纳入、专业机构的积极介入、诉讼权利的自动移转、律所等服务机构的充分激励等因素,本质上仍为共同诉讼的一种特殊形态,其无法单独有效解决证券纠纷这一专业的"集体行动"难题。[1]在此,我们可将目光转向东方,我国台湾地区的投保中心制度殊值借鉴。设立投保中心,以其作为我国证券民事诉讼的适法组织形式之一,符合我国国情:其一,投保中心具有鲜明的官方色彩,是政府主导下的投资者保护机构,这和大陆证券市场长期以来的政府推动、行政主导的发展模式相契合;其二,设立具有官方背景的专业投资者保护机构,可以迅速吸纳人气,建立公信力,这符合后发国家短期内提高市场信心、充分保障投资者权益的发展策略;其三,投保中心机制摒弃"声明退出"规则,充分尊重投资者自主权,这在我国诉权保障堪忧之背景下尤为重要,而且,投资者诉讼实施权之授予与投保中心之授权承接,亦巧妙地规避了大陆法系民事诉讼既判力之扩张难题;其四,投保中心作为公益组织,其所申领之赔偿金将如数转交受害投资人(仅收取必要诉讼或仲裁费用而不得请求报酬),比之美国式胜诉酬金制,对投资者损失之补偿更加切实充分,这在我国将增强该机制的吸引力,亦将助力于投资者追诉意识的培养及投资者教育的展开;其五,投保中心可利用最为专业的人才和专家为投资者提供最优质最高效的服务,以我国台湾地区为例[2],主管机关须指派非捐助人代表之学者、专家、公正人

---

[1] 参见宋朝武主编:《民事诉讼法学》(第4版),中国政法大学出版社2015年版,第273页。

[2] 参见王文宇、张冀明:《非营利组织主导的证券团体诉讼——论投资人保护中心》,载《月旦民商法杂志》2007年第15期。

第六章　证券市场下种类股发行公司的特别监管及投资者保护研究

士进入投保中心董事会，且其人数不得少于董事总额之2/3[1]。另，投保中心设有专门的"法律服务处"，聘请若干专职律师为其服务。平心而论，专家学者不但具有专业的学识，而且通常富有强烈的社会责任感，他们奔走呼号、弃恶扬善，可产生广泛的社会效应，[2]这本身即可有效震慑证券违法行为，亦为投资者维权提供充分的智力保障，这对于我国震慑打击证券违法行为、教育和保护投资者、培育证券专业人才、振兴证券法学教育，均具有重要作用。

综上，笔者认为，我国应逐步放开证券诉讼大门，并建立适合我国国情的证券诉讼机制：其一，最高人民法院应取消证券诉讼的前置程序，无论是否经由证监会作出处罚决定且已生效，人民法院对于投资者提起的证券纠纷理应受理；其二，我国应设立类似投保中心的专门投资者保护机构，定性为非营利组织，具有官方色彩，允许投资者对其进行诉讼或仲裁实施授权，所获赔偿金除扣除必要费用后，如数转交投资者，不得请求报酬。

令人欣喜的是，2019年12月28日完成的《证券法》修订，正式引入了证券违法群体性诉讼制度即代表人诉讼制度。该法第95条的规定："投资者提起虚假陈述等证券民事赔偿诉讼时，诉讼标的是同一种类，且当事人一方人数众多的，可以依法推选代表人进行诉讼。对按照前款规定提起的诉讼，可能存在有相同诉讼请求的其他众多投资者的，人民法院可以发出公告，说明该诉讼请求的案件情况，通知投资者在一定期间向人民法

---

〔1〕　参见我国台湾地区"证券投资人及期货交易人保护法"第11条。
〔2〕　在我国台湾地区流行着这样一句话，"上市公司及券商如果想继续在资本市场上混下去，千万不要得罪投保中心！"参见王志诚等：《实用证券交易法》，新学林出版股份有限公司2013年版，第565页。

院登记。人民法院作出的判决、裁定，对参加登记的投资者发生效力。投资者保护机构受 50 名以上投资者委托，可以作为代表人参加诉讼，并为经证券登记结算机构确认的权利人依照前款规定向人民法院登记，但投资者明确表示不愿意参加该诉讼的除外。"此次第 95 条的规定，明确了证券民事赔偿诉讼可以采用人数不确定的代表人诉讼，由法院发出公告征集受害投资者登记。该种诉讼方式其实在我国《民事诉讼法》第 54 条早有规定。最重要的是第 95 条第 3 款的规定，在该条规定下，投资者保护机构受 50 名投资者委托，就可以作为代表人参加诉讼，更为重要的是，在法院公告登记的情况下，可以为经证券登记结算机构确认的权利人直接在法院登记，除非投资者明确表示不愿意参加该诉讼，这就是所谓的"默示加入明示退出"的美国集团诉讼的中国版本。美国集团诉讼之所以会发挥巨大的遏制违法行为的效果，就是因为在"默示加入明示退出"的制度安排下，不需要众多受害投资者主动加入诉讼，而是由"代表性原告"代替他们向违法公司求偿。当然，美国证券集团诉讼也有种种弊端，例如律师主导导致滥诉、过早和解导致投资者无法获得足够赔偿等。但《证券法》第 95 条第 3 款设计的"中国版证券集团诉讼"极为精巧：首先，该条设计的诉讼方式并没有突破我国《民事诉讼法》的规定，只是借用了人数不确定的代表人诉讼的躯壳；其次，由投资者保护机构代替律师来主导诉讼，很大程度上降低了滥诉和过早和解的可能。《证券法》的新规定可以说是直接印证了笔者的前述观点。

最后，应当指出的是，我国上海证券交易所于 2019 年推出的科创板在允许上市公司采行"双重股权结构"的同时，也设定了较为全面的普通股东的保护规则，这是值得肯定的。除了

第六章 证券市场下种类股发行公司的特别监管及投资者保护研究

对设置"双重股权结构"的公司的设置前提、拥有特别表决权的股东主体资格和后续变动等进行严格限定外,还包括普通表决权股份数量比例的保障(不得低于10%)、日落条款(即出现特定情形时特别表决权股份转换为普通股份)、重大事项表决保障、信息披露义务的强化等诸多规则。这些都有必要进行长期的跟踪研究,以评价其实施状况及提出后续改进方案。

参考文献

一、中文类文献

（一）中文著作

1. 赵旭东主编：《公司法学》（第2版），高等教育出版社2006年版。
2. 石少侠主编：《公司法学》（第4版），中国政法大学出版社2015年版。
3. 朱炎生：《公司法》（第5版），厦门大学出版社2015年版。
4. 赵旭东主编：《公司法学》（第4版），高等教育出版社2015年版。
5. 施天涛：《公司法论》（第3版），法律出版社2014年版。
6. 李建伟：《公司法学》（第3版），中国人民大学出版社2014年版。
7. 邓峰：《普通公司法》，中国人民大学出版社2009年版。
8. 刘俊海：《现代公司法》（第2版），法律出版社2011年版。
9. 施天涛：《公司法论》（第2版），法律出版社2006年版。
10. 葛伟军：《英国公司法要义》，法律出版社2014年版。
11. 王保树主编：《商法》（第2版），北京大学出版社2014年版。
12. 刘朗泉：《中国商事法》，商务印书馆2011年版。
13. 张民安：《商法总则制度研究》，法律出版社2007年版。
14. 陈本寒主编：《商法新论》，武汉大学出版社2009年版。
15. 施天涛：《商法学》（第4版），法律出版社2010年版。
16. 朱羿锟：《商法学——原理·图解·实例》（第3版），北京大学出版社2012年版。
17. 范健、王建文：《商法学》（第3版），法律出版社2012年版。

18. 覃有土主编：《商法学》（第 6 版），中国政法大学出版社 2015 年版。
19. 朱羿锟主编：《商法学通论》（第 2 版），北京大学出版社 2015 年版。
20. 邹海林、张辉：《商法基础理论研究的新发展》，中国社会科学出版社 2013 年版。
21. 赵中孚主编：《商法通论》（第 5 版），中国人民大学出版社 2013 年版。
22. 赵万一：《商法独立与独立的商法——商法精神与商法制度管窥》，法律出版社 2013 年版。
23. 赵万一：《商法基本问题研究》（第 2 版），法律出版社 2013 年版。
24. 赵旭东主编：《商法学》（第 2 版），高等教育出版社 2011 年版。
25. 周友苏：《新公司法论》，法律出版社 2006 年版。
26. 刘俊海：《现代证券法》，法律出版社 2011 年版。
27. 叶林：《证券法》（第 4 版），中国人民大学出版社 2013 年版。
28. 万建华主编：《证券法学》（第 2 版），北京大学出版社 2013 年版。
29. 朱锦清：《证券法学》（第 3 版），北京大学出版社 2011 年版。
30. 蒋大兴：《公司法的观念与解释》（Ⅰ、Ⅱ、Ⅲ），法律出版社 2009 年版。
31. 赵旭东等：《公司法实例与法理》，法律出版社 2007 年版。
32. 罗培新：《公司法的合同解释》，北京大学出版社 2004 年版。

（二）中文译著

1. [美] 罗伯特·W. 汉密尔顿：《美国公司法》（第 5 版），齐东祥等译，法律出版社 2008 年版。
2. [英] 罗纳德·拉尔夫·费尔摩里：《现代公司法之历史渊源》，虞政平译，法律出版社 2007 年版。
3. [美] 斯蒂芬·加奇：《商法》（第 2 版），屈广清、陈小云译，中国政法大学出版社 2004 年版。
4. [美] 玛丽·奥沙利文：《公司治理百年——美国和德国公司治理演变》，黄一义等译，人民邮电出版社 2007 年版。
5. [美] 弗兰克·伊斯特布鲁克、丹尼尔·费希尔：《公司法的经济结构》，张建伟、罗培新译，北京大学出版社 2005 年版。

6. ［美］康芒斯：《制度经济学》（上下册），于树生译，商务印书馆 1962 年版。

7. ［美］罗伯特·考特、托马斯·尤伦：《法和经济学》，张军等译，上海人民出版社、生活·读书·新知三联书店 1994 年版。

8. ［美］保罗·海恩、彼得·勃特克、大卫·普雷契特科：《经济学的思维方式》（第 11 版），马昕、陈宇译，世界图书出版公司北京公司 2008 年版。

9. ［美］大卫·鲍兹：《古典自由主义：入门读物》，陈青蓝译，同心出版社 2009 年版。

10. ［美］保罗·萨缪尔森、威廉·诺德豪斯：《经济学》（第 18 版），萧琛主译，人民邮电出版社 2008 年版。

11. ［美］曼昆：《经济学原理》（第 5 版），梁小民、梁砾译，北京大学出版社 2009 年版。

12. ［美］约翰·S. 戈登：《伟大的博弈：华尔街金融帝国的崛起（1653—2100）》（珍藏版），祁斌译，中信出版社 2011 年版。

13. ［美］本杰明·格雷厄姆：《聪明的投资者》（原本第 4 版），王中华、黄一义译，人民邮电出版社 2011 年版。

14. ［美］罗伯特·西奥迪尼：《影响力》，闾佳译，北方联合出版传媒（集团）股份有限公司 2010 年版。

15. ［英］保罗·戴维斯：《英国公司法精要》，樊云慧译，法律出版社 2007 年版。

16. ［英］丹尼斯·吉南：《公司法》（原著第 12 版），朱羿锟等译，法律出版社 2005 年版。

17. ［英］R. E. G. 佩林斯、A. 杰弗里斯编：《英国公司法》，《公司法》翻译小组译，上海翻译出版公司 1984 年版。

18. ［德］海因·科茨等：《德国民商法导论》，楚建译，中国大百科全书出版社 2002 年版。

19. ［德］C. W. 卡纳里斯：《德国商法》，杨继译，法律出版社 2006 年版。

20. ［法］伊夫·居荣：《法国商法》（第1卷），罗结珍、赵海峰译，法律出版社2004年版。
21. ［加］布莱恩·R.柴芬斯：《公司法：理论、结构和运作》，林华伟、魏旻等译，法律出版社2001年版。
22. ［日］前田庸：《公司法入门》，王作全译，北京大学出版社2012年版。
23. ［日］落合诚一：《公司法概论》，吴婷等译，法律出版社2011年版。
24. ［日］神田秀树：《公司法的理念》，朱大明译，法律出版社2013年版。
25. 《德国商法典》，杜景林、卢谌译，中国政法大学出版社2000年版。
26. 《公司法》（最新不列颠法律袖珍读本·英汉对照），涂文译，武汉大学出版社2003年版。
27. 沈四宝编译：《最新美国标准公司法》，法律出版社2006年版。
28. 《特拉华州普通公司法》（最新全译本），徐文彬等译，中国法制出版社2010年版。

（三）中文论文

1. 沈朝晖：《公司类别股的立法规制及修法建议——以类别股股东权的法律保护机制为中心》，载《证券法苑》2011年第2期。
2. 蒋雪雁：《英国类别股份制度研究》（上），载《金融法苑》2006年第2期。
3. 蒋雪雁：《英国类别股份制度研究》（下），载《金融法苑》2006年第3期。
4. 李海燕：《种类股在日本公司实践中的运行》，载《现代日本经济》2014年第2期。
5. 刘小勇：《日本公司法上股份的类别及我国的引入》，载《商事法论集》2012年第1期。
6. 平力群：《日本公司法修订及其对公司治理制度演化的影响——以种类股制度和股份回购制度为例》，载《日本学刊》2010年第5期。
7. 刘小勇：《论股份有限公司与有限责任公司的统合——日本及其他外国

法关于公司类型的变革及启示》，载《当代法学》2012年第2期。

8. 李波、单漫与：《国有银行治理结构与管理层激励——多项任务委托代理、经理人市场和优先股》，载《金融研究》2009年第10期。

9. 杨海平、陈明：《当前中国商业银行发行优先股问题研究》，载《浙江金融》2014年第2期。

10. 全先银：《优先股与商业银行改革》，载《中国金融》2014年第2期。

11. 顾洪梅、冯青双：《我国国有金融资本在商业银行分布状况研究》，载《财经问题研究》2014年第4期。

12. 王胜邦、刘鹏、徐惊蛰：《商业银行优先股破题》，载《中国金融》2014年第10期。

13. 胡伟为、胡凯为：《企业国有资产优先股权化的制度设计——以国有企业分类和股权制衡为视角》，载《法制与经济（中旬）》2014年第1期。

14. 胡改蓉：《"资本显著不足"情形下公司法人格否认制度的适用》，载《法学评论》2015年第3期。

15. 徐强胜：《股权转让限制规定的效力——〈公司法〉第71条的功能分析》，载《环球法律评论》2015年第1期。

16. 石一峰：《非权利人转让股权的处置规则》，载《法商研究》2016年第1期。

17. 赵心泽：《股东会决议效力的判断标准与判断原则》，载《政法论坛》2016年第1期。

18. 楼秋然：《评估权中的少数股权折价问题研究》，载《政治与法律》2016年第2期。

19. 石冠彬、江海：《论公司发起人的出资补缴责任——兼评〈公司法解释三〉第13条》，载《法商研究》2014年第2期。

20. 张双根：《论隐名出资——对〈公司法解释（三）〉相关规定的批判与发展》，载《法学家》2014年第2期。

21. 胡晓静：《论股东优先购买权的效力》，载《环球法律评论》2015年第4期。

22. 蒋大兴:《质疑法定资本制之改革》,载《中国法学》2015 年第 6 期。
23. 董学立:《也论交易中的物权归属确定》,载《法学研究》2005 年第 5 期。
24. 孙宪忠:《我国物权法中物权变动规则的法理评述》,载《法学研究》2008 年第 3 期。
25. 常鹏翱:《物权法中的权利证明规范——比较法上的考察与分析》,载《比较法研究》2006 年第 2 期。

二、外文类文献

(一) 外文著作

1. Paul L. Davies and others, *Gower and Davies' Principles of Modern Company Law*, 8th edition, Sweet & Maxwell, 2008.
2. Len Sealy and Sarah Worthington, *Sealy's Cases and Materials in Company Law*, 9th edition, Oxford University Press, 2010.
3. Stephen D. Girvin and others, *Charlesworth's Company Law*, 18th edition, Sweet & Maxwell, 2010.
4. Andreas Cahn and David C. Donald, *Comparative Company Law*, 1st edition, Cambridge University Press, 2010.
5. [美] 布拉德福德·斯通:《统一商法典》(第 5 版·影印本),法律出版社 2004 年版。
6. [美] J. 丹尼斯·海因斯:《代理、合伙和有限责任公司》(第 2 版·影印本),法律出版社 2004 年版。

(二) 外文论文

1. T. Augustine Lo, "Debate Surrounding the New Property Law in China", *Cambridge Student Law Review*, 2008, 4 (2).
2. Ulrich Seibert, "Close Corporations – reforming Private Company Law: European and International Perspectives", *European Business Organization Law*

Review, 2007, 8 (1).

3. Udo Henkel, "Reform of the German Limited Liability Company Act and Its Impact on Acquisitions and Restructurings", *European Lawyer*, 2007, 65.

4. Herbert Rogner, "Inconsistencies between the Hague Securities Convention and German Law", *Journal of International Banking Law and Regulation*, 2006, 21 (7).

5. George L. Gretton, "Rules for the Transfer of Movables: A Candidate for European Harmonisation or National Reforms?", *Edinburgh Law Review*, 2009, 13 (1).

6. Herbert Wiehe & Roman Jordans, "Germany: Company Law–Acquisition of Shares", *Journal of International Banking Law and Regulation*, 2009, 24 (5).

7. Karolina Kuprecht, "The Concept of 'Cultural Affiliation' in NAGPRA: Its Potential and Limits in the Global Protection of Indigenous Cultural Property Rights", *International Journal of Cultural Property*, 2012, 19 (1).

8. David Marks, "Cross–Border Security over Intangibles", *International Company and Commercial Law Review*, 2010, 21 (9).

9. Till Naruisch & Fabian Liepe, "Corporate Finance and Share Transfers in Germany: The Reform of Private Limited Companies in Practice", *Company Lawyer*, 2011, 32 (5).

10. Niall R. Whitty, "The 'No Profit From Another's Fraud' Rule and the 'Knowing Receipt' Muddle", *Edinburgh Law Review*, 2013, 17 (1).

11. Colin Matthew Campbell, "Prescription and Title to Moveable Property", *Edinburgh Law Review*, 2012, 16 (3).

12. Birke Häcker, "The Effect of Rescission on Bona Fide Purchase", *The Law Quarterly Review*, 2012, 128 (Oct).

13. Scott Wortley, "Book VIII of the DCFR: Original Acquisition", *Edinburgh Law Review*, 2010, 14 (3).

14. Wolfgang Faber, "Book VIII of the DCFR: Overview of Content and Method-

ology", *Edinburgh Law Review*, 2010, 14 (3).

15. Craig Forrest, "International Law and the Protection of Cultural Heritage", *International Journal of Cultural Property*, 2011, 18 (3).

16. Kurt Siehr, "Book Notes", *International Journal of Cultural Property*, 2011, 18 (4).

17. Lyndel V. Prott, "The Fight against the Illicit Traffic of Cultural Property: The 1970 Convention: Past and Future", *International Journal of Cultural Property*, 2011, 18 (4).

18. John Henry Merryman, *The Good Faith Acquisition of Stolen Art*, Working Paper No. 364 of Stanford Law School, October 2007.

19. Arthur F. Salomons, *Comparative Law and the Quest for Optimal Rules on the Transfer of Movables for Europe*, Legal Studies Research Paper No. 2012-72 of Amsterdam Law School.

20. Christina M. Sautter, "Promises made to be broken? Standstill Agreements in Change of Control Transactions", *Delaware Journal of Corporate Law*, 2013.

21. Christian Altgen, "The Acquisition of GMBH Shares in Good Faith", *German Law Journal*, Sep. 01, 2008.

22. Yao Hui, "Recent Development of Chinese Civil Law: Focus on Drafting the Civil Code and Jus Rerem (Law of Real Rights) ", *Journal of Chinese and Comparative Law*, 2002.

23. Markus Appel, Anna Burghardt, "Phishing of European Emission Allowances and Resulting Legal Implications", *Carbon & Climate Law Review*, 2012.

24. Gao Sheng, "International Protection of Cultural Property: Some Preliminary Issues and the Role of International Conventions", *Singapore Year Book of International Law*, 2008.

25. Martin S. Kenney, Bernd H. Klose, Davor Rukavina, Joseph J. Wielebinski, "Utilizing Cross-border Insolvency Laws to Attack Fraud: An Analysis of How It Could Work in the British Virgin Islands, the UNITED STATES, and Germany", *Law & Business Review of the Americas*, 2007.